POUR UNE AUTRE INTÉGRATION SUD-AMÉRICAINE

Critiques de Mercosur néo-libéral

www.librairieharmattan.com
diffusion.harmattan@wanadoo.fr
harmattan1@wanadoo.fr

ISBN : 2-296-01237-X
EAN : 9782296012370

Alexis SALUDJIAN

POUR UNE AUTRE INTÉGRATION SUD-AMÉRICAINE

Critiques de Mercosur néo-libéral

Préface de
Pierre SALAMA

L'Harmattan
5-7, rue de l'École-Polytechnique ; 75005 Paris
FRANCE

L'Harmattan Hongrie
Könyvesbolt
Kossuth L. u. 14-16
1053 Budapest

Espace L'Harmattan Kinshasa
Fac..des Sc. Sociales, Pol. et
Adm. ; BP243, KIN XI
Université de Kinshasa – RDC

L'Harmattan Italia
Via Degli Artisti, 15
10124 Torino
ITALIE

L'Harmattan Burkina Faso
1200 logements villa 96
12B2260
Ouagadougou 12

Recherches Amériques latines

Collection dirigée par Denis Rolland et Joëlle Chassin

La collection *Recherches Amériques latines* publie des travaux de recherche de toutes disciplines scientifiques sur cet espace qui s'étend du Mexique et des Caraïbes à l'Argentine et au Chili.

Déjà parus

Philippe FRIOLET, *La poétique de Juan GELMAN. Une écriture à trois visages*, 2006.
André HERÁCLIO DO RÊGO, *Littérature et pouvoir. L'image du* coronel *et de la famille dans la littérature brésilienne*, 2006.
Marguerite BEY et Danièle DEHOUVE (sous la dir.), *La transition démocratique au Mexique. Regards croisés*, 2006.
Marie-Carmen MACIAS, *Le commerce au Mexique à l'heure de la libéralisation économique*, 2006.
Idelette MUZART-FONSECA DOS SANTOS et Denis ROLLAND, *La terre au Brésil : de l'abolition de l'esclavage à la mondialisation*, 2006.
Miriam APARICIO (sous la direction de), *L'identité en Europe et sa trace dans le monde*, 2006.
Annick ALLAIGRE-DUNY (éd.), *Jorge Cuesta. Littérature, Histoire, Psychanalyse*, 2006.
Katia de QUEIROS MATTOSO, *Les inégalités socioculturelles au Brésil, XVIe-XXe siècles*, 2006.
J.-P. CASTELAIN, S. GRUZINSKI, C. SALAZAR-SOLER, *De l'ethnographie à l'Histoire. Les mondes de Carmen Bernand*, 2006.
Jean-Claude ROUX, *La question agraire en Bolivie*, 2006.
André Heraclio do Rêgo, *Famille et pouvoir régional au Brésil. Le* coronelismo *dans le Nordeste. 1850-2000*, 2005.
Pierre VAYSSIÈRE, *Le Chili d'Allende et de Pinochet dans la presse française*, 2005.
Mylène PÉRON, *Le Mexique, terre de mission franciscaine (XVIe-XIXe s.). La province de Xalisco,* 2005.
José GARCÍA-ROMEU, *Dictature et littérature en Argentine. 1976-1983*, 2005.

Ouvrage du même Auteur

Hacia otra integración sudamericana: Críticas al Mercosur Neoliberal, Editions Libros del Zorzal, Buenos-Aires, 2005.

Avant-propos

Ce livre traite de l'intégration économique régionale comme voie de développement durable et équitable. Le Cône sud-américain est notre champ d'étude. Le Mercosur - expérience latino-américaine d'intégration régionale ouverte - et ses conséquences macro-économiques et sociales peuvent se lire comme le trait plein des effets encore en pointillé dans d'autres régions comme l'Union Européenne. Les débats sur la place de l'Etat, des marchés et des institutions deviennent alors centraux à l'heure où l'argument de la compétitivité internationale sert souvent de mécanisme de pression et d'imposition supranational de politiques libérales socialement coûteuses.

L'étude de l'échec du Mercosur sert à comprendre ce qui pourrait se produire dans d'autres zones (comme en Europe ou en Asie) si la vision libérale du régionalisme ouvert est suivie. Les votes négatifs en France et en Hollande en mai et juin 2005 aux référendums de la Constitution Européenne institutionnalisant une Europe libérale, manifestent de l'intérêt croissant pour qu'une autre vision de l'intégration régionale soit explorée. Pour ne pas rester à la merci des fluctuations de l'économie capitaliste mondiale, nous exposons certaines pistes pour une régionalisation avec l'homogénéité sociale comme priorité politique.

Issu d'un travail de thèse de doctorat en sciences économiques à l'Université Paris 13, le texte de cette recherche a été légèrement remanié, traduit en espagnol et publié par les *Editions Libros del Zorzal* (Argentine). Nous remercions donc cette maison d'Edition argentine pour avoir permis sa publication en France aux *Editions L'Harmattan*. Le présent ouvrage reprend cette version remaniée cette fois-ci en français[1].

[1] Destiné principalement à un public universitaire en sciences sociales, cet ouvrage d'économie offre des clés de lecture à un public non spécialisé. Pour le Chapitre 4, plus technique, le lecteur non-spécialiste pourra se référer directement aux conclusions. Nous indiquons en bibliographie certains de nos travaux postérieurs à la rédaction de ce livre. Le lecteur pourra y trouver des actualisations et des analyses des récents développements dans cette région.

SOMMAIRE

Préface

Voici un livre clair et concis, sur un sujet d'actualité : la haute volatilité de la croissance depuis une vingtaine d'années et la forte vulnérabilité sociale dans les principaux pays d'Amérique du Sud, plus particulièrement le Brésil et l'Argentine. Deux thèses coexistent dans ce livre, l'une appuyant l'autre et vice et versa. La première concerne le discours théorique de la CEPAL. La seconde, la « demercosurisation ». M.Alexis Saludjian étudie d'abord, d'un point de vue d'histoire de la pensée, le passage d'une approche en terme de « transformation productive avec équité » (TPE) à celle en terme de « régionalisme ouvert » (RO), et montre l'ambiguïté du discours cepalien cherchant à préserver les deux approches dans un discours unique alors qu'en fait, la Cepal préconise le « régionalisme ouvert » et met de côté la « transformation productive avec équité ». La thèse du « régionalisme ouvert », véritable« porte ouverte » à l'Alca plutôt qu'au Mercosur, insiste avec force sur la compétitivité et ignore l'équité. Le discours de la Cepal se brouille alors. La seconde thèse concerne les modalités de l'insertion et de ses formes, suite à la constitution du Mercosur, et plus particulièrement la désactivation du filet de sécurité, qui certes n'apparaît pas dans les objectifs fondateurs du Mercorsur, mais néanmoins porte une lourde part de responsabilité dans l'accroissement de la vulnérabilité sociale. Celle-ci est remarquablement analysée dans ce livre, à partir d'une réflexion sur la construction des chiffres, éliminant certaines séries qui soit paraissent peu ou pas pertinentes, soit ne permettent pas de faire des comparaisons entre pays, et de traitements économétriques originaux. La relation volatilité économique –vulnérabilité sociale aurait pu cependant être aussi analysée de manière inverse, ce qui parfois est suggéré, mais non traité sur le fond. N'est ce pas parce que la vulnérabilité sociale a été introduite (le marché du travail étant alors la variable d'ajustement) qu'un régime de croissance hautement volatile a pu être mis en place ? Une telle interrogation, pertinente surtout pour l'Argentine, aurait permis d'approfondir la signification d'un traitement de l'intégration économique, et la difficulté de constituer un véritable marché commun plutôt qu'une zone de libre échange, lorsqu'on s'inspire d'une philosophie économique proche du régionalisme ouvert et *de facto* sinon de *jure* éloignée de la « transformation productive avec équité ».

Un travail original, un sujet bien maîtrisé, des tests économétriques rigoureux, bien menés, accessibles cependant pour le néophyte, une analyse cohérente, vérifiable, des résultats originaux, des explications convaincantes sur la forte volatilité économique, une étude de la vulnérabilité sociale remarquable par sa précision, des déductions plus discutables sur une possible « demercosurisation » (le mot n'est peut être le mieux choisi), et..., curieusement « le Mercosur » paraît, en tant que tel, absent de ce livre. La responsabilité du Mercosur sur les enchaînements désignés est, en quel que sorte, esquivée ou peu abordée, sauf dans certains tests économétriques dont Alexis Saludjian ne tire probablement pas toutes les conclusions possibles (le Mercosur semble avoir un effet sur la diminution de la volatilité d'un point de vue économétrique, à l'inverse, les modalités de sa construction paraissent avoir alimenté cette volatilité dans la mesure ou cette construction s'est faite davantage selon un modèle de « régionalisme ouvert » que selon une philosophie de « transformation productive avec équité »). Il n'y a pas enfin d'éléments d'information sur la construction du Mercosur (c'est vrai aussi qu'il y a d'excellents ouvrages sur ce sujet auquel on peut se reporter avec profit) et, surtout, le Mercosur n'est pas analysé en tant qu'institution, ce qui aurait permis de mobiliser les apports de l'analyse institutionnelle. Mais, force aussi est de constater, qu'au-delà des termes utilisés (marché commun), il n'y a pas eu d'intervention institutionnelle forte, et que le Mercosur est dans une certaine mesure une coquille vide, un *devenir* plus qu'un passé, et que la pratique l'a davantage rapprochée d'une zone de libre échange, avec retraits des Etats nationaux de l'économique, et ce plus particulièrement en Argentine, que d'un véritable marché commun. En ce sens le Mercosur ne peut se comparer à une institution comme l'Union Européenne.

Et puis, enfin, il s'agit d'un choix. Le risque aurait été de trop élargir le sujet et de noyer les conclusions originales, la « valeur ajoutée » de ce livre, dans un ensemble d'observations connues. Certes l'analyse en terme institutionnelle aurait pu être abordée et certains de ses apports auraient été fructueux, mais n'est ce pas déjà l'énoncé d'un nouveau livre. Qu'y a-t-il de plus stimulant qu'à la lecture d'un livre, on ait envie de lire la suite, qu'on exige davantage ? L'intérêt de ce livre est qu'il oblige à la réflexion. Loin des sentiers où la pensée souvent s'égare, il offre des éléments de réponse sur l'incapacité des pays latino américains « d'émerger ».

Pierre Salama
Directeur scientifique de la revue *Tiers Monde*

«Empobrecidos, incomunicados, descapitalizados y con gravisimos problemas de estructura dentro de cada frontera, los paises latinoamericanos abaten progresivamente sus barreras económicas, financieras y fiscales para que los monopolios, que todavia estrangulan a cada país por separado, puedan ampliar sus movimientos y consolidar una nueva división del trabajo, en escala regional, mediante la especialización de sus actividades por países y por ramas, la fijación de dimensiones óptimas para sus empresas filiales, la reducción de los costos, la eliminación de los competidores ajenos al área y la estabilización de los mercados.Las filiales de las corporaciones multinacionales sólo pueden apuntar a la conquista del mercado latinoamericano, en determinados rubos y bajo determinadas condiciones que no afectan la política mundial trazada por sus casas matrices [...] América Latin nacía como un solo espacio en la imaginación y la esperanza de Simón Bolivar, José Artigas y José de San Martín, pero estaba rota de antemano por las deformaciones básicas del sistema colonial».

E. Galeano, 1971

«Les fluctuations économiques sont des raz de marée imprévisibles. L'Amérique latine court après son destin matériel. A cette course elle est contrainte depuis des siècles, bon gré mal gré, victime plus souvent que bénéficiaire. Sans doute n'a-t-elle fait ainsi que suivre la conjoncture internationale. Mais quand on est beaucoup à courir dans une chaîne, en se donnant la main, c'est une chose d'être parmi les premiers qui conduisent le mouvement ou d'être le dernier, faisant des bonds prodigieux que l'on sait. Le Sud Amérique est bien ce dernier en course, celui qui fait les sauts de carpe, dont il est le seul à ne pas pouvoir rire. [...] Et le voilà pris, chaque fois, dans des «cycles» successifs, avec leurs décrochages brusques, inopinés. Ce processus est la clef aussi bien du passé que du présent économique de l'Amérique du Sud. Celle-ci s'est pliée à toutes les exigences de la demande mondiale en matières premières, dans une économie qui fut d'abord de type colonialiste strict, et qui, au-delà de l'époque coloniale, s'est perpétuée sous la forme d'une économie de dépendance [...] Le sentiment d'insécurité, d'instabilité, d'incertitude qu'éprouvent les Américains du Sud est assurément justifié. Ce qui l'est peut-être moins, c'est leur pessimisme. Cette instabilité est, avant tout, celle d'une civilisation en train de se chercher, de se définir, sous la contrainte des réalités pénibles mais puissantes».

F.Braudel, 1963, p.493

INTRODUCTION GENERALE

La régionalisation de l'économie mondiale a pris un essor remarquable à partir des années 1990. Jamais le nombre d'accords régionaux principalement de libre-échange entre pays n'avait atteint un tel niveau depuis 1948 : Moins de quatre-vingt sur la période 1948-1989 contre plus de cent vingt depuis 1990 [INTAL, 2002, p. 29]. Cette augmentation brutale semble paradoxale à une époque de globalisation financière et de mondialisation des échanges. Par ailleurs cet accroissement des accords régionaux soulève le débat de l'intégration régionale comme étape ou obstacle à la mondialisation[1].

Les expériences d'intégration économique en Amérique latine ne sont certes pas une nouveauté. Depuis longtemps, les économistes du Cône Sud-Américains discutent de la régionalisation comme mode d'insertion dans l'économie mondiale et facteur de croissance[2]. La Commission Economique Pour l'Amérique latine et les Caraïbes[3] a été très active sur ce sujet notamment par l'intermédiaire de son premier président, l'économiste R. Prebisch (1963). Si des tentatives d'intégration régionale latino-américaine ont existé par le passé, les caractéristiques de l'économie mondiale au début des années 1990 sont bien différentes.

En 1991, quatre pays du Cône Sud-Américain - Argentine, Brésil, Uruguay, Paraguay- ont signé le Traité d'Asunción un accord économique fondant le Mercosur: Marché Commun du Cône Sud. Cette intégration régionale a vu le jour dans un contexte économique et politique interne marqué par la «décennie perdue» selon la CEPAL et le retour à la démocratie après des dictatures militaires sanglantes et ruineuses. Les années 1990 n'ont pourtant pas été une décennie de stabilité et de croissance dans la zone malgré le *miracle* en Argentine - meilleur élève du FMI- après le Plan de Convertibilité (1991-1994) et le Plan Real au Brésil (1994-1997).

Les économies latino-américaines ont connu des processus de libéralisation et d'ouverture rapides et profonds notamment des comptes financiers. Les plans d'ajustement structurels élaborés par les institutions

---

[1]Voir [Fernandez Jilberto et Mommen, 1996], [Hugon, 1993], [Salama, 1999], et plus récemment [Commissariat Général du Plan, 2002].

[2] Les premières réflexions sur l'intégration commerciale de cette zone ont eu lieu au début du siècle à partir des propositions de F. Seeber en 1906 d'une union douanière (Argentine, Brésil, Chili, Uruguay, Pérou, Bolivie et Paraguay) semblable au *Zollverein* allemand. Voir [Rapoport, 1998, p. 91].

[3] CEPAL par la suite.

internationales (FMI, Banque Mondiale et Banque Interaméricaine pour le Développement[1]) qui ont débuté dès la fin des années 1970, se sont poursuivis tout au long des années 1980 jusqu'aux années 1990. Au niveau mondial, les flux de capitaux occupent une place très importante, notamment les Investissements Directs de l'étranger. La financiarisation de l'économie est caractérisée par une situation où les entreprises industrielles consacrent une part croissante de leurs ressources à des activités strictement financières et cela, au détriment de l'activité productive[2]. Les Firmes Multinationales (FMN) ont également pris une place tout à fait remarquable depuis le début les années 1980[3] et les conséquences de leurs stratégies de développement sont d'autant plus importantes que celles-ci se sont implantées depuis longtemps[4]. Dans ce contexte institutionnel et économique transformé par ces politiques et la décennie perdue, l'intégration régionale du Cône Sud a été présentée comme une voie de sortie de crise ainsi qu'un facteur de stabilité et de croissance lors de la libéralisation des économies[5].

A de nombreuses reprises, le Mercosur a été sur le point, sinon de disparaître, du moins de ne représenter qu'une coquille vide à l'instar d'autres expériences passées (ALADI, ALALC). Cette situation de crise a cependant été un révélateur des manques de ce type d'insertion dans l'économie mondiale.

Nous nous sommes intéressés aux déterminants de cette situation d'incertitude et d'instabilité qui font de l'Amérique latine un sujet d'étude passionnant mais également risqué. Passionnant car nous décelons dans les conditions de l'Amérique latine depuis la fin des années 1980, des éléments qui en font une zone test. Cette zone constitue un laboratoire des effets de la globalisation à dominante financière et les enseignements des réformes et de l'intégration régionale latino-américaine. Ceux-ci pourraient s'étendre à d'autres parties du monde en développement et au-delà dans l'Union Européenne avec l'abandon de la souveraineté monétaire, les modes décentralisés de gestion du territoire, la flexibilisation de l'usage du travail, le démantèlement de la protection sociale, la pénétration de l'espace public par des réseaux corruptifs et criminels[6]. L'Union Européenne, par son poids dans l'économie mondiale et sa place dans les relations internationales, a constitué un exemple (à tort ou à raison) de réussite et de pertinence de l'intégration régionale comme mode d'insertion internationale. L'intégration latino-américaine est toutefois un sujet risqué car constamment sur le fil du

[1] BID par la suite.
[2] Voir [Aglietta et Alii, 1990], [Chesnais, 1996 et 1997], [Salama, 1996].
[3] Voir [Michalet, 1976], [Michalet et alii, 1983], [Chesnais, 1996], [Michalet, 1999].
[4] Voir [Furtado, 1979], [Prebisch, 1969], [CEPAL, 1949], [Fanjzylber, 1976], [Pinto, 1965].
[5] Voir [CEPAL, 1990], [CEPAL, 1992], [Rosenthal, 1990] et [CEPAL,1994]
[6] Tel avait été le thème du colloque organisé par le GREITD, l'IRD et les Universités de Paris 1 (CRI-IEDES), Paris 8 et Paris 13 «Mondialisation économique et gouvernement des sociétés : l'Amérique latine, un laboratoire ? », Paris, juin 2000.

rasoir et plusieurs fois (toujours aujourd'hui) incertain de constituer une insertion durable et stable dans l'économie mondiale.

Ces raisons nous ont conduits à étudier les racines de cette incertitude et de cette instabilité en privilégiant une approche *historico-structurelle* proche de celle développée par les structuralistes de la CEPAL. «Le structuralisme, dans sa version latino-américaine, interprète les comportements économiques des agents individuels suivant les contextes historiques (notamment sociologique et institutionnel) dans lesquels les agents formulent leurs décisions et développent leurs conduites. Le structuralisme considère que les individus se structurent en groupes sociaux organisés en une multiplicité d'institutions publiques et privées qui construisent au cours du temps un ensemble de valeurs et règles de comportements. Ces formes d'organisation sociale constituent à leur tour de véritables *cultures* qui déterminent et orientent les conduites individuelles. Ainsi, à partir des expériences historiques nationales et des relations internationales différentes, les économies et sociétés latino-américaines ont des caractéristiques structurelles et institutionnelles propres et distinctes. Il est important de les prendre en compte et de les rendre compatibles avec les propositions de politiques de développement. Pour cela, et en tenant compte des orientations générales des politiques de développement il peut exister un degré substantiel de coïncidence. De plus, des différences considérables persistent notamment concernant le rôle de l'Etat dans le domaine de l'action et des instruments des politiques» [Sunkel et Zuleta, 1990, p. 49].

L'approche historico-structuraliste des économistes de la CEPAL (les structuralistes) constitue un cadre d'analyse spécifique à l'Amérique latine et intègre des dimensions historique, économique et sociologique particulièrement pertinentes selon nous. Ce cadre analytique s'est formé contre la méthodologie a-historique du paradigme dominant néo-classique.

Une autre caractéristique principale de l'approche structuraliste est sa conception de l'économie mondiale comme ensemble hiérarchisé en un Centre et une Périphérie qui définit une insertion spécifique des pays latino-américains dans l'économie mondiale. Les pays de la Périphérie sont producteurs de biens et services dont la demande internationale est peu dynamique et importateurs de biens et de services avec une demande interne en rapide expansion basée sur des modes de consommation et des technologies du Centre (en opposition à la disponibilité des ressources et le niveau de revenus de la Périphérie). De plus, la structure socio-économique de la Périphérie a déterminé un mode spécifique d'industrialisation (progrès technique), de croissance, d'absorption de la force de travail et de distribution des revenus menant à l'hétérogénéité structurelle et sociale[1].

---

[1] Voir [Prebisch, 1969], et [Furtado, 1976 et 1979].

Cette approche et les idées de la CEPAL ont évolué dans le temps. Sur le plan théorique, une difficulté réside dans les évolutions des discours de la CEPAL au cours des quatre dernières décennies. Il serait ainsi erroné de prendre les analyses de la CEPAL comme un bloc monolithique. Nous serons donc amenés à distinguer les différentes approches et notamment les divergences entre structuralistes et néo-structuralistes[1]. Les principaux éléments analytiques mobilisés lors de ces deux périodes par les économistes de la CEPAL sont reportés dans le Tableau ci-dessous.

Tableau 1 : Synthèse des éléments analytiques qui composent la pensée Cépalienne

Thèmes permanents	Analyse historico-structuraliste		
Périodes et thèmes	**Economie Mondiale**: Insertion internationale (Centre-Périphérie et vulnérabilité externe)	**Type d'industrialisation** : Conditions structurelles internes (économiques et sociales) de la croissance/progrès technique et de l'emploi/distribution des revenus	**Politiques étatiques**: Actions de l'Etat
1948-1960 (industrialisation)	Détérioration des termes de l'échange ; déséquilibre structurel de la balance de paiements ; intégration régionale.	Processus d'industrialisation par substitution ; cycles vicieux dus à la spécialisation et l'hétérogénéité productive ; inflation structurelle et chômage.	Politique active et délibérée d'industrialisation
1960 (réformes)	Dépendance, intégration régionale; politique internationale de réduction de la vulnérabilité dans les pays de la Périphérie, biais anti-exportateur industriel	Réformes agraire et distributive des revenus comme préalables pour re-dynamiser l'économie ; hétérogénéité structurelle; dépendance.	Réformes pour viabiliser le développement
1970 (types de croissance)	Dépendance, endettement dangereux, insuffisance exportatrice	Types de croissance, structure productive y distributive et structure du pouvoir ; industrialisation qui allie marché interne et effet d'exportation	Viabiliser le type de croissance qui mène à une homogénéité sociale ; renforcement des exportations industrielles.
1980 (dette)	Asphyxie financière	Ajustement avec croissance ; opposition aux chocs du à l'ajustement, nécessité de politiques de revenu et intérêt éventuel de chocs stabilisateurs ; coûts	Renégociation de la dette pour faire des ajustements avec de la croissance.

[1] Voir [Ocampo, 2000 et 2003], [Ffrench-Davis 1993 et 1999]

		sociaux de l'ajustement	
1990-1998 (TPE, Transformation Productive avec Equité)	Spécialisation exportatrice inefficace et vulnérabilité aux mouvements de capitaux	Difficultés pour une transformation productive efficace et pour réduire la brèche de l'équité	Appliquer des politiques visant à renforcer la Transformation Productive avec Equité Nouveau rôle de l'Etat et relations avec secteur privé.

Source: [Bielshowsky, 1998, p. 13]

Ces différences résident moins sur les fins et la philosophie générale des approches que sur les moyens mis en œuvre. Il est vrai que l'environnement institutionnel a profondément changé depuis les analyses des structuralistes. Toujours mobilisés, ceux-ci montrent que le recours au marché soutenu par les néo-structuralistes n'est ni une obligation ni une sécurité[1].

L'hypothèse sur laquelle nous travaillons a trait aux conséquences de l'ouverture sur l'insertion dans l'économie mondiale, la structure productive et, au-delà, sur le marché du travail. Nous présenterons ainsi les théories qui traitent de ce lien en nous attachant à recentrer les débats sur le régionalisme du Mercosur. Les différents secteurs productifs ne se sont pas formés et n'ont pas réagi de manière identique à la nouvelle configuration économique des années 1990 (ouverture, flux de capitaux, IDE, fin de l'inflation et privatisations). Les études de la CEPAL depuis plus de 40 ans ont qualifié cette spécificité latino-américaine *d'hétérogénéité productive structurelle* (encore dénommée *dualisme productif*). Les effets de l'ouverture sur la structure productive (ainsi que ceux de la volatilité macro-économique et du régime d'accumulation à dominante financière) nous amèneront à considérer le marché du travail des deux principaux pays du Mercosur mais aussi les niveaux de chômage, de sous-emploi, d'informalité et des rémunérations - révélateurs de *l'hétérogénéité sociale.*

Les théories et les différentes approches Cépaliennes spécifiques au cadre d'analyse de l'Amérique latine ne se sont pas développées en vase clos. Elles ont pris activement part au débat théorique en se positionnant par rapport aux nouveaux apports et prenant soin de toujours ramener ces théories aux préoccupations et au cadre historico-structurel de l'Amérique latine. Il est ainsi essentiel d'étudier les nouvelles théories du commerce international et de l'intégration régionale.

Les débats théoriques sur le rôle de l'intégration économique régionale comme étape ou obstacle à la mondialisation ont connu un renouveau depuis la fin des années 1980 avec les bouleversements dans la configuration de l'économie mondiale. A la théorie de l'intégration régionale comme *«second best»* de la période antérieure à 1990, se substituent des approches qui

---

[1] Voir [Tavares, et Belluzzo, 2002] ; [Furtado, 1998 et 1999], [Ferrer, 1997], [Calcagno et Calcagno, 1995 et 2001].

considèrent la régionalisation comme un moyen d'insertion dans l'économie mondiale compatible avec une plus grande ouverture au niveau mondiale. Les théories économiques qui soutiennent cette nouvelle conception ont dépassé les visions issues de l'approche standard de type Heckscher-Ohlin-Samuelson[1] et Viner (1950). Les modalités et la configuration de l'économie mondiale sont également profondément différentes par rapport aux années 1970-1980. Parallèlement à l'ouverture et la chute des droits de douanes dans la majorité des pays, l'économie mondiale a aussi vu l'avènement de la finance au centre des circuits économiques.

Le contexte de l'économie mondiale résolument ouverte et libéralisée ira de pair avec les théories du Régionalisme Ouvert et du Nouveau Régionalisme qui se basent sur les nouvelles théories du commerce international. Les théories de la croissance endogène[2] et de la nouvelle économie géographique[3], ont cherché à expliquer de nouvelles réalités (commerce intra-branche) grâce à de nouvelles hypothèses issues des approches théoriques de la concurrence monopolistique [Dixit et Stiglitz, 1977].

Ces différentes approches sont autant de bases théoriques pour l'étude des conséquences de l'ouverture et du progrès technique sur la croissance (croissance endogène) et des effets de l'intégration économique sur la localisation des activités économiques. Comme nous le verrons, ces théories et leurs conclusions serviront en partie à la CEPAL pour proposer dans les années 1990 leurs *programmes* de recherche sur la *Transformation Productive avec Equité*[4](1990) et le *Régionalisme Ouvert au service de la TPE* (1994).

Le cadre général de notre travail étant présenté, l'objet et la spécificité de notre approche peuvent être exposés. Après dix années d'existence, les résultats du Mercosur sont très relatifs voire négatifs en termes réels (croissance, stabilité, dynamisme commercial de la zone et conséquences sur la pauvreté et l'équité). Il ne s'agit pas de remettre en cause l'idée d'intégration économique latino-américaine mais les caractéristiques du type de régionalisme spécifique appliqué dans le Mercosur - le Régionalisme Ouvert - qui devait constituer un facteur de stabilité pour la région en période de crises. Pour évoquer la désactivation de la protection du marché régional face aux turbulences de l'économie mondiale, nous aurons recours à la notion de *démercosurisation*. La définition plus complète de ce processus sera indiquée dans le Chapitre 1. Ce concept sert de fil directeur afin de monter que le commerce intra-zone est systématiquement plus touché que le commerce extra-zone en période de crise (soit tout au long des années 1990).

---

[1] HOS par la suite.
[2] Voir [Romer, 1990], [Romer et Rivera-Batiz, 1991], [Helpman et Grossman, 1991].
[3] Voir [Krugman, 1991a et b], [Ethier, 1998].
[4] TPE par la suite.

De fait, c'est le processus d'intégration régionale qui perd de sa pertinence comme facteur de stabilité et de croissance pour la zone. Cette préoccupation concernant le débat intégration régionale et stabilité macro-économique constitue le premier axe de recherche de ce travail (Deuxième Partie). L'approche théorique historico-structurelle qui structure notre analyse du Mercosur ne se satisfait pas de la recherche d'une trajectoire ou d'un régime de croissance sans que soient considérées simultanément l'équité et la qualité de la croissance. Il s'agit ainsi de placer *l'homogénéité structurelle et sociale* au centre de l'analyse. Tel sera le second axe de recherche (Troisième Partie).

Les questions concernant le type d'intégration régionale et l'insertion dans l'économie mondiale sont loin d'être consensuelles et ouvrent un vaste débat économique, et politique. Les institutions internationales (BID, Banque Mondiale et FMI), et certains centres de recherche orthodoxes latino-américains[1] soutiennent que de nouvelles réformes visant à plus d'ouverture doivent être engagées en soulignant que l'Argentine et le Brésil restent fermés (taux d'ouverture entre 15% et 20%). Le Mercosur devrait donc se diluer dans l'ALCA, seul projet viable, et les pays du Cône sud devrait dollariser leurs économies en adoptant la monnaie des Etats-Unis d'Amérique. Les crises à répétition et les résultats catastrophiques des réformes libérales des années 1990 que les économistes orthodoxes ont soutenues les obligent à adopter un nouveau discours mettant ainsi en avant de nouvelles réformes de l'après Consensus de Washington[2].

Notre travail de critique du Régionalisme Ouvert entend apporter une vision alternative sur la base d'arguments empiriques (contenu technologique, travail, équité, insertion internationale) mais aussi théoriques. Nous plaidons au contraire pour un autre type d'intégration non plus uniquement économique mais aussi politique, et monétaire qui pourrait constituer une alternative au projet de l'ALCA. Les gouvernements actuels du Brésil et de l'Argentine mettent en avant la priorité qu'ils attribuent au Mercosur dans leurs relations internationales mais le risque serait de conserver ce même type d'intégration régionale. C'est pourquoi, nous insistons sur une critique de l'intégration par les marchés et financiarisée.

Notre attention se focalisera sur l'économie réelle même si l'économie monétaire et le nouveau cadre institutionnel seront soulignés (Chapitre 3, Section 2 notamment). Les institutions du Mercosur seront succinctement présentées - non pas qu'elles n'aient pas un rôle important mais plutôt parce que les institutions et notamment l'Etat sont les grands absents (volontairement ou pas) du Mercosur. Certes, les institutions ont permis la

---

[1] En Argentine: Di Tella, CEMA, FIEL, Fundación Mediteranea et au Brésil de manière plus diffuse: FGV et PUC de Rio de Janeiro.

[2] Voir [Williamson et Kuczynski, 2003].

déréglementation et participent de manière fondamentale au processus d'intégration régionale. Mais il est clair qu'il a été réalisé avant tout par le marché. Pour notre étude - nous privilégions une analyse macro-économique même si un certain nombre de considérations sectorielles seront avancées. Nous mobiliserons principalement la littérature économique latino-américaine (en argentin et en brésilien). Les données sont tirées des bases de données CEPAL, FMI, BID; INDEC, IPEAdata, IBGE, OIT et sont reportées en bibliographie.

L'ouvrage se compose de trois parties sous-divisées en deux chapitres chacune soit six chapitres[1].

La **première partie** intitulée «le Cône sud-américain à l'heure du libéralisme économique et du Régionalisme Ouvert dans les années 1990» traite, dans le Chapitre 1, du nouveau modèle de développement pour l'Amérique latine dans les années 1990 et du concept de Transformation Productive avec Equité développé par la CEPAL en 1990 (Section 1). La seconde Section présente les principaux résultats des pays du Mercosur et introduit les premiers éléments de démonstration de l'hypothèse de démercosurisation à partir de l'étude du commerce intra-Mercosur et de sa composition technologique. Le chapitre 2 présente la caractérisation du Régionalisme Ouvert appliqué au Mercosur en s'attachant à la recadrer dans les nouveaux débats et théories sur l'intégration économique (Nouvelles théories du commerce international et nouvelle économie géographique). L'étude du processus de démercosurisation est complétée par une étude du commerce des deux principaux pays (Brésil et Argentine) suivant les partenaires commerciaux et la qualité des biens échangés. La Section 2 présente un modèle théorique développé par la Banque Interaméricaine de Développement dont les apports et les limites sont mis en lumière. Cette première partie aura ainsi défini les concepts de la TPE et du Régionalisme Ouvert, présenté les débats sur l'insertion dans l'économie mondiale du Mercosur et les options suivies dans ces pays.

La **deuxième partie** étudie les conséquences de la désactivation du filet de sécurité régional et souligner les conséquences en terme de volatilité macro-économique. Les crises à répétition, l'instabilité économique et politique dans le Mercosur soulèvent la question de savoir si la forte volatilité est un frein aux échanges intégrés. Une première étape pour répondre à cette question sera de caractériser, dans le chapitre 3, les différents régimes de croissance dans les pays du Mercosur en mettant en évidence des régularités statistiques et les tendances des performances de la zone en termes de volatilité et de taux de croissance moyen du PIB réel

[1] Par souci de clarté et en raison du grand nombre de graphiques et tableaux se rapportant à la Première Partie (Chapitres 1 et 2) nous avons regroupé les documents en Annexe. Dans les autres parties du travail, les graphiques seront directement intégrés dans le corps du texte.

durant différentes phases. Puis, les avancées et limites de chaque régime de croissance par rapport à une histoire longue (quatre décennies) seront analysées. Dans la deuxième section de ce Chapitre, les modalités de développement (régime de croissance mais aussi régime de change) du couple moteur du Mercosur (Brésil et Argentine) seront plus spécifiquement considérées durant la période 1991-2002. Le chapitre 4 s'applique à rappeler les études déjà existantes les origines de la volatilité macro-économique (Section 1) avant de proposer une étude économétrique appliquée au Mercosur sur la période 1976-2001. Cette deuxième partie conclura sur le caractère inopérant du Régionalisme Ouvert pour garantir une stabilité à la zone et donc à la désactivation du filet de sécurité régional pour la stabilité macro-économique du PIB.

La **troisième partie** se consacre à l'autre volet du RO au service de la TPE, c'est-à-dire les conséquences de l'ouverture sur l'équité et le marché du travail. Dans le Chapitre 5, deux approches du lien entre régime de croissance et marché du travail sont présentées en s'intéressant particulièrement aux effets de la volatilité macro-économique sur le marché du travail (Section 1). Un bilan des réformes et de dix années de Mercosur sur le marché du travail constituera la Section 2. Certains facteurs de l'informalité dans les deux principaux pays du Mercosur seront également testés sur la décennie 1990. Enfin, le chapitre 6 présentera des résultats basés sur une évaluation économétrique de la relation entre volatilité macro-économique et volatilité des salaires réels au Brésil et en Argentine. Les différents éléments constitutifs de la vulnérabilité sociale seront analysés pour évaluer les politiques qui seront les mieux à même de répondre à la volatilité des salaires (Section 1). L'absence de travail décent et la montée de la vulnérabilité sociale constituera la section 2. Enfin, la dernière section replacera les débats sur le marché du travail dans un contexte d'intégration régionale.

Fort des enseignements de notre analyse; l'outillage théorique pour une *restructuration productive latino-américaine avec homogénéité sociale* sera présenté en conclusion pour dégager les éléments fondateurs d'un nouveau Mercosur élargi et constituant une alternative viable et durable à l'ALCA.

PREMIERE PARTIE:

LE MERCOSUR A L'HEURE DU LIBERALISME ECONOMIQUE ET DU REGIONALISME OUVERT DANS LES ANNEES 1990

Cette première partie présente le contexte théorique et empirique de notre champ d'analyse, le Mercosur, en tenant de le placer dans une trajectoire historique plus longue que ses douze années d'existence. L'hypothèse que nous souhaitons discuter est la non-activation du filet de sécurité régional que l'intégration économique de type ouverte était censée garantir. Afin de confirmer cette hypothèse, nous procéderons en deux étapes.

Dans un premier temps, nous revisiterons les théories développées par la CEPAL et préciserons un premier bilan général des fondamentaux de l'économie des pays du Mercosur et du commerce entre-eux (Chapitre 1). Dans un deuxième temps (Chapitre 2), en spécifiant les théories qui sous-tendent le Régionalisme Ouvert appliqué dans le Mercosur, nous procéderons à une analyse sectorielle du commerce selon sa destination et son origine afin de confirmer l'hypothèse de non-activation du filet de sécurité régional. Ce Chapitre s'achève par la présentation critique d'un modèle de Régionalisme Ouvert favorable à l'ALCA proposé par la BID.

Chapitre 1

Le nouveau modèle de développement (Transformation productive avec Equité) pour l'Amérique latine des années 1990 et la création du Mercosur

Ce chapitre concerne le Cône Sud-Américain depuis le début des années 1990 mais rien de ce qui s'est passé n'est intelligible si les effets des phases précédentes ne sont pas pris en considération (et notamment la décennie perdue). L'accent sera mis sur les facteurs économiques, politiques et sociaux des années 1980 qui peuvent éclairer la libéralisation dans les pays du Mercosur et les résultats de ces pays et du Mercosur. La première section précisera le contexte économique au sortir de la décennie perdue, les contributions théoriques notamment de la CEPAL et de la nouvelle théorie du commerce international. Les années 1990 marquent aussi le rôle essentiel de la technologie, du progrès technique dans la croissance dans le domaine des idées économiques et des théories économiques. Des différences notables apparaissent entre les fins recherchées par la Transformation Productive avec Equité[1] et les moyens pour y parvenir (Etat, marché ou *market friendly*). Dans le seconde section, nous présenterons les principaux résultats de l'insertion dans l'économie mondiale des pays du Mercosur après 10 années d'intégration par le marché.

1. La libéralisation économique en Amérique latine au sortir de la décennie perdue : Les théories économiques et le cadre analytique

Après l'essoufflement de l'ISI, les politiques hétérodoxes de sortie de crises seront tenues pour responsables de l'ensemble des résultats négatifs décrédibilisant tout recours à l'Etat et sanctionnant tout écart vis-à-vis de l'orthodoxie des institutions financières internationales.

---

[1] TPE par la suite.

La stratégie d'ajustement des programmes dirigés par le FMI et de la Banque Mondiale a connu de grands changements à la fin des années 1970 en réponse aux transformations de l'environnement économique (forte hausse des prix du pétrole et aux situations de déséquilibre financier des pays membres qui en résultaient). Les programmes d'ajustement structurels de la première génération et de deuxième génération mettaient l'accent sur les réformes structurelles. Les objectifs, tout en garantissant le remboursement de la dette, étaient de promouvoir la mobilisation des ressources nationales, de limiter au maximum les distorsions des prix, d'assurer un accès plus important aux importations et de réorganiser les priorités d'investissements des pays qui recherchaient l'assistance du FMI[1].

Tel est le contexte dans lequel la CEPAL va proposer sa «TPE». Nous présenterons dans la section 1, le contexte théorique de l'insertion du Cône sud-américain dans l'économie mondiale en nous attachant à souligner le rôle du changement technologique dans les analyses de type néo-structuraliste développées par la CEPAL[2].

Au niveau latino-américain : De la décennie perdue à la transformation productive avec équité

La période de relative «passivité technologique» (via l'importation de lignes de productions obsolètes dans les pays du Centre) et l'essoufflement de l'Industrialisation par Substitution d'Importations[3] au cours des années 1970 ont amené certains auteurs de la CEPAL à considérer qu'il était essentiel d'adopter un nouveau type de développement. Le progrès technique devrait se diffuser à l'ensemble des secteurs de l'économie permettant ainsi une certaine homogénéisation de la structure productive. Cette idée datait des années 1960 chez les auteurs structuralistes cépaliens. Comme le notait [Pinto, 1965], « [...] les forces centripètes qui entraînent la concentration du progrès technique et de ces bénéfices devraient être supplantées par une force qui promeuve une diffusion soutenue de ce progrès technique et de ces bénéfices dans l'ensemble du système productif, une réduction substantielle

---

[1] Voir [Jilberto et Mommen, 1998] et [Salama et Valier, 1990].

[2] Précisons que par auteurs structuralistes de la CEPAL nous pensons à R. Prebisch, C. Furtado, A. Pinto, M. Conceição de Taveres, O. Sunkel (voir «*America Latina, Ensayos de interpretación económica*», Colección Tiempo Latinoamericano, Ed. Editorial Universitaria, 1969, Chile). Ce dernier auteur ainsi que F. Fanjzylber se situent à la charnière (sans en faire partie) des auteurs néo-structuralistes des années 1980-1990 parmi lesquels R. Ffrench-Davis, J.A. Ocampo. L'approche structuraliste «originale» n'a pas disparu aujourd'hui à la CEPAL avec les auteurs fondateurs M. Conceição de Taveres, A. Ferrer et C. Furtado toujours très actifs ou encore J. Katz, A. E. Calcagno. Nous centrons notre propos sur les auteurs néo-structuralistes latino-américains ce qui n'inclut pas les analyses (pourtant pertinentes) de L. Taylor ou R. Vos. Voir [Sunkel, 1991], [Sunkel et Zuleta, 1990], [Bielshowsky, 1998], [Berthomieu et Ehrhart, 2000], [Ben Hammouda, 2002] et [Guillen Romo, 1994].

[3] ISI par la suite

des déséquilibres régionaux et entre les zones urbaines et rurales, une meilleure intégration interne, de nouveaux types de relations extérieures moins insoutenables et plus fructueuses et enfin, surtout, une meilleure distribution des revenus». A la différence des thèses libérales, la CEPAL considérait que l'Etat devait prendre à sa charge et organiser le développement technologique et pas le marché[1].

Les années 1980 ont été une épreuve pour les économies, les structures productives, les salariés et la population mais également pour les idées économiques et les thèses défendues par tel ou tel groupe d'experts ou courant théorique. La CEPAL ne déroge pas à la règle et les économistes de cette organisation vont opérer un changement théorique important. Les erreurs et limites des théories d'ISI ont amené un ensemble d'économistes de la CEPAL à élaborer un nouveau cadre théorique sur le développement de l'Amérique latine[2].

A la fin des années 1980, un ensemble de travaux basés sur deux articles de F. Fajnzylber aboutira au texte de la TPE (1990) et la vision intégrée en (1992). Les articles fondateurs de ce nouveau programme mettaient l'accent sur des thèmes fondateurs de la vision Cépalienne: la nécessaire réduction de l'hétérogénéité structurelle et la croissance avec équité[3]. Le progrès technique est au cœur des préoccupations car c'est grâce au progrès technique que la pauvreté pourra diminuer ainsi que la vulnérabilité externe de la région[4].

Les objectifs économiques ont été largement conservés mais le nouveau contexte et les échecs du passé ont conduit ces économistes à revoir certaines de leurs positions et à incorporer les nouvelles théories du commerce international dans l'étude de l'Amérique latine. Le courant néo-structuraliste latino-américain va être le contributeur essentiel de la TPE. Les thèmes chers aux structuralistes (hétérogénéité productive et sociale à faire diminuer, le progrès technique et l'innovation) ont été conservés mais ce sont les instruments pour y parvenir qui ont changés. Un des manques de l'école

---

[1] Nous reviendrons sur cette différence entre les moyens pour obtenir les objectifs de TPE par la suite. Notons que A. Pinto utilisait déjà des concepts (forces centripètes, diffusion, déséquilibres géographiques entre ville et campagne, etc.) qui seront bien plus tard également utilisés par les auteurs du nouveau régionalisme (Voir Chapitre 2)

[2] Voir [Sunkel et Zuleta, 1990] et [Ben Hammouda, 2002, p. 228-229].

[3] Dans ces deux articles, F. Fajnzylber utilisera des métaphores qui seront intégrées dans la vision Cépalienne : la «*boite noire*» désignait le progrès technique et la «*case vide*» faisait référence à l'absence de croissance avec équité en Amérique latine durant les années 1970-1984. Dans un tableau mettant en rapport les taux de croissance du PIB *per capita* d'une part et l'équité (mesurée par le ratio 40% des revenus les plus bas/10% des revenus les plus élevé), la case correspondant à une croissance avec équité restait vide alors que les autres cases du tableau (pas de croissance avec équité, pas de croissance pas d'équité ou croissance et pas d'équité) étaient remplies des noms pays d'Amérique latine.

[4] Ces réflexions renvoient à la problématique néo-schumpétérienne: Voir Katz et Perez C. (1986), « Las nuevas tecnologías. Una visión de conjunto », in Ominani C. (ed.), *La Tercera Revolución Industrial. Impactos Internacionales del Actual Viraje Tecnológico*, RIAL, Grupo Editor Latinoaméricano;·et Perez C. (1992), « Cambio técnico, reestructuración competititva y reforma institucional en los países en desarrollo », *El Trimestre Económico*, n° 233, pp. 23-64.

structuraliste a été, selon R. Ffrench-Davis[1], l'absence de modélisation et résolution théorique de l'approche structuraliste. Les avancées de la théorie du commerce internationale et les travaux sur le cadre de concurrence imparfaite dans le commerce international ont donc été mobilisés. La nouvelle théorie du commerce internationale met l'accent sur la croissance endogène dont le facteur essentiel est le progrès technique avec pour corollaire l'ouverture des marchés et la libéralisation.

Technologie et TPE

Technologie et nouvelle théorie du commerce international

Depuis les théories de la croissance exogène de R. Solow[2], et depuis un peu plus d'une décennie, une place essentielle dans les déterminants de la croissance est réservée à l'innovation et le progrès technologique. La formalisation de ces idées se retrouve dans la littérature ayant trait à la théorie de la croissance endogène. «*Endogenous technical Change*» (1990) de P. Romer, est considéré comme l'article fondateur des théories de la croissance endogène. Les économies d'échelle et le progrès technique sont à la base du processus de croissance économique (Grossman and Helpman, 1990). Ce dernier élément implique la création d'une nouvelle variété de

---

[1] Auteur néo-structuraliste chilien de la CEPAL. Assistant principal de la CEPAL. Voir [Ffrench-Davis, 1999, p. 20].

[2] Ces facteurs ont pris place dans les explications des échanges internationaux dès les années 1950-1960 avec les travaux d'auteurs néo-classiques tels que de R. Solow (1956, 1957 et 1963), [Vernon, 1966] et [Posner, 1961]. R. Solow introduit le progrès technique dans la fonction de production néo-classique à deux facteurs (travail et capital) : $Q = F(\text{capital, travail, progrès technique}) = F(K, L, t)$;

(t) représente l'effet du progrès technique au sens large : «J'utilise l'expression progrès technique en tant qu'expression pour décrire un quelconque changement dans la fonction de production. Ainsi, les récessions, les accélérations et les augmentations de l'éducation dans la force de travail et bien d'autres éléments seront considérés comme du progrès technique» [Solow, 1957].

Si nous prenons en compte la fonction de production, les rendements d'échelle constants et les rendements décroissants pour chaque facteur individuellement, le modèle implique que sans progrès technique (t) le taux de croissance à long-terme par habitant tendrait vers zéro. En effet, la fonction de production est de la forme : $Q = F(\alpha(t)K, L)$ *avec* $\alpha(t) = e^{mt}$.

Dans ce cas, le progrès technique est exogène et varie au taux constant de *m* [Solow, 1963]. La productivité marginale décroissante du capital a un rôle important dans la tendance du taux de croissance. Ce facteur implique que l'accumulation de ce facteur affectera négativement la croissance et contrariant l'investissement. A long-terme, l'investissement suffira tout juste à compenser l'amortissement du capital pré-existant et à fournir l'équipement à la nouvelle force de travail dans le processus de production. Pour obtenir un taux de croissance supérieur (au taux de croissance de la population) il est nécessaire qu'un changement technologique exogène (révolution technologique) intervienne. Ce modèle considère que le progrès technique a lieu sans intervention possible des agents économiques. Au contraire, il concentre l'attention sur le rôle essentiel du progrès technique pour atteindre des niveaux de croissance supérieurs. Une croissance supérieure pour les pays sous-développés est censée leur permettre de combler le fossé technologique et de niveau de développement qui les sépare des pays développés. (conception de l'économie monde et du sous-développement comme un simple décalage dans le temps). Voir thèses sur la convergence.

biens de capital et une différentiation horizontale de ces biens. Grâce à ces nouveaux biens de capital, chaque producteur de biens finaux peut trouver une meilleure technologie ou processus de production (en termes de productivité du capital physique, du capital humain et du travail non-qualifié)[1].

Comme le note deux des auteurs de la croissance endogène « les preuves empiriques rassemblées de puis les travaux pionniers de R. Solow (1957) ont amené à étudier plus avant l'accumulation de capital comme facteur de croissance» [Grossman and Helpman, 1990, p.786]. Ces modèles ont pour objet d'analyser le progrès technique par rapport aux décisions d'investissements des agents économiques dans le secteur technologique[2].

La Transformation Productive avec Equité.

La TPE se présentait comme la tentative de s'intégrer dans l'économie mondiale et de croître par le commerce et plus spécifiquement en suivant un modèle exportateur inspiré de l'expérience asiatique[3]. Ce recours au marché mondial contrastait pourtant avec la situation précédente (ISI) et se voulait «une nouvelle dynamique qui permette d'atteindre certains objectifs propres à une conception actualisée du développement : croître, améliorer la distribution des revenus, consolider les processus démocratiques, acquérir une meilleure autonomie, créer les conditions préservant l'environnement et améliorer la qualité de vie de toute la population» [CEPAL, 1990, p. 9].

Dans le contexte de la fin des années 1980, la transformation productive dépendait fortement de l'environnement extérieur mais également du degré d'ouverture du commerce international, du poids de la dette (qui limite la capacité d'importation ainsi que la capacité d'investissement de nombreuses économies de la région) mais aussi de l'accès plus ou moins facile aux technologies et à la connaissance. De plus, la correction des déséquilibres

---

[1] Voir [Romer, 1990], [Romer et Rivera-Batiz, 1991], [Grossman et Helpman, 1991]. [Aghion et Howitt, 1992] et [Chamboux-Leroux, 2000] qui regroupe un grand nombre de ces modèles. Nous nous sommes également appuyés sur les travaux de [Hounie et alii, 1999] afin de proposer une présentation sommaire de ce modèle. Le but était de mettre en avant la démarche et le cadre théorique standard (optimisation de la fonction de consommation inter-temporelle du consommateur, fonction de production néo-classique, agent représentatif, etc.) et les hypothèses néo-classiques de ce type modèle. Ce point sert à souligner l'incompatibilité des cadres d'analyse entre les théories de la croissance endogène et l'analyse historico-structurelle de la CEPAL (Voir le point 3.2 dans ce chapitre).

[2] Contrairement aux thèses sur la convergence technologique et de niveaux de développement, cette théorie admet la possibilité de divergence des taux de croissance entre pays développés et sous-développés. Les rendements décroissants (base de l'analyse néo-classique Heckcher-Olhin-Samuelson-HOS) est remise en cause par l'introduction du facteur technologique et d'externalités positives (de l'innovation sur la croissance). La majorité des modèles prévoient néanmoins la convergence voir [Edwards, 1998, p. 396]. Ces théories comme nous verrons dans le chapitre 2, se baseront sur les hypothèses de la concurrence imparfaite et adopterons une modélisation plus moderne et modélisée.

[3] Pour un débat sur la TPE au Brésil. Voir IPEA-CEPAL, 1995, *Transformação Produtiva com Eqüidade : o debate no Brasil ; condicionantes macroeconômicos*, Brasilia.

macro-économiques, la question du financement du développement mais surtout la nécessité de préserver la cohésion sociale étaient des priorités pour les économistes latino-américains de la CEPAL. Comme le note la CEPAL : « l'impératif d'équité exige que la transformation productive soit accompagnée de mesures redistributives» [CEPAL, 1990, p. 15]. Cet impératif semble être martelé comme pour tenter de trouver une nouvelle insertion dans l'économie mondiale, moins dépendante des pays du Centre et comprenant des préoccupations d'équité.

Notion d'équité

La notion équité n'est pas clairement explicitée dans les textes de la TPE mais elle renvoie au concept d'homogénéité sociale de la CEPAL[1]. Faute de références explicites dans les documents de la CEPAL, nous ne pouvons qu'évoquer l'hypothèse, néanmoins réaliste au vue du retentissement de cet ouvrage, que la notion d'équité de la TPE trouve une résonance avec le principe d'équité (ou de justice) dans la conception du libéralisme social de J. Rawls dans «*La théorie de la justice*»[2].

Selon la théorie de J. Rawls, «les inégalités sociales et économiques doivent être organisées de façon que : a) elles apportent aux plus désavantagés les meilleures perspectives [principe de différence] ; b) elles soient attachées à des positions ouvertes à tous, conformément à la juste égalité des chances [principe d'égalité]. Il existe une hiérarchie entre ces deux sous-principes. Le principe de liberté est absolument premier par rapport au principe d'équité (la liberté ne doit jamais être sacrifiée pas même au profit d'une meilleure équité) et le principe d'égalité est absolument premier par rapport au principe de différence (c'est-à-dire qu'il ne serait pas juste que les inégalités soient réduites si cela peut être fait aux dépens de l'égalité des chances. Comme le notent les auteurs, «la théorie de Rawls répond bien à la caractérisation essentielle du libéralisme, en ce sens que le marché y apparaît le fondement de l'ordre social» [Salama et Valier, 1994, p. 152].

La conception Cépalienne (structuralistes) de l'équité ne repose pas sur les mêmes fondements puisque au contraire «le principe d'homogénéité social définit un rôle pour l'Etat : tout en respectant les libertés individuelles[mais sans s'y subordonner], il doit développer l'équité et l'authentique égalité d'opportunités et favoriser l'intégration et l'homogénéité sociale» [Calcagno et Calcagno, 1995, p. 210-211][3]

---

[1] Voir [Fajnzylber, 1983, p.359-368] et [Calcagno et Calcagno, 1995, p. 207-212]

[2] 1971, Ed. Le seuil (1987), Paris. Notamment le chapitre 2 , p.85-150. Une des questions que soulève ce livre a trait à la définition que l'auteur attribue au concept de liberté.

[3] Voir également l'analyse critique qui est faite par ces auteurs de l'ouvrage «*Free to chose*» (et plus spécifiquement le chapitre 5 « created equal») de M. et R. Friedman, Ed. Secker & Walrbur, Londres, 1980. Pour une vision Cépalienne spécifiquement sur le concept d'équité voir : A. Gurrieri, «La equidad : aspectos conceptuales y tareas futuras», CEPAL, Santiago de Chile, juillet 1990; plus récemment CEPAL, *La brèche de l'équité. Amérique latine et Caraïbes et le sommet social*, Santiago de Chili, 1997.

TPE et activisme technologique

L'objectif de la TPE était également de dépasser le cadre étroit d'exportateur de produit primaire dans laquelle la région a longtemps été cantonnée pour passer à l'exploitation des matières premières et aux services. Ceci lui permettrait d'intégrer le système productif sous un autre jour et d'accéder à l'homogénéisation progressive des niveaux de productivité entre secteurs d'activité. La TPE avait donc pour objectif clé, le décloisonnement de l'Amérique latine de son rôle historique d'exportateur de produit primaire et la rupture définitive avec l'ISI.

Dès ce document fondateur de la TPE, l'intégration latino-américaine (ou la réactivation de cette intégration) était déjà considérée comme un moyen de renforcer le pouvoir de négociation des pays de la zone face à des tiers[1].

Reprenant l'approche schumpétérienne, l'investissement en recherche et développement est alors considéré comme «la force motrice de la dynamique endogène de l'innovation», permettant le développement d'avantages de type monopolistique dans la production de ce bien pour la firme innovante.

Dans cette approche, l'accent est mis autant sur les déterminants du progrès technologique et de compétitivité que sur l'équité sociale dans la distribution des fruits de ce progrès.

L'activisme technologique tel qu'il est considéré dans les analyses de la CEPAL veut privilégier la *compétitivité structurelle* (ou *compétitivité véritable*) à travers l'incorporation du progrès technique. F. Fajnzylber définit ce concept de la façon suivante : « Dans le moyen-long terme, la compétitivité structurelle est la capacité qu'a un pays de soutenir et d'accroître sa part de marché au niveau international et, dans le même temps, d'améliorer les conditions de vie de sa population. Ceci requiert une augmentation de la productivité et donc les apports résultant de l'incorporation de la technologie. Les différences dans l'engagement international sont dues dans une large mesure à des facteurs structurels qui influent aussi bien sur les modalités que les résultats des stratégies nationales mais aussi sur l'utilisation que chaque pays fait des instruments spécifiques de politique économique et industrielle» [F. Fajnzylber, 1990][2]

Pour ne pas tomber dans les travers de la période d'ISI, deux points essentiels sont soulignés dans cette approche[3] :

- Œuvrer pour que la structure agraire, le système industriel et la consommation soient davantage compatibles avec la structure des investissements mais aussi avec l'équité sociale ;

---

[1] Voir Chapitre 2 où les fondements théoriques seront présentés et discutés. Voir par exemple Salgado G., «Intégración latinoamericana y apertura externa», in Revista de la CEPAL n° 42, décembre 1990.

[2] Voir également [Calcagno et Calcagno, 1995, p. 253] et [Chesnais, 1996].

[3] Voir aussi la vision lucide (déjà en 1970) dans [Sunkel et Paz, 1970, p. 366-380] et [Sunkel et Zuleta, 1990].

- Agir sur les facteurs qui déterminent la dynamique des éléments cités précédemment : notamment les dotations en ressources naturelles de chaque pays, les tendances démographiques, le potentiel entrepreneurial, les connaissances technologiques et le développement scientifique, les investissements directs étrangers, le système financier et les types de consommation au niveau international.

L'interaction entre ces deux éléments peut générer, d'après les défenseurs de l'activisme technologique, un cercle cumulatif vertueux qui - à l'instar des pays européens, nordiques ou du Japon - permettrait que la croissance et la compétitivité s'accompagnent d'équité sociale. Il est important de souligner que contrairement aux textes originaux de F. Fajnzylber ou des thèses structuralistes, la stratégie de la TPE comprend une politique d'ouverture commerciale[1]. L'objectif principal de l'ouverture était, au début des années 1990, d'éviter l'isolement technologique en période de globalisation productive et de révolution électronique et biotechnologique mais aussi accélérer le rattrapage technologique à travers une stratégie d'expansion des exportations (*desarrollo hacia afuera*).

Le rôle de l'Etat diffère entre les structuralistes et les néo-structuralistes. Ces derniers se sont situés dans l'approche des nouvelles pratiques market-friendly qui ont prévalu à partir des années 1990. Cette approche met l'accent sur le caractère complémentaire entre l'Etat et le marché dans la définition de nouvelles stratégies de développement [Sunkel et Zuleta, 1990, p. 47-48] qui notent que «l'approche néo-structuraliste reconnaît les failles de l'Etat et s'efforce d'élaborer une nouvelle proposition consensuelle autour du nouveau rôle de l'Etat en se basant sur des raisons pragmatiques et sur les leçons issues de l'expérience latino-américaine. [...] L'organisation efficace de l'Etat correspondrait ainsi à la nouvelle étape du développement latino-américain caractérisée par l'ouverture démocratique et la nécessité d'introduire des ajustements à la stratégie de développement.» L'Etat doit établir des priorités en raison de ses ressources limitées. L'Etat doit -ajoutent Sunkel et Zuleta à propos de l'approche néo-structuraliste- « décentraliser et dépolitiser la gestion publique puisque plus le nombre de conflits seront résolus par le système politique (contre le marché) ou au niveau central (contre les gouvernements régionaux des provinces ou locaux), plus grande sera la charge des demandes sociales qui se concentrent sur le niveau politique central et auxquelles il ne peut pas répondre. Ainsi la décentralisation et la dépolitisation des conflits sont une manière indirecte mais réelle de réduire la surcharge qui pèse sur l'Etat central et améliore du même coup son efficacité.». La conception néo-structuraliste se rapproche ainsi de la vison de la Banque Mondiale quand on se rappelle que la définition de décentralisation est donnée par [Rondinelli et Nellis, 1984 ; cité dans Banque

[1] Voir [Bielschwosky, 1998, p. 54].

Mondiale, 1995a, p.53] : «Le transfert de responsabilité en matière de planification, d'administration ainsi que l'augmentation et l'allocation des ressources du gouvernement central et ces agences vers : i) des unités de décisions subordonnées ou à d'autres niveaux comme les gouvernements de Provinces ou les municipalités ; ii) des autorités publiques semi-autonomes ; iii) des autorités fonctionnelles en charge de zones spécifiques ou de régions; iv)des organisations non-gouvernementales privées (ONG) ou de volontariat; et v) déconcentration vers des niveaux inférieurs au sein des agences centrales existantes (unités de terrain)»[1].

Remarques et critiques des moyens proposés par la TPE

Les objectifs de la TPE se fondent sur une longue tradition Cépalienne concernant le rôle central de la technologie et de la compétitivité structurelle dans le développement avec équité en Amérique latine. Il importe de mettre en lumière la distinction entre fins et moyens pour atteindre cette TPE. En effet, l'évolution la plus fondamentale concerne les moyens mobiliser pour atteindre les objectifs considérés. A partir du début des années 1990, la CEPAL et le courant néo-structuraliste vont voir dans les réformes de l'Etat et de l'économie les instruments pour fomenter la TPE.

Approche néo-structuraliste et compromis vis-à-vis de l'ouverture et du retrait du rôle de l'Etat[2].

A la vision du développement vers l'intérieur (*desarrollo hacia adentro, ISI*), les idées de la CEPAL se portent au fil des travaux sur le «desarrollo desde dentro» (développement depuis l'intérieur) puis sur le régionalisme ouvert au service de la TPE et l'intégration régionale par le marché (*desarrollo hacia fuera*). Le message de la CEPAL se brouille et devient contradictoire. La TPE doit favoriser le progrès technologique mais ce n'est plus l'Etat (via les politiques de promotion de l'éducation de la technologie et de l'innovation) qui va être moteur mais l'ouverture des marchés, les réformes et la déréglementation. Les auteurs néo-structuralistes ne défendent pas le recours exclusif au marché et adoptent une attitude intermédiaire (*market friendly)* entre les postures extrêmes (Bielschowsky, 1998). Néanmoins, les politiques qu'ils soutiennent visent moins à remettre en cause l'ouverture économique et le poids du marché qu'à atténuer des fluctuations du cycle financier. Ainsi, J. Marques-Pereira note que « la macro-économie [néo-structuraliste de J. A Ocampo] pourrait donc réduire la pauvreté si elle permet à l'Etat de lisser le cycle financier et de maintenir ainsi, voire

[1] Voir [Ben Hammouda, 2002], [Sunkel et Zuleta, 1990] et [Bielshowsky, 1998].
[2] Voir [Bielschowsky, 1998, p. 57].

d'accroître, les dépenses publiques qui contrent la destruction des capacités de croissance, humaine et physiques. Il ne s'agit pas là d'un changement de politique économique mais de se donner les moyens de faire en sorte que l'ouverture économique relance la croissance.» [Marques-Pereira, 2003, p. 35].

La divergence de vues des néo-structuralistes avec les thèmes et l'approche structuraliste marque la distance entre ces deux visions.

Choc de cadres analytiques incompatibles

En terme analytique, ces auteurs néo-structuralistes vont s'appuyer sur les nouvelles théories du commerce international. La mobilisation de ce champ théorique est rarement explicite chez les économistes néo-structuralistes. Elle apparaît néanmoins clairement dans l'ouvrage de référence pour les thèses néo-structuralistes de la CEPAL écrit par R. Ffrench-Davis[1]. Comme le note explicitement l'auteur «il est clair que bon nombre de spécialistes du monde académique néo-classique de l'hémisphère nord ne partagent pas plusieurs des traits caractéristiques du paradigme communément appelé néo-libéral. Les apports de ces spécialistes sont nombreux et très importants (conséquences de la différenciation des produits, économie d'échelle, apprentissage, externalités dynamiques et les dangers des marchés financiers) par exemple Krugman 1986 et 1988, Rodrik 1992 et Stiglitz 1994. Ces apports sont très pertinents pour l'approche néo-structuraliste puisqu'ils peuvent contribuer à lui donner une forme plus formalisée. En général, les analyses de ces spécialistes du Nord sont ignorées par les recommandations néo-libérales» [Ffrench-Davis, 1999, p. 20]. L'approche néo-structuraliste se place donc dans la continuité des nouvelles théories du commerce international[2]. Les objectifs économiques du courant néo-structuraliste restent fidèles à ceux de leurs prédécesseurs structuralistes mais l'incorporation d'instruments théoriques nouveaux (qui n'en restent pas moins standards, orthodoxes et libéraux à l'inverse de l'école structuraliste de la CEPAL) va profondément modifier le message structuraliste et avoir des conséquences sur les économies de la région. Relativisons toutefois, les néo-structuralistes ne sont pas des «*néo-libéraux soft*». Ils apportent une vision intéressante qui les différencie de l'orthodoxie notamment en s'attachant à privilégier le côté de la demande, à appuyer une politique de change active régulée par la Banque Centrale de mini-ajustement[3], à établir un contrôle du mouvement des capitaux et à concevoir le système financier comme

---

[1] *«Macroeconomia, comercio y finanzas para reformar las reformas en America Latina»*, Ed. Mc Graw Hill-CEPAL, 1999, Chili.

[2] La croissance endogène pour la TPE et la nouvelle économie géographique pour le Régionalisme Ouvert que nous analyserons dans le chapitre suivant.

[3] Ou flottement administré. Voir Chapitre 3, Section 2.

essentiel pour capter l'épargne et la redistribuer via l'investissement dans l'appareil productif[1].

Les théories néo-classiques cohabitent mal avec des concepts issus d'une analyse historico-structurelle propre en Amérique latine (Périphérie) et en rupture avec les thèses standards libérales développées dans les pays du Centre[2].

Tel est le nouveau cadre d'analyse de la CEPAL à partir des années 1990 : ouverture et libéralisation économique, rôle moteur de la connaissance et du progrès technologique. L'ouverture et les réformes devaient être concertée pour répondre à une stratégie de développement à long-terme et une TPE. Comme nous allons le voir dans la section suivante, l'ampleur et la rapidité des réformes et de la libéralisation ont grandement compromis cette «stratégie réformiste» de transformation productive par le marché des auteurs néo-structuralistes auteurs de la TPE.

2. Etat des lieux des pays du Mercosur : Principales variables macro-économiques de 10 années d'ouverture/libéralisation et de Mercosur

Durant les années les dernières décennies en Argentine et au Brésil, les mutations de la structure de marché, de politiques monétaires, de stratégies des firmes ont été telles qu'il est essentiel d'en rappeler les principaux éléments.

Les réformes et la libéralisation des économies du Mercosur.

Pour évaluer l'ampleur des réformes et la libéralisation dans les différents pays et pouvoir les comparer, un indice composite et purement quantitatif est utile[3].

---

[1] Voir [Ffrench-Davis, 1999, p. 28-36] qui expose ces éléments en les opposant à la vision néo-libérale. Cette partie du livre de Ffrench-Davis (1999) reprend l'article *«Capital formation and macroeconomic framework: a neostructuralist approach»* publié en 1993 dans l'ouvrage coordonné par O. Sunkel: «*Development from within: Towards a neostructuralist approach for Latinamérica*»,Ed. Lynne Rienner Publishers, Boulder & London, New-York.

[2] Comme nous allons le voir au cours dans la troisième partie de ce travail, la TPE *via* le marché et les privatisations ne substitue pas à une véritable politique industrielle orientée vers le Travail Décent et l'équité. Voir Chapitres 5 et 6.

[3] Notons toutefois que ce type d'indicateurs laisse de côté des facteurs importants comme des impôts ou taxes indirects (appelée en Argentine «tasa de estadistica») qui modifiaient le niveau des droits de douanes effectifs. De plus, les indicateurs ne prennent en compte que le caractère qualitatif des réformes, l'environnement politique et social dans laquelle la libéralisation a lieu. Un processus de réformes et de libéralisation des marchés n'a pas la même signification et la même légitimité si elle est pratiquée sous un gouvernement militaire ou démocratique ou en cours de consolidation démocratique. La norme est la libéralisation complète de l'économie, indiquant implicitement l'objectif ou le but à atteindre. Cette norme de «non-distorsions des marchés» répond à une vision forcement partiale de l'économie (libérale). Nous

Encadré 1 : Indices des réformes structurelles

L'indice général (moyen) se compose de cinq sous-indices qui se décomposent eux-mêmes en différents sous-indices

1. *Libéralisation des importations*: niveau moyen des droits de douane et dispersion des droits de douanes.
2. *Libéralisation financière*: contrôle des taux d'intérêt sur les prêts bancaires (0 si contrôlés et 1 si déterminé par le marché); Contrôle des taux d'intérêt sur les dépôts bancaires; Ratio Réserves-dépôts/
3. *Ouverture du compte de capital*: indices de contrôle de l'IDE; limites de rapatriement des dividendes et paiements d'intérêt; contrôle aux crédits externes des prestataires nationaux et contrôle des flux de capitaux.
4. *Réforme fiscale*: taux marginal maximum sur les revenus des entreprises; taux marginal maximum sur les revenus des personnes; taux d'imposition à la valeur ajoutée et efficacité de l'impôt à la valeur ajoutée (relation entre le taux de TVA et les revenus par secteur de cet impôt en proportion du PIB)
5. *Privatisation*: 1- (relation entre valeur agrégée dans les entreprises publiques et le PIB non-agricole.)

Chaque indice est calculé pour que sa valeur soit comprise entre 0 et 1. La valeur de 1 correspond à la situation la plus réformée, la plus libre de distorsions et d'intervention publique. La différence entre l'indice brut de chaque pays et l'observation relative du pays le moins libéralisé s'exprime en pourcentage de la différence entre les observations maximum et minimum des tous les pays sur l'ensemble de la période. La valeur maximum correspond au niveau maximum rencontré dans l'un des pays durant la période.

Formellement, la valeur de l'indice du pays *i* à la date *t* a pour expression:

$$I_{it} = \frac{(IR_{it} - Min)}{(Max - Min)},$$

Avec

I_{it} valeur de l'indice correspondant au pays i à la date t;

IR_{it}: valeur brute de la mesure des réfomres correspondant au pays i à la date t;

Max: valeur maximum de la mesure des réfomres correspondant à tous les pays à toutes les dates;

Min: valeur minimum de la mesure des réfomres correspondant à tous les pays à toutes les dates;

Source: [Morley et alii, 1999] et [Stallings et Peres, 2000].

Une première lecture du graphique (Graphique B-1[1]) souligne la vitesse et l'ampleur de ces réformes en Argentine et en Uruguay depuis 1970. L'indice indique une hausse très sensible à partir du milieu des années 1970 dans ces

utilisons toutefois ces indices comme indicateurs quantitatifs de l'ampleur et la profondeur des réformes et non pas comme guide des réformes qu'il reste à appliquer (ou faire appliquer) à ces pays. Voir [Ministerio de economia, 2003, p. 84].

[1] Tous les graphiques et tableaux de ce Chapitre 1 sont en ANNEXE A.

deux pays alors que durant la même période, le Brésil et le Paraguay connaissaient un niveau de réformes stable et largement inférieur. Cette augmentation brutale et rapide (de 0,4 à 0,6 en un an entre 1976 et 1977 en Argentine) et de 0,5 à 0,75 en Uruguay entre 1978 et 1979. La présence de régimes dictatoriaux libéraux dans ces deux pays n'est pas fortuite. Le facteur du régime politique n'est pas le seul facteur pertinent. Il s'agit de facteurs explicatifs que l'indice purement quantitatif ne permet pas d'avoir. Le Brésil et le Paraguay qui connaissaient également des dictatures militaires à cette époque n'ont cependant pas vu leurs indices de réformes augmenter[1]. Le Brésil, notamment , n'a pas privatisé l'entreprise pétrolière Petrobras à l'inverse de l'Argentine qui a cédé YPF à la compagnie espagnole Repsol. La stagnation ou la régression de ces indices dans les années 1980 correspond aux politiques hétérodoxes appliquées pour freiner les crises inflationnistes (plans de stabilisation hétérodoxes au Brésil et en Argentine). A la fin des années 1980, la libéralisation de l'économie touche toutes les économies mais ces réformes sont particulièrement brutales au Brésil avec une augmentation de 0,5 à 0,7 en une année. Cet indice reste néanmoins inférieur au taux argentin qui atteint 0,9 (1 étant le maximum) dès 1992-1993. Une étude de Lora poursuit cette méthodologie et calcul le même indice de réformes jusqu'à 1999. L'Argentine ne connaît pas variation importante étant déjà proche du maximum depuis le début des années 1990. Le Brésil connaît une augmentation régulière de l'indice général des réformes pendant la présidence de F. H. Cardoso et atteint en 1999 un niveau presque équivalent à celui de l'Argentine.

Les indices des réformes commerciales, des comptes de capitaux, du secteur financier, des privatisations et de la libéralisation fiscale (Graphiques B-2; B-3; B-4; B-5 et B-6) confirment cette vision du décalage et de la différence de vitesse entre les deux sous-groupes. Une exception pourtant concernant la réforme financière au Brésil à partir de 1990 qui a été très brutale et profonde.

Nous soulignons le caractère très profond et rapide de la libéralisation et des réformes libérales en Argentine. Les réformes au Brésil ont été appliquées de manière plus constante sauf quelques exceptions (finance). L'Argentine est championne dans le caractère brutal de ses réformes et dans leurs ampleurs. Notre hypothèse est que cette ampleur et vitesse de la libéralisation ont profondément heurté les structures productive, sociale, et politique de ce pays, rendant la réaction aux chocs externes d'autant plus difficile et inefficace.

---

[1] Cette distinction entre l'Argentine et l'Uruguay d'une part et le Brésil et le Paraguay d'autre part sera une constante de notre travail. A travers ces deux sous-groupes nous analyserons plus précisément les différences de trajectoires historique, économique, politique et sociale des deux pays. Cela est d'autant plus important que ces deux pays (Argentine et Brésil) tentent de constituer le Mercosur. Pour d'autres études comparatives (Brésil et Mexique) voir [Marques-Pereira et Théret, 1999].

C'est dans ce contexte de libéralisation brutale et profonde (surtout en Argentine et en Uruguay) que le Mercosur a été crée et que ces résultats doivent être considérés. Nous retiendrons les niveaux de réformes supérieurs en Argentine et en Uruguay par rapport au reste du Mercosur. Ces pays ont connu une phase de forte libéralisation à l'arrivée des dictatures militaires contrairement au Brésil et au Paraguay qui ne connaîtront la vague de libéralisation qu'à la fin des années 1980. Dans ces derniers pays, les réformes continueront de manière graduelle après la brusque augmentation à la fin des années 1980 pour atteindre les niveaux argentin et uruguayen en 1999. Cette expérience différente de phase de réformes (dates, ampleur et caractère progressif) est un trait distinctif essentiel pour la suite de notre étude. Il servira notamment à faire l'hypothèse de travail d'une capacité de réaction aux chocs externes et internes inférieurs en Argentine et en Uruguay (par rapport au Brésil principalement) en raison du caractère brutal et profond des réformes.

Résultats macro-économiques généraux des pays du Mercosur

La signature en 1991 du Traité d'Asunción a marqué le début du processus formel d'intégration des quatre nations fondatrices : Argentine, Brésil, Paraguay et Uruguay. Le Traité avait pour objectif d'introduire une dynamique régionale forte visant à la constitution d'un marché commun (dans le futur) dans un monde où les processus régionaux se développait. Il est intéressant à ce propos de rappeler que la signature du Traité d'Asunción (d'abord prévu entre l'Argentine et le Brésil uniquement) a eu lieu dans un contexte très difficile (en pleine crise hyperinflationniste au Brésil et avant la loi de Convertibilité en Argentine). Ce Traité longtemps repoussé (depuis 1986, date des premiers accords entre Brésil et Argentine PICE) suit l'annonce de l'initiative des Amériques impulsée par le Président des Etats-Unis de l'époque, G. Bush père, à l'heure de la chute du régime soviétique[1]. Le Protocole d'Ouro Preto («*Protocole additionnel au Traité d'Asunción sur la Structure Institutionnelle du Mercosur*») en 1994 marque la constitution de la structure institutionnelle (non supra-nationale) du Mercosur. Le système de décision devra se faire manière consensuelle au niveau inter-gouvernemental. Les deux piliers institutionnels du Mercosur sont le Conseil du Marché Commun (CMC) composé des ministres des Ministres des

[1] En 1996, deux autres pays, le Chili et la Bolivie ont signé un accord de partenariat et de réduction des droits de douanes avec le bloc régional, devenant ainsi membres associés du Mercosur (Mercosur 4+2). En septembre 2003, le Pérou a également signé un accord préférentiel avec le Mercosur. La CAN a signé en décembre 2003 un accord avec le Mercosur. Pour une vision historique de la création du Mercosur voir [Ferrer, 1997] et [Rapoport, 1999]. Ces deux auteurs soulignent que le contenu et la finalité du Traité d'Asunción (signé par Menem et Collor) ne ressemblent plus guère à la conception qu'en avaient les deux promoteurs originaux (Alfonsin et Sarney). Voir ANNEXE et tableaux B-1 et B-2. On peut ajouter qu'en décembre 2005, le Venezuela a également signé un accord avec les quatre membres originaux du Mercosur pour accéder à son adhésion complète.

affaires étrangères de chaque pays et du Groupe du Marché Commun (GMC) qui en plus des Ministres des affaires étrangères comprend des représentants des institutions publiques. La première institution a un rôle plus politique que la deuxième qui est plus exécutive[1].

La baisse des droits de douanes a été significative dans toute l'Amérique latine, passant d'une moyenne régionale de 40% en 1985 à 13% en 2000. Dans le Mercosur les niveaux de douanes entre pays (Tarif Extérieur Commun) sont de 7% en moyenne alors que vis-à-vis des pays tiers et avec la Clause de la nation la plus favorisée, la moyenne est de 13%[2].

Résultats du taux de croissance du PIB

Les taux de croissance du PIB sont reportés dans le Graphique B-9. Nous serons amenés à revenir longuement sur ces chiffres dans la deuxième partie (chapitre 3 et 4), aussi, nous ne faisons ici que présenter ces chiffres. Notons d'ors et déjà la forte volatilité sur l'ensemble de la période 1960-2002 et les très forts taux de croissance atteints au cours de cette période (maximum de 15% au Paraguay à la fin des années 1970).

L'afflux de capitaux et IDE et l'attrait pour la zone

La décennie des années 1990 contraste fortement avec celle des années 1980 en raison de l'afflux très élevé des capitaux étrangers, de la baisse des taux d'intérêt au Etats-Unis (Chesnais, 1996). A la fin de la décennie 1990, l'Amérique latine dépassait même l'Asie comme destination privilégiée des capitaux étrangers. Il est clair que le Plan de Convertibilité argentin de 1991 et le Plan Real au Brésil en 1994 sont pour beaucoup dans la stabilisation de l'inflation et l'attrait des capitaux internationaux. Le Mercosur a constitué la

---

[1] Nous ne présentons pas les difficultés qui ont surgi au sein de ces institutions au cours des crises dans les pays du Mercosur mais leur fonctionnement à largement dépendu des relations personnelles entre ministres et présidents des différents pays. Au-delà du CMC et du GMC, ont été crées l'Instance Consultante Economique et Sociale (pour les représentants de société civile) , le Secrétariat Administratif du Mercosur (pour l'appui administratif) basé à Montevideo, la Commission du Commerce (pour l'adoption de politique commerciale commune). Malgré ces instances institutionnelles et une intégration *de Jure* (à l'inverse de l'ASEAN du moins jusqu'en septembre 2003), il n'existe pas de personnalité juridique de droit international pour le Mercosur; EN 1994, pour la première conférence sur l'ALCA à Miami, le Mercosur a décidé de parler d'une seule voix. A Cancun, pour le Sommet de l'OMC en septembre 2003, le Brésil a de nouveau parlé au nom du Mercosur dans les discussions entre blocs. Tel n'a pas toujours été le cas notamment durant les présidences de C. Menem en Argentine et de F.H. Cardoso était Président du Brésil soit une large part du Mercosur. Les relations brésiliano-argentines ont été particulièrement mauvaises durant la présence de D. Cavallo au Ministère de l'économie argentin. Pour le nombre de controverses et disputes commerciales entre les pays du Mercosur voir [BID, 2003; p. 104].

[2] Voir [INTAL, 2002, p. 73] et base de données DATAINTAL disponible sur Internet : http://www.iadb.org/. Notons que suite aux nombreuses tensions et plaintes entre pays membres et un grand nombre d'exceptions (notamment pour l'Uruguay et le Paraguay) des politiques de représailles et de hausse des droits de douanes (tasa de estadistica que nous avons évoqué) ont été pratiquées. Sur ce point voir Informe Mercosur n°8 publié par l'INTAL-BID, 2003.

région la plus dynamique du sous-continent américain (Graphique B-10). Entre 1997 et 1999, l'IDE dans les pays du Mercosur représentait 6% du total mondial des IDE contre 1,4% (soit 1594 millions de USD) entre 1984-1989 [CEI, 2001]. De 1995 à 2000, le Brésil attirait 33% des IDE en Amérique latine contre 16% en Argentine [CEPAL, 2000]. Cependant dès les années 1999-2000 les montants de ces IDE marquent une baisse sensible en raison de la crise brésilienne et de la situation argentine. Cette baisse a pratiquement coupé l'Argentine d'IDE en 2002 et le Brésil est également très touché avec des niveaux très faibles. Par ailleurs, il est important de noter que durant les dernières années, la part des Fusions et Acquisitions est devenue la forme la plus répandue des IDE comme un certain nombre d'études le montrent.

L'ampleur et la durée de la crise en Argentine durant les années 1980 mais aussi la rapidité et la profondeur des politiques d'ajustement de libéralisation qui ont suivi ont énormément influé sur le nouveau cadre institutionnel, la structure du marché et les anticipations des agents économiques. La restructuration de l'économie et le nouveau modèle de développement ont vu l'avènement d'une forte concentration de la structure productive principalement au bénéfice des grands groupes économiques locaux (Aliments, sidérurgie, chimie, services) mais aussi des firmes multinationales[1]. Certains économistes soutiennent l'hypothèse d'une *«étrangérisation»* ou *«transnationalisation»* des économies argentine et brésilienne dans les secteurs tels que l'automobile et pièces détachées, boisson, matériel électrique (aujourd'hui disparu en Argentine) et de communication (aux mains des FMN)[2].

Le tableau ci-dessous explicite les stratégies des capitaux étrangers en Amérique latine par secteur d'activités.

Tableau 2: Stratégies des IDE par secteurs d'activités.

Stratégies	Recherche d'efficacité	Recherche de matières premières	Recherche d'accès au marché (national ou régional)
Secteur primaire		**Pétrole/gaz** : Venezuela, Colombie, Argentine **Minéraux :** Chili, Argentine, Pérou	
Secteur manufacturé	**Automobile :** Mexique **Electronique :** Mexique, Caraïbes **Confection**		**Automobile :** Mercosur **Chimie :** Brésil, Argentine **Industrie agricole :** Argentine, Brésil, Mexique **Ciment :** Colombie, République

[1] La privatisation des entreprises en Argentine a conduit à la concentration en deux grands groupes (Siderar et Acindar) qui concurrence la production brésilienne. Voir travaux de D. Azpiazu et E. Basualdo.

[2] Voir [Intal, 2001],. Voir [Azpiazu, 2002], [Bonelli, 2001], [Chudnovsky D. et Lopez A., 2001] [Gonçalves R., 1999] et [Basualdo, 1999] pour les thèses sur l'étrangérisation des économies brésilienne et argentine.

	textile : Caraïbes, Mexique		Dominicaine, Venezuela
Secteur des services			**Financier** : Brésil, Mexique, Chili, Argentine, Venezuela, Colombie, Pérou. **Télécommunication** : Brésil, Argentine, Chili, Pérou. **Energie électrique** : Colombie, Brésil, Argentine, Amérique centrale. **Distribution de gaz** : Argentine, Brésil, Chili, Colombie

Source: [CEPAL, 1998a].

On note que l'Argentine et le Brésil sont recherchés par les capitaux étrangers pour les mêmes raisons et dans les mêmes secteurs dans un certain nombre de cas (automobile, finance, télécommunication, énergie électrique etc.). Les deux pays du Mercosur se concurrence ainsi pour capter les IDE. Cependant, seule l'Argentine intéresse les investisseurs étrangers pour la recherche de matières premières[1].

Le tableau ci-dessous synthétise les opérations de flux bilatéraux d'investissements directs entre l'Argentine et le Brésil.

Tableau 3: Flux bilatéraux d'investissements directs (Argentine/Brésil) 1990-2000 en millions de dollars.

Orgine-Destination	1990-1997	%	1998-2000	%	Total	%
Brésil-Argentine	1207	54,3	1529	22,2	2736	30,0
Argentine-Brésil	1017	45,7	5355	77,8	6372	70,0
Total flux bilatéraux	2224	100,0	6884	100,0	9108	100,0

Source: Centro de Estudio para le Producción (CEP) du Ministère de la Production, 1998.

Note: Les chiffres pour 1998-200 sont des prévisions d'après les annonces faites en 1998.

La hausse des flux d'investissements entre le Brésil et l'Argentine a considérablement cru et à un niveau supérieur au commerce. Des études (CEP, 1998) précisent que deux tiers des investissements que les entreprises argentines comptent réaliser au Brésil dans les années 1998-2000 sont dues

[1] Ce point sera traiter avec la notion de reprimarisation de l'économie argentine.

au processus de dérégulation et de privatisations. L'étude du CEP citée par [Bonelli, 2001, p. 93-96] souligne que les investissements argentins au Brésil se concentrent dans les secteurs du pétrole et du gaz (26%), la construction (22%), les aliments et les boissons (9%), l'énergie électrique (8%). Les investissements brésiliens en Argentine se concentrent différemment: 32% vers l'énergie électrique, 12% vers la construction , 11,6% vers les banques.

Si les IDE ont été très importants, notons avec R. Pizarro que le poids de la finance et des services financiers n'ont cessé d'augmenter en Argentine et surtout au Brésil soulignant le caractère financiarisé des ces économies[1].

Nous avons vu que les années 1990 (et après 1993 pour le Brésil) ont vu des montants de capitaux très significatifs entrer dans le Mercosur mais il faut aussi considérer les sorties de capitaux pour obtenir un solde en terme de transferts net d'actifs[2] (Graphiques B-11 et B-12).

Les résultats au Brésil confirment l'entrée nette importante d'actifs entre 1993 et 2001 (à l'exception de 1999) mais ils soulignent également la sortie nette d'actifs durant la décennie perdue (1982-1992) et en 2002. En Argentine, après une entrée net d'actifs de 1991 à 1999 (sauf en 1994 suite à l'effet Tequila), la sortie nette d'actifs est très significative entre 2000 et 2002 (près de 35 milliards de dollars en deux ans). Ces mouvements de capitaux ont une relation étroite avec la stabilisation macro-économique et les capacités des pays à réagir aux crises[3].

Le Mercosur, commerce et investissement intra-Mercosur

Cette Union douanière incomplète a été présentée pratiquement depuis la signature du Traité lui donnant naissance en 1991, comme un grand succès d'intégration, la quatrième zone commerciale du monde. Le Mercosur symbolisait le miracle latino-américain au sortir de la décennie perdue (graphique B-13).

Les résultats en terme de commerce et surtout de la part du commerce intra-Mercosur a souvent servi pour présenter une zone économique dynamique et intégrée (graphique B-14). De 12,9% en 1991, le volume du commerce intra-Mercosur est passé à plus de 20% en 2000 (après avoir atteint 23,1% en 1998). Un tel dynamisme du commerce intra-Mercosur peut s'expliquer par un effet de rattrapage à partir d'un niveau très faible (moins de 10% pour des pays voisins) mais aussi par la baisse très importante des barrières douanières qui a eu lieu à partir de 1991. Remarquons néanmoins que si la croissance des échanges intra-zone est élevée, le niveau de

---

[1] [Pizarro, 2001, p. 28; p. 57-58; p. 61-62]. et [Bonelli, 2001, p. 115] qui remarque que le secteur financier est celui vers lequel se dirigent le plus les IDE.

[2] A partir de la méthodologie de la CEPAL (Transferencia Neta de Recursos), nous avons constitué les séries de l'Argentine et du Brésil depuis 1976 (base de données FMI et CEPAL).

[3] Nous étudierons cette relation complexe au chapitre 4.

commerce intra-zone est bien loin de celui que l'on retrouve dans l'Union Européenne ou dans le NAFTA[1]. A partir de 1998, ce taux baisse pour chuter en période de crise (2000-2002) nous amenant à soutenir l'hypothèse de démercosurisation ou non-activation du filet de sécurité régional[2].

En terme de complémentarité et de composition du commerce intra-industriel entre l'Argentine et le Brésil, des études ont montré que l'avènement du Mercosur n'a modifié que marginalement la situation pré-intégration. De plus, le modèle de développement suivi durant l'industrialisation des deux pays (ISI) et une économie fermée entre pays de l'Amérique latine (développement «dos à dos») n'ont pas permis à l'Argentine et au Brésil de bénéficier d'un parc industriel très intégré et complémentaire [INTAL, 2001]. Les indices de concentration et de diversification des exportations par produits et par destinations des exportations confirment que l'Argentine et le Brésil sont des pays relativement diversifiés par rapport aux autres pays de la zone (indices très inférieurs au niveau moyen en Amérique latine)[3].

Ces données globales doivent être complétées par une analyse plus fine qui fasse état du contenu technologique des exportations du Brésil et de l'Argentine depuis les quinze dernières années. Cette étude nous informera sur les caractéristiques des échanges de ces deux pays et donnera une première idée de leurs nouvelles insertions dans l'économie mondiale.

Exportations et importations totales selon contenu technologique

Les graphiques (B-19 à B-22) indiquent la structure des exportations et des importations totales du Brésil et de l'Argentine en contenu technologique suivant la classification DCII/II[4].

La lecture des graphiques souligne les différences structurelles en contenu technologique entre l'Argentine et le Brésil. L'analyse de ces données se décompose en plusieurs étapes. Tout d'abord les niveaux de la

---

[1] Nous compléterons l'analyse du commerce intra-Mercosur dans le chapitre suivant.

[2] Voir Chapitre 2, Section 3.

[3] Indice de Herfindahl-Hirschman par produits et par destinations des exportations. Voir [Kuwayama et Duran Lima, 2003] et [BID, 2002]. Cette diversification était un des objectifs de l'ISI qui a obtenue de bon résultat sur cet aspect.

[4] Classification DCII/II (voir Tableau B-3 et S. Lall, 2000) et données CEPAL (2003) Panorama de la inserción de económica de América Latina, 2003. Précisons une différence théorique (entre une approche standard et une approche hétérodoxe) qui guidera cette étude sur le contenu technologique des produits échangés. Pour les libéraux, le contenu en technologie n'est important que dans la mesure où l'utilisation de haute technologie entraîne une valeur ajoutée supérieure par rapport à des produits issus de technologies moyenne ou basse. De plus, le fait que la technologie soit importée ou issue d'un processus local d'accumulation de connaissances n'a pas d'importance. Nous privilégions au contraire une approche dans laquelle l'homogénéité entre les différents niveaux de technologie importe ainsi que l'origine de cette technologie. En effet, la maîtrise de la technologie permet l'application d'une politique industrielle intégrée (entre les niveaux de technologie et au niveau régional), active et adaptée aux besoins des pays et en fonction de son insertion dans l'économie mondiale. Le processus local d'accumulation de connaissance implique également un effort en amont (éducation et recherche et développement). Voir les travaux de O. Varsavsky (1974) et Katz (2000 et 2001).

part des biens primaires sont comparés avec ceux des biens industriels et les autres transactions. Puis l'analyse va se concentrer sur le contenu en technologie des biens industriels en faisant la distinction entre niveaux de technologie. Les biens industriels peuvent être basés sur des ressources naturelles, de la technologie basse, moyenne ou élevée. Le comportement de ces différents ratios nous renseignera sur le niveau technologique des biens industriels exportés et importés et donc sur l'insertion des pays dans le commerce mondial. La TPE insistait sur l'acquisition de technologie élevée structurante de la production et la diffusion de progrès technique. Les résultats de ces données nous amèneront à évaluer sur le succès ou l'échec de la TPE mais aussi de la libéralisation commerciale, et des réformes. L'analyse des données suivra ce plan en différenciant la structure des importations et des exportations.

Nous étudions les différents éléments exposés ci-dessus (industriels, primaire, niveaux technologiques) à partir des chiffres des exportations sur la période 1986-2001. Ces seize années s'étendent du milieu de la crise des années 1980 à la consolidation de la nouvelle insertion dans l'économie mondiale *post-réformes* et libéralisation. Nous étudierons dans un premier temps les exportations pour ensuite nous intéresser aux importations.

Les exportations totales du Brésil et de l'Argentine:

La première distinction entre les deux pays du Mercosur concerne la place des produits primaires dans les exportations. Le Brésil a vu la part des produits primaires de ses exportations diminuer de 35% en 1986 à 27% en 2001. En Argentine, ces derniers représentent près de 50% des exportations et ce, de façon relativement stable depuis les années 80 (voir graphiques B-19 et B-20). Les années 1986 et 1996 ont même vu la part des produits industriels être inférieure à celle des biens primaires. Ces données amènent à parler de *reprimarisation* de l'économie argentine pour exprimer que les biens industriels sont remplacés (ou en passe de l'être) par des produits primaires ramenant l'Argentine à l'insertion dans l'économie mondiale qu'elle connaissait jusqu'aux années 1930-1940 (exportateur de produits primaires). Le Brésil consolide au contraire sa place d'exportateur de biens industrialisés.

La classification de la norme DCII/II différencie également le niveau de technologie et le recours aux ressources naturelles entre produits industriels. Là encore, la différence entre Brésil et Argentine est remarquable. La part des biens industriels de technologie basse exportés a diminué au Brésil au cours des 25 dernières années de 17% en 1986 à 11% en 2001 (durant la période 91-93 cette part a néanmoins augmenté jusqu'à 19% avant de fortement diminuer). L'Argentine a vu cette même part de technologie basse également diminuer mais d'un degré moindre (de 13% en 1987 à 9% en 2001). La part des exportations de biens basées sur une technologie moyenne a été stable au Brésil entre 22% et 25% mais a augmenté en Argentine de façon continue entre 1986 et 2001 (de 10% à 18%). Enfin, un point important concerne les biens industriels basés sur de la haute technologie. Le Brésil et l'Argentine enregistraient des niveaux stables sur l'ensemble de la période 1986 - 1996 avec une part supérieure au Brésil (4% contre 2% en Argentine). La rupture a lieu en 1996 puisque cette même part d'exportations basées sur de la haute technologie fait plus que doubler au Brésil en 15 ans atteignant 12% en 2001 alors qu'elle reste inchangée à 2% en Argentine en 2001.

Nous en déduisons que l'Argentine a laissé passer ses opportunités de moderniser son appareil de production dans la haute technologie alors qu'elle possédait les ressources humaines et techniques pour y parvenir. Le Brésil est donc le seul membre du Mercosur qui affiche une part des produits industriels exportés de haute technologie supérieure à celle basée sur la technologie de base. La proportion des biens industriels basés sur des ressources naturelles est relativement stable dans les deux pays même si le niveau a diminué en Argentine (après un maximum de 31% en 1991).

A partir des chiffres des exportations, la réussite relative du Brésil (en terme de haute technologie) et la reprimarisation de l'Argentine doivent être confrontées aux données concernant la structure des importations sur la même période.

Les importations totales du Brésil et de l'Argentine

Dans les deux pays (graphiques B-21 et B-22), la part des biens industriels dans les importations est très élevée et très supérieure à celle des biens primaires (ce qui ne surprend pas outre mesure pour des pays qui possèdent une agriculture et une production de produits primaires qui peuvent potentiellement satisfaire largement leurs populations respectives). Les modifications au Brésil sont importantes. Dans ce pays, la part des biens industriels dans les importations a connu une augmentation continue et importante de 58% en 1986 à 85% 2001. Dans le même temps et de façon évidement symétrique, les importations de biens primaires ont diminué de 42% en 1986 à 15% en 2001. Cette tendance très forte contraste avec la situation argentine dans laquelle les importations de biens industriels représentaient déjà plus de 80% des importations en 1987. A partir des années 1990 cette part a atteint plus de 90% des importations (d'où les biens primaires ne représentent plus de 10% des importations).

La seconde partie de l'analyse des données de la structure des importations différencie entre niveaux de contenu technologique des biens industriels.

L'importation de biens industriels de technologie basse reste faible (moins de 10% au Brésil) mais connaît une augmentation brusque et atteint un pallier supérieur en Argentine en 1991 passant de 6% à plus de 12%. L'importation de biens industriels basés sur une technologie moyenne se situe au même niveau dans les deux pays (même si le Brésil a connu une phase de rattrapage au cours des années 1986-1995 pour atteindre 35% environ). La différence se situe surtout dans les importations de biens industriels de haute technologie qui ont connu une augmentation forte au Brésil (de 12% à 23% soit un doublement) et plus faible en Argentine (19% en 1986 et 20% en 2002). L'importation de biens industriels dans les deux pays a donc changé de structure en terme technologique. Le Brésil importe plus de biens industriels ; ceux-ci sont majoritairement de technologie moyenne et élevée et ce de façon croissante. La part des biens industriels importés en Argentine est également majoritairement de technologie moyenne et élevés mais les biens de technologie basse ont doublé leur part au détriment des biens de haute technologie (période 1991-1993). L'appauvrissement en haute technologie des exportations argentines va de pair avec la hausse des importations de cette même catégorie de biens depuis la création de l'ouverture et la libéralisation. Ce résultat n'est pas remarquable pour des économistes orthodoxes qui en déduiraient une spécialisation dans la technologie dans laquelle l'Argentine possède des avantages comparatifs (moyenne et basse). Dans une approche hétérodoxe, l'appauvrissement technologie est un signe de destruction de certains acquis de l'Argentine de l'ISI et l'orientation vers un modèle d'exportation de produits de basse technologie (ou moyenne) dont les marchés sont moins dynamiques et dont le rendement est moindre[1].

L'accroissement du contenu technologique des exportations brésiliennes que nous avons évoqué plus haut se trouve ainsi compensé par la hausse très significative des biens importés de haute technologie[2]. La hausse d'importations basées sur une technologie élevée a des conséquences sur la structure productive, la modernisation des installations mais aussi sur la balance des paiements via les paiements de droits de brevets et licences pour des technologies très souvent protégées par des droits de propriétés intellectuelles. Les différences de structure du commerce et de production entre les deux pays du Mercosur mettent en manifeste les trajectoires et l'insertion dans l'économie mondiale du Brésil et de l'Argentine.

Si nous devions avancer une hypothèse de travail (à confirmer par la suite), celle-ci concernerait le fait que la Transformation productive qui a eu lieu après les réformes et l'ouverture dans les deux pays a conduit à accroître l'hétérogénéité productive au Brésil et à un appauvrissement technologique (reprimarisation) en Argentine. Sans que cela constitue une démonstration (mais sur la base de données statistiques), le Mercosur et la libéralisation ne

---

[1] Voir le point suivant (4.3).

[2] La distinction entre origine et destination des biens de technologie différente servira à identifier le dynamisme et le mode d'insertion du Mercosur et des pays qui le compose dans l'économie mondiale. Ces aspects très importants seront abordés dans le chapitre suivant.

semblent pas avoir conduit aux résultats escomptés par la TPE et l'application des théories de la croissance endogènes.

Dynamiques des produits exportés

L'analyse de l'insertion du Mercosur dans l'économie mondiale peut aussi être complétée par l'étude du degré de dynamisme des produits exportés. Une étude intéressante considère une catégorisation des produits manufacturés exportés dans le commerce international selon le degré de dynamisme[1]. Cet indicateur de dynamisme correspond au taux croissance des différents des produits dans les échanges mondiaux entre deux dates (1990-1998). Cette étude complémentaire sur le mode d'insertion dans l'économie mondiale donne des informations précieuses sur le dynamisme (ou au contraire la stagnation) des produits qui composent les exportations des pays du Mercosur. On pourra ainsi savoir si les pays du Mercosur exportent dans des secteurs dynamiques au niveau de l'économie mondiale. Les produits sont divisés en quatre catégories de produits. Les produits les plus dynamiques (ceux qui connaissent le taux de croissance le plus élevés supérieur à 40%) sont composés des produits de haute technologique comme les ordinateurs, les équipements informatiques, les circuits intégrés, les appareils de télévision et de télécommunication et les produits pharmaceutiques mais également l'habillement. Les produits qui ont connu une croissance entre 1990 et 1998 de plus de 1998 ne sont pas uniquement des biens basés sur la technologie élevée[2]. Dans le cas de l'habillement (très dynamique), J. M. Benavente explique cette croissance supérieure plus par la ré-allocation géographique des activités productives aux mains d'entreprises transnationales que par dynamisme de sa demande. Le groupe des produits dynamiques connaît une croissance dans les échanges internationaux de 10% à 40% et concerne 80 produits. Les produits peu dynamiques ont connu une croissance de moins de 10% dans les échanges entre 1990 et 1998 et enfin les produits stagnants ont connu une croissance nulle ou négative[3].

L'auteur fait une distinction entre les pays du Cône sud et des pays situés au nord de l'Amérique latine (Colombie, Venezuela, Equateur). La première approximation concerne les niveaux absolus des exportations des pays d'Amérique du Sud vers l'ensemble de l'Amérique latine[4]. Près de 45% des

---

[1] L'étude sur laquelle nous basons cette partie considère la période 1990-1998 et plus exactement la moyenne 1989-1991 par rapport à la moyenne 1997-1998 en utilisant la base de données CAN (Competitive Analysis of Nations) de la CEPAL. L'étude concerne un ensemble de 9 pays d'Amérique latine : Argentine, Bolivie, Brésil, Chili, Colombie, Equateur, Pérou, Uruguay et Venezuela. Nous retiendrons les résultats des pays du Mercosur (le Paraguay ne fait pas partie de l'échantillon). Voir [Benavente, 2002].

[2] Le rôle des entreprises transnationales et le poids du commerce intra-firmes au sein du Mercosur sont confirmés. Il s'élèverait à près de 25% du commerce intra-Mercosur (Voir Informe Mercosur n°7, INTAL, 2002).

[3] Pour la liste complète des produits à quatre digits voir [Benavente, 2002, p. 13].

[4] C'est-à-dire les neuf pays de l'échantillon.

exportations vers l'Amérique latine concernent des produits stagnants (croissance nulle) et 35% des produits peu dynamiques (croissance inférieure à 10%).

Les exportations dynamiques et très dynamiques concernent 14% et 6% du total respectivement (graphique B-23). La présence dans l'échantillon de pays hors-Mercosur ne permet pas que l'on impute ces résultats au Mercosur.

Le détail pays par pays (Voir graphiques B-24, B-25 et B-26) confirme pour l'Argentine l'appauvrissement technologique de ses exportations vers l'Amérique latine et précise que ses exportations principales sont peu dynamiques ou stagnantes (axes 3 et 4). De même, les résultats des exportations brésiliennes vers l'Amérique latine indiquent ce sont principalement des produits peu dynamiques ou stagnants. Ceci n'enlève en rien le contenu de haute technologique des exportations brésiliennes (voir plus haut) mais il apparaît que les produits exportés de haute technologie par le Brésil ne sont pas les plus dynamiques. En effet, comme nous l'avons précisé, les catégories «haute technologie» et «très dynamiques» ne se confondent pas toujours. La haute technologie que le Brésil exporte n'entrerait donc pas dans des catégories connaissant des taux de croissance supérieurs à 40% entre 1990 et 1998. Les données de l'étude de J. M. Benavente s'arrêtent en 1998 (point bas avant la dévaluation du Real en janvier 1999) alors que nous avons trouvé une nette augmentation des produits de haute technologie dans les exportations brésiliennes à partir de 1998. Remarquons qu'une autre classification des produits (DCII/I) qui prend en compte le caractère plus ou moins traditionnel des biens industriels, le caractère riche en économies d'échelle, durables et diffuseur de progrès technique) indique le recul des biens industriels diffuseur de progrès technique dans l'économie à partir de 2000 (après avoir connu une forte croissance jusqu'alors). Les biens industriels traditionnels (aliments, boissons, tabac) sont les plus importants en proportion soulignant l'hétérogénéité structurelle du Brésil que nous avons déjà évoqué. Les déformations des quadrilatères pour les données du Brésil et de l'Argentine finissent de confirmer l'augmentation de l'hétérogénéité structurelle dans ces pays.

La comparaison des groupes de produits exportés soit vers l'Amérique latine soit vers les pays industrialisés (voir tableau) donne un indicateur de la participation dans le marché régional. La participation dans le marché régional augmente (diminue) quand les ventes de chaque pays dans ce marché régional augmentent (diminuent) plus que celle vers les pays industrialisés. Il s'agit de comparer deux à deux les chiffres du tableau par destination (Amérique latine et Pays industrialisés) et secteur par secteur.

Au Brésil et en Argentine, les produits peu dynamiques et stagnants connaissent une participation croissante (entre 1990-1998) dans le marché régional. La participation des produits dynamiques brésiliens vers les pays industrialisés est la seule catégorie qui augmente relativement par rapport au marché régional. Ces résultats confirment qu'en cas de crise l'effet de détournement de commerce des produits dynamiques se fait au détriment du marché régional incapable d'acheter des produits brésiliens.

Tableau 4 :Exportations de produits industriels
(variation de la part dans le marché total, 1990-1998, en %)

	Amérique latine (total)				Pays Industrialisés			
	I	II	III	IV	I	II	III	IV
Amérique latine (total)	-8	-7	21	10	93	95	88	31
Argentine	-8	31	107	9	-77	19	-35	-27
Brésil	-12	-11	4	9	-79	1	-2	-23
Uruguay	-8	-38	-50	-39	-31	-23	-83	-40

Source: à partir de [Benavente, 2002, p. 14]
Notes: Groupes I: très dynamiques; II: dynamiques; III: peu dynamiques; IV: stagnants

Pour conclure cette première courte étude, notons que l'hétérogénéité structurelle et concentration entrepreneuriale (FMN et Groupe nationaux) augmentent. L'investissement et la croissance ne se sont pas diffusés mais au contraire sont restés concentré dans quelques secteurs dynamiques principalement dans les services. De plus, le processus de concentration-centralisation du capital dans un petit nombre de grandes entreprises est à souligner (même si nous reviendrons sur ce point précis). Ces grandes entreprises, liées au commerce international via les exportations, une productivité plus élevé que la moyenne des secteurs mais aussi un contenu technologique supérieur dans le processus de production contrastent avec les PME. Ces dernières souffrent d'un retard technologique et restent cantonnées dans des secteurs peu ou pas dynamiques, à plus faible valeur ajoutée mais aussi à moindre contenu technologique et ayant recours à une main d'œuvre moins qualifié et souvent dans l'informel. [Pizarro, 2001, p. 22][1].

La convergence des productivités souhaitée par les analyses standards est loin de se vérifier soulignant si cela était encore nécessaire l'hétérogénéité productive structurelle dont souffrent les pays de la zone.

[1] Voir aussi [Katz, 2001] et [Kuwayama et Duran Lima, 2003]. Le rôle des PME dans la production de biens de capitaux notamment est essentielle.

Dans ce premier chapitre nous avons montré que la TPE avançait certes des éléments intéressants et propres à apporter des solutions structurelles à certains des problèmes des économies latino-américaines mais l'activisme en matière technologique ne peut se contenter de l'apport des firmes multinationales implantées localement et de l'imitation des techniques pour fournir des technologies appropriées à un développement durable qui respecte une certaine homogénéité structurelle. Au niveau régional, les résultats en terme de technologie, d'innovation et de recherches peuvent être considérables seulement si une politique active s'exprime clairement[1].

Le compromis de certains auteurs néo-structuralistes au regard des effets de l'ouverture et du rôle nouveau de l'Etat et du privé (*market friendly*) nous amène, en reprenant les métaphores de F. Fajnzylber évoquées plus haut, au constat suivant: La *«boite noire»* (progrès technique) risque bien de porter la mention «Made in USA» ou «Made in UE» ! Comme nous l'étudierons dans la troisième partie, la *«case vide»* (croissance et équité) risque aussi de le rester encore longtemps.

L'hypothèse de *démercosurisation* sera confirmée dans le chapitre suivant lorsque nous étudierons les exportations et les importations en fonction de leur destination/origine. A ce niveau de la réflexion, nous retenons déjà le plafonnement du dynamisme du commerce intra-Mercosur. Cette étude de la libéralisation des économies du Cône Sud sert de base et de contexte macro-économique au type de régionalisation appliqué dans le Mercosur qui va être exposé dans le chapitre suivant.

[1] Voir [Sunkel et Zuleta, 1990] et [Katz, 2001].

Chapitre 2

Les Fondements théoriques du Régionalisme Ouvert au service de la TPE de la CEPAL et une application du Nouveau Régionalisme au cas du Mercosur

Le contexte économique dans le Cône Sud à la fin de la décennie perdue va déterminer les caractéristiques de l'intégration régionale du Cône Sud-américain. C'est pourquoi nous exposons le concept de Régionalisme Ouvert après avoir présenté l'ouverture et la libéralisation des marchés dans cette zone. Le type de régionalisation qui a eu lieu dans le Mercosur a été profondément marqué par le recours quasi exclusif aux marchés soulignant la difficulté de traiter du concept de Régionalisme Ouvert. Certains économistes y voient un oxymoron tant les deux termes qui le composent semblent opposés[1].

L'objet de ce chapitre sera de présenter le type de régionalisme qui règne dans le Mercosur. Il s'agira de mettre en lumière les tensions entre le régionalisme et l'ouverture économique qui sont à la base de Mercosur. Le Nouveau Régionalisme trouve ses fondements dans la nouvelle économie géographique et privilégie le rôle de l'ouverture et du progrès technique pour discuter de la localisation des activités dans l'espace considéré (Section 1.1.). Le concept de Régionalisme Ouvert développé par les néo-structuralistes de la CEPAL (1994) traite de l'intégration économique latino-américaine en se basant sur des thèmes chers aux structuralistes de la CEPAL des années 1950 (complémentarité productive, les politiques de coordinations macro-économiques, un certain degré de protection douanière face aux pays tiers) mais ils s'inspirent également des théories du Nouveau Régionalisme (ouverture économique) pour y parvenir (Section 1.2.).. Nous insisterons sur les points communs et les différences entre ces deux approches.

Nous ferons une première évaluation des résultats du Régionalisme Ouvert[2] au service de la TPE en étudiant le contenu technologique des exportations et importations du Brésil et de l'Argentine en fonction de leurs destinations et leurs origines. Cette étude donnera des indications sur le

[1] Ainsi l'économiste T.Srinivaran cité dans [Kuwayama, 1999, p.14].

[2] RO par la suite.

processus de démercosurisation et de modalité d'insertion dans l'économie mondiale par l'ouverture et le marché (Section 1.3)

Dans la seconde section, l'application au Mercosur d'un modèle de Nouveau Régionalisme (économie géographique) sera présentée avant d'en mesurer les intérêts et les limites. Comme nous le verrons, ce modèle développé par la BID insiste sur les effets positifs de l'ouverture sans retenir les idées structuralistes concernant le filet de sécurité régional.

1. Le cadre conceptuel du Régionalisme Ouvert

Cette courte présentation des nouvelles théories de l'intégration économique a pour objet de situer le Régionalisme Ouvert dans son contexte théorique. Le modèle formel sera discuté dans la section suivant mais nous présentons ici la logique de l'économie géographique et le Régionalisme Ouvert de la CEPAL (1994). Depuis les travaux fondateurs sur l'intégration économique de J. Viner (1950), et de Balassa (1962)[1] , ce champ d'analyse régional s'est enrichi des débats et apports de la théorie économique. Ces premières études de l'analyse standard du commerce international considéraient que l'intégration au sein d'un groupe d'une union régionale provoquait des effets de détournement[2] de commerce supérieurs aux effets de création[3] de commerce. Les accords régionaux limitaient le multilatéralisme et constituaient ainsi un optimum de deuxième rang.
Cette approche était largement conçue comme un obstacle au libre-échange et à ses bénéfices pour la croissance. L'intégration se basait sur une étude de statique comparative entre une situation d'autarcie et de libre-commerce total. Les cinq étapes étaient alors distinguées : Accords préférentiels, Zone de libre-échange (ZLE), Union douanière, Marché commun et enfin Union Monétaire.

La nouvelle théorie du commerce international a introduit des hypothèses qui ont profondément modifié les conclusions concernant l'intégration régionale et la globalisation.

L'économie géographique et le nouveau régionalisme

Les nouvelles théories du commerce international ne se sont pas développées en vase clos et elles ont bénéficié également des nouvelles

---

[1] J. Viner [1950] *The Economics of customs Unions*, Tevens and Sons Ltd. N-Y et B. Balassa [1962] The theories of economic integration, G Allen and Unwin, Londres.

[2] Effet négatif et statique qui analyse dans quelle mesure la création de commerce entre les pays d'une zone a pour résultat la destruction de commerce à l'encontre d'autres économies où les coûts sont plus faibles mais qui sont situés hors de la région. Les accords préférentiels régionaux rendent alors sous-optimale l'allocation des ressources.

[3] Effet statique qui analyse comment la substitution des fournisseurs moins efficaces par les fournisseurs plus efficaces d'un pays joue positivement sur le commerce.

approches de l'économie industrielle en concurrence imparfaite mais aussi des théories de la croissance endogène (Chapitre 1). Les nouvelles théories du commerce international insistent particulièrement sur les rendements croissants (somme des élasticités différente de 1), la localisation et la croissance endogène (progrès technique). L'économie géographique[1] a été mobilisée afin d'étudier et de renouveler les analyses sur la croissance économique et le développement de l'économie mondiale. Elle souligne l'importance de l'intégration économique régionale non plus comme un obstacle mais plutôt comme une étape à une libéralisation accrue.

Les effets dynamiques de création de commerce de ce nouveau type d'intégration (nouveau régionalisme) jouent un rôle central dans l'analyse des espaces régionaux en se basant sur de nouvelles hypothèses (concurrence imparfaite). Comme le note P. Krugman, les intégrations régionales sont plus susceptibles d'aboutir que le libre-commerce qui reste utopique[2].

Le cadre théorique du Régionalisme Ouvert: L'approche de la nouvelle économie géographique

Les préoccupations principales avec lesquelles les économistes ont à faire face sont, selon P. Krugman, la structure du marché[3] et les rendements d'échelle croissants, essentiels à la création de processus d'agglomération (et donc de localisation des activités économiques). Ce point est central et a recours aux hypothèses de la concurrence imparfaite, des modèles de marchés monopolistiques de [Dixit-Stiglitz, 1977] et de Lancaster (1966). Les hypothèses de préférence pour la diversité de produits par des consommateurs ont permis aux modèles de la nouvelle économie géographique d'être acceptables, selon P. Krugman, pour la plupart des

[1] Aussi dénommée nouvelle économie géographique en référence aux travaux précurseurs de géographes et historiens allemands P. Krugman (1995) reprend l'historique de la nouvelle théorie du commerce internationale en rendant hommage aux pionniers. La dimension spatiale (quand elle était prise en compte) était complètement neutre sur la localisation des agents et des activités économiques. Au 19ème siècle, l'école spatiale allemande emmenée par Von Thünen (1826) a considéré la dimension spatiale comme une surface de transports Dans les années 1920, H. Hotelling (1929) a été le premier économiste-géographe a introduire la variable spatiale comme un paramètre stratégique essentiel dans le comportement des agents. Il critiquait la théorie standard de l'époque en reprochant à la représentation de l'économie de traiter d'un « wonderland of no spatial dimensions». Les travaux de Walter Isard ont fondé les études régionales et ont conduit à la diffusion auprès d'un public d'économistes des concepts développés au 19ème siècle et au cours des années 1920. Comme le rappelle P. Krugman «Walter Isard a déployé une énergie considérable pour que ces collègues économistes prennent en compte la dimension spatiale en rendant accessibles cette littérature aux économistes anglo-saxons (les textes étaient en langue germanique). A la fin des années 1960 et début 1970, il y a eu un boom de la nouvelle économie urbaine directement inspirée des travaux de l'ouvrage de Von Thünen *Isolated State*. » [Krugman P., 1995, p. 34]

[2] Même si elle est par ailleurs souhaitable selon le même auteur. «Supposons qu'il soit possible de négocier par sous-groupes une libéralisation du commerce supérieure au niveau mondial d'alors. Faut-il que la libéralisation commerciale se contente dans un premier temps d'un processus à deux vitesses ou alors doit-on interdire les accords régionaux et insister pour que tous les pays offrent les mêmes réductions de droits de douanes à tous les autres pays sans restrictions?» [Krugman, 1991b, p. 313].

[3] Voir [Helpman et Krugman, 1989]

économistes néo-classiques. En effet, ils ne se satisfaisaient plus du cadre théorique trop contraignant et trop éloigné de la réalité. Loin d'avoir été oubliés par l'économie, les problèmes de géographie et de localisation des activités économiques dans l'espace étaient au centre des travaux d'auteurs comme A. Lewis, A. Hirschman, Rosentein-Rodan, Hotelling, Von Thünen[1]. P. Krugman se réclame de cette tradition et ajoute qu'il manquait à ces auteurs les instruments mathématiques et la formalisation (en modèles) avec les caractéristiques de structure du marché en concurrence imparfaite. La nouvelle économie géographique serait -selon son principal auteur- la reprise des idées économiques non-formalisées des pionniers des années 1920 ou 1950 mais cette fois constituées autour de modèles et de formalisations mathématiques solides.

Selon P. Krugman, les économistes ont aujourd'hui à leur disposition des instruments qui leur permettent de présenter des exemples illustratifs d'économies qui bénéficient de rendements d'échelle croissants[2]. Cet optimisme est cependant tempéré par le même auteur qui reconnaît que ces modèles doivent sacrifier la dimension d'équilibres généraux pour se limiter dans la plupart des cas, à cause de la formalisation, à la représentation d'équilibres partiels[3].

Afin de dépasser les limites imposées par le cadre de la concurrence pure et parfaite du modèle H.O.S. dominant jusqu'alors, les nouvelles théories du commerce international ont cherché à expliquer les évolutions récentes du commerce intra-branche et la constitution des espaces régionaux. La principale cause de cet échange intra-branche entre pays supposés -par commodité- sans différence objective, réside dans la présence simultanée d'économies d'échelle et de produits différenciés. La nouvelle théorie du commerce international va tenter de redéfinir une problématique qui se veut plus conforme à la réalité du monde contemporain [Siroën, 1995]. Cette nouvelle approche va dégager une nouvelle problématique. Elle va poursuivre et prolonger l'analyse de la conception endogène en s'intéressant plus particulièrement aux économies de dimension et à l'éventuelle influence de l'ouverture économique. Ainsi, cette nouvelle théorie aura pour objectif de montrer (dans le contexte historique de la fin des années 1980-début des années 1990) que deux nations identiques (dotations en facteurs de production avec des rémunérations tendanciellement égales) peuvent avoir intérêt à échanger. La spécialisation permet d'assurer l'allocation optimale des ressources et d'augmenter l'efficacité économique.

D'une part, la réduction des coûts de transaction (en grande majorité les coûts de transport) implique une concentration des agents et des activités

[1] Nous pourrions ajouter à cette liste de P. Krugman, les travaux de F. Perroux (1955) concernant les pôles de croissance.

[2] L'article [Krugman, 1991a] est reconnu comme étant l'article fondateur de cette approche de l'économie géographique constituée comme telle.

[3] Voir [Krugman, 1995, p.59]

économiques dans l'espace. En effet, cette baisse des coûts de transport -en même temps qu'elle augmente la mobilité potentielle des agents et activités- fait de l'agglomération (et de ses bénéfices) la variable stratégique essentielle du comportement de localisation des entreprises (voir encadré).

Encadré 2 : Les modèles gravitationnels

L'idée de modèle gravitationnel est la suivante : les flux de commerce bilatéraux dépendent positivement du niveau des PIB des pays et négativement de la distance entre eux. Cette approche a été développée par [Krugman, 1980] dans un modèle de concurrence monopolistique entre deux pays avec coûts de transport. Ces modèles consistent à tester économétriquement une équation de la forme :

$$\ln(T_{ij}) = \alpha + \beta_1 \ln(GDP_i * GDP_j) + \beta_2 \ln[(GDP_i\, per\, cap.) * (GDP_j\ \ per\, cap.)] +$$
$$\beta_3 \ln(D_{ij}) + \beta_1 A_{ij} + \sum_z \gamma^z B_{ij}^z$$

Avec: i et j : les 2 pays ; T_{ij} : volume d'échanges commerciaux (exportations + importations entre i et j) ;

D_{ij}: distance entre i et j;A_{ij}: *variable de voisinage* (1 si voisin avec des frontières communes et 0 sinon)

B_{ij}^z : variable pour chaque bloc commercial (1 si membre de la même zone commerciale, 0 sinon); γ^z : paramètres d'effets de détournement pour chaque bloc commercial.

Selon le modèle quatre effets jouent positivement sur les flux de commerce bilatéraux :

Effet d'attraction ou gravitation ($GDP_i * GDP_j$)

Effet de convergence économique ($(GDP_i\, per\, cap.) * (GDP_j\ \ per\, cap.)$)

Effet de voisinage (A_{ij})

Effet de bloc économique commun (B_{ij}^z)

Une variable joue négativement : D_{ij} (la distance entre les pays).

D'autre part, ces théories concentrent leur attention sur les caractéristiques de l'équilibre et les mécanismes qui permettent de l'atteindre. L'existence d'équilibres multiples est implicitement admise (et démontrée) soulignant l'importance des dotations initiales des agents économiques du modèle.

Dans les points suivants, la logique, la méthodologie et les principales hypothèses sont présentées avant d'évoquer les conclusions de ces modèles[1].

Les champs d'analyse couverts par l'économie géographique

L'approche de la nouvelle économie géographique en fait une plate-forme et un cadre conceptuel qui permettent de traiter différents champs d'application :

[1] Nous ne présentons pas ici les modèles théoriques mais dans la Section 2, une application au Mercosur du modèle d'économie géographique développée par la BID sera exposée et discutée.

- L'économie industrielle et l'analyse micro-économique de la concurrence imparfaite comme dans les travaux de Starett[1]. La formalisation de la localisation et la concentration spatiale sont traitées par les comportements stratégiques (duopole de Cournot) et par le duopole spatial de H. Hotelling qui a été formalisé par la théorie des jeux, la concurrence géographique et la préférence pour la diversité Voir [Dixit et Stiglitz, 1977] ;
- La théorie du commerce international en concurrence imparfaite (nouvelle théorie du commerce internationale) menée par P. Krugman, E. Helpman, et A. Venables;
- Les théories de la croissance endogène et de l'économie géographique se sont mutuellement complétées. Ainsi, les facteurs explicatifs de la croissance endogène (externalités Marshalliennes, accumulation de connaissances, rôle du capital humain, les infrastructures publiques, les dépenses en R&D et en technologie) ont été intégrés dans les modèles d'économie géographique ;
- La nouvelle économie urbaine.

Ces approches traitent de niveaux géographiques différents (international, entre régions d'un même pays, entre villes et campagnes d'un pays, entre zones d'une ville). La variété des domaines traités est un des avantages de cette approche mais également une de ses limites comme nous le verrons dans la section suivante[2].

Les hypothèses de ces approches

Les résultats et les décisions de politiques commerciales sont basés sur un ensemble d'hypothèses fondamentales :
- l'hypothèse des rendements d'échelle croissants est la plus importante car elle explique les processus d'agglomération cumulatifs. Cependant, tous les secteurs ne bénéficient pas de tels rendements, laissant ainsi la place à des forces centrifuges et empêchant que toutes les activités soient concentrées en un seul et unique lieu ;
- La concurrence est imparfaite (oligopole ou monopole) Chaque entreprise localisée en un endroit spécifique bénéficie d'une situation de monopole par rapport à ses concurrents ;
- La préférence pour la diversité des produits est élevée. La formalisation issue des travaux de [Dixit et Stiglitz, 1977] conduit à considérer la substituabilié entre produits industriels ;
- Les interactions stratégiques des agents dans l'espace sont fortes.

---

[1] «Market Allocations of location choice in a model with free mobility», in *Journal of Economic theory*, 17, p.21-37 (1978)

[2] Voir section suivante (application au Mercosur) et la confusion entre niveaux géographiques (Etats, régions d'un même Etat, Régions d'Etats différents, etc.).

- D'autres externalités spatiales renforcent ces processus (effets d'entraînement et d'utilisation des équipements publics).
- Existence de forces de dispersion (phénomènes de congestion, de pollution, des difficultés dues à la concurrence, et des coûts d'implantation des usines). Sans ces forces il ne pourrait exister plusieurs processus d'agglomération et processus localisationnel.

Ces six hypothèses ne jouent pas le même rôle dans les différents domaines de l'économie géographique. Elles sont toutefois essentielles pour obtenir les résultats escomptés sur la localisation des activités économiques.

Les principales conclusions des modèles de l' économie géographique

Les conclusions de l'économie géographique diffèrent des théories traditionnelles. Alors que pour ces dernières, le gain de l'échange provenait d'une ré-allocation des facteurs rares permettant d'augmenter la productivité moyenne de l'économie, la nouvelle économie internationale considère que les gains de l'échange sont la conséquence principale de trois effets :
- Les effets «taille» (étudiés par Krugman ou Lancaster) et qui font référence aux économies d'échelle ;
- Les effets «diversification» (effet original mais difficilement quantifiable) : Avec l'ouverture des échanges, le consommateur peut **choisir** (notion de choix toujours chère aux économistes néoclassiques) entre un nombre plus élevé de produits similaires mais différenciés. Cet effet de diversification peut également avoir des effets sur les biens intermédiaires ou d'équipement et sur les techniques de production[1] ;
- L'effet «concurrence» qui s'accompagne le plus souvent d'une déréglementation : L'ouverture des marchés accentue la concurrence sur les marchés nationaux et remet en cause les abus de position dominante plus ou moins tolérées. L'élévation de la contestabilité des marchés pousse les entreprises à adopter des stratégies plus concurrentielles.

De l'approche de l'économie géographique au Régionalisme de la CEPAL

L'approche de l'économie géographique contribue à mieux représenter analytiquement et formellement la structure du marché. Elle explique pourquoi la production se concentre dans quelques régions alors que d'autres restaient plutôt sous-développées. Le cadre conceptuel d'une telle approche est plus riche que la théorie de commerce international traditionnelle basée sur la concurrence parfaite et qui se concentrait sur l'étude des traits et de la structure du commerce international de divers pays échangeant de biens différents (commerce inter-filières entre divers pays). La nouvelle approche

[1] Comme le montre le modèle de Grossman et Helpman en 1991 : L'augmentation de la diversité entraîne une diffusion des techniques. L'ouverture est alors susceptible d'accélérer la croissance économique.

se fonde au contraire sur le commerce intra-branches en étudiant les possibles effets d'agglomération (forces centripètes) entre des pays voisins similaires affichant un niveau de PIB similaire.

Elle montre que le paradigme libéral (standard type HOS) n'est pas une condition nécessaire pour que le libre-échange soit collectivement bénéfique. De plus, ces travaux ouvrent la voie à l'analyse de l'instabilité des relations commerciales internationales entre pays proches et donc aux formes de coopération (comme la régionalisation) qui devraient être renforcées si elles remplissent certaines conditions.

La majeure partie des modèles est appliquée sur des pays développés ou des régions fortement développées. En effet, l'application de ces modèles se limite le plus souvent sur les Etats-Unis ou sur le processus d'intégration de l'Union Européenne[1].

L'article fondateur qui définit le nouveau régionalisme de [Ethier W., 1998] considère que plusieurs faits stylisés caractérisent ce type de processus d'intégration régionale.
- Une des économies de la zone est plus grande que les autres ;
- Les petits pays ont passé des réformes unilatérales significatives ;
- Le degré de libéralisation est faible ;
- Les accords ne sont pas symétriques: une asymétrie existe entre les petits et les grands pays ;
-Intégration profonde (réduction des barrières commerciales mais aussi harmonisation et ajustements des autres politiques économiques);
- Aspect régional : les membres d'une région sont voisins (ce qui n'est pas vraiment un nouveau trait comparé à l'Ancien Régionalisme).

L'auteur ajoute trois hypothèses concernant la régionalisation et son rôle vis-à-vis de la libéralisation.
- La libéralisation promeut la régionalisation (basée sur les résultats des modèles gravitationnels) ;
- Plus le nombre de participants est petit dans les négociations commerciales, plus facilement un accord pourra être trouvé ;
- Plus le nombre de participants est petit dans les négociations commerciales, plus grand sera le nombre de sujets sur lesquels un accord pourra être trouvé.

Selon W. Ethier (1998, p. 1154), «le succès d'une libéralisation multilatérale induit ainsi un changement vers le régionalisme. Ce changement soutient le rythme de libéralisation au-dessus du niveau qui aurait pu être atteint avec une négociation multilatérale. »

C'est donc en grande partie en réponse à tous ces défis que le Régionalisme Ouvert est présenté par la CEPAL comme un moyen de

[1] Les travaux pionniers de Krugman traitaient d'Etats fédéraux au sein des Etats-Unis : Voir [Krugman, 1992, p. 17].

garantir ou améliorer, l'insertion de l'Amérique latine dans l'économie mondiale au service de la transformation productive avec équité[1].

Le Régionalisme Ouvert de la CEPAL

L'intérêt pour l'intégration économique latino-américaine n'est pas nouveau et de nombreuses expériences (infructueuses) ont existé comme l'ALALC ou l'ALADI. Les analyses théoriques de l'intégration régionale latino-américaine ont été évoquées et envisagées dès la création de la CEPAL et notamment par son directeur d'alors Raul Prebisch[2]. Le marché commun latino-américain était alors considéré comme un moyen de dépasser l'essoufflement du modèle d'ISI, de diversifier la structure productive et de diminuer la vulnérabilité au x chocs externes[3]. Avant de préciser les effets du régionalisme tel qu'il a été présenté par la CEPAL au début des années 1990, précisons que ce type d'intégration économique a été conçu pour être au service de la TPE. Or ce renouveau du modèle de développement en Amérique latine a été marqué comme nous l'avons vu par l'ouverture, la libéralisation et les privatisations. Le raisonnement de la CEPAL s'articule comme suit : « L'incorporation du progrès technique est considérée comme l'instrument essentiel pour réaliser simultanément la modernisation de l'appareil productif et la distribution plus équitable des fruits de la croissance. » [CEPAL 1994, p. 55].

Les économistes qui soutiennent le concept de Nouveau Régionalisme considèrent qu'il se confond avec le concept de Régionalisme Ouvert[4]. Il se définit par rapport à un «ancien Régionalisme» dont l'objectif était «d'éliminer les barrières au commerce et à l'investissement entre pays qui échangeaient entre eux, de maintenir et même d'élever la protection contre les pays tiers (hors zone) d'étendre la planification et l'intervention étatique au niveau régional et enfin de consolider toutes ces actions par une architecture institutionnelle à l'image de l'intégration européenne» [BID, 2002, p.36]. La même institution admet que l'ancien régionalisme a

---

1 De même, [Reynolds,1997] «Le Régionalisme Ouvert est une stratégie économique qui dépasse la libéralisation unilatérale (interne et externe) et augmente les conditions de vie grâce à la compétitivité globale. Le Régionalisme Ouvert favorise les stratégies qui incluent les aspects sociaux réconciliant ainsi le commerce, l'investissement, le Bien-être, le caractère soutenable et les droits de l'homme. Cette approche insiste sur les mesures actives pour compléter le marché, accroissant la taille du marché régional et le rendant plus efficace et plus compétitif internationalement. Le Régionalisme Ouvert va de pair avec la démocratisation et la construction institutionnelle de la société civile tout en insistant sur les aspects sociaux.». Les résultats de cette vision optimiste seront étudiés plus en détail dans la troisième partie (Chapitres 5 et 6).

2 Voir [Prebisch, 1959 et 1963]. Nous reviendrons, notamment en conclusion, sur la vision structuraliste de l'intégration économique latino-américaine qui diffère largement de la conception du Régionalisme Ouvert présentée ici.

3 Voir [Prebisch, 1959, p. 330], [Bielshowsky, 1998, p. 59] et [Calcagno et Calcagno, 1995, p. 254].

4 Précisons que dans notre travail le terme de Régionalisme Ouvert renvoie aux études de la CEPAL alors que le Nouveau Régionalisme renvoie aux nouvelles théories du commerce international. La BID confond les deux concepts Voir [BID, 2002, p. 35].

rencontré bien des obstacles qui en ont limité la portée.[1] Un des différences essentielles entre ces types d'intégration réside dans l'environnement dans lequel ils ont eu lieu. Le nouveau Régionalisme s'inscrit ainsi dans un environnement marqué par les réformes structurelles, des politiques favorables à l'économie de marché et un cadre institutionnel démocratique[2].

Nous avons déjà évoqué que les caractéristiques du Régionalisme Ouvert dépendent pour beaucoup du cadre dans lequel il a été mis en place. La CEPAL précise dans son document de 1994 que la libéralisation doit être large et profonde. Elle insiste sur la nécessité d'un certain niveau de protection face aux pays tiers. Cette protection à travers un Tarif Extérieur Commun doit être graduelle et ciblée. Ce point de vue sera par la suite largement abandonné car pouvant entraîner une dérive vers une forme de protectionnisme. Enfin, la coordination des politiques macro-économiques doit être assurée par des institutions régionales.

L'apport et la logique du Régionalisme Ouvert de la CEPAL (1994)

Les études élaborées par la CEPAL se basent sur le risque de repli régional des différents blocs qui se créaient à l'époque et les conséquences qu'un tel regain de protectionnisme pourrait avoir sur les économies latino-américaines. L'intégration de type ouverte doit être capable de répondre aux fluctuations de l'économie mondiale (financier), à l'incertitude de la situation économique mondiale, en cas de repli régional et de montée du protectionnisme[3]. Le but poursuivi par le Régionalisme Ouvert est, selon la CEPAL de « permettre aux politiques effectives d'intégration d'être compatibles avec les politiques tendant à élever la compétitivité internationale et de les compléter via l'ouverture » [CEPAL, 1994, p.12].

La protection de la stabilité du Régionalisme Ouvert doit se faire à partir de la balance des paiements qui est très exposée aux fluctuations de l'économie mondiale. La CEPAL propose de mettre en place des mécanismes régionaux (aidés par les institutions internationales) en prenant l'exemple du Fonds Latino-Americano de Reservas de la Communauté Andine [CEPAL, 1994, p. 69]

---

[1] Ainsi la tendance au protectionnisme national soutenu par les dictatures militaires dans les différents pays, les tensions entre l'Etat et le secteur privé, l'instabilité macro-économique due à l'ISI (selon la BID), l'absence d'infrastructure régionale, et «le scepticisme des Etats-Unis qui voyait d'un mauvais œil les processus régionaux étant donné son intérêt alors exclusif pour le système multilatéral» [BID, 2002, p.36]. Concernant le dernier point évoqué par la BID (multilatéralisme des Etats-Unis), le moins que l'on puisse dire est que les choses ont radicalement changé depuis. Le scepticisme (sinon l'hostilité) des Etats-Unis envers toute forme d'intégration latino-américaine est à souligner et n'a pas tant changé depuis.

[2] «Le nouveau Régionalisme est ainsi une extension du même processus de réforme structurel qui avait commencé à la moitié des années 1980» [BID, 2002, p. 35]. Ce constat sera repris par [Either, 1998], [Estevadordal et alii, 2001] et [Delvin et Estevadordal, 2001].

[3] Donc la volatilité issue des chocs externes or nous verrons dans les parties suivantes (2ème partie chap. 3 et 4) que tel n'a pas été le cas puisque nous mettrons en évidence que les chocs externes continuent de toucher violemment la zone.

Il convient de remarquer que le Régionalisme Ouvert se différencie de l'ouverture et de la promotion non discriminatoire des exportations en y incluant une clause préférentielle reflétant les accords d'intégration et renforçant les liens géographiques et les affinités culturelles des pays et de la région. Ainsi ces accords ont pour but de relativiser et de tempérer la libéralisation, évitant ainsi d'en faire un danger en raison des accords d'intégration qui jouent ici un rôle de *filet de sécurité régional* dans les conjonctures moins propices à la croissance. Le Régionalisme Ouvert doit réduire la volatilité et amoindrir les effets de la volatilité et des chocs externes[1]. Dans le cas d'une conjoncture économique favorable (en expansion), l'objectif du Régionalisme Ouvert est de permettre à l'économie d'éliminer les barrières douanières applicables dans la majeure partie du commerce des biens et services entre signataires dans le cadre de leurs politiques de libéralisation commerciale vis-à-vis de pays tiers. L'adhésion de nouveaux membres doit aussi être facilitée dans de telles conditions d'expansion de l'économie mondiale.

Cependant, afin d'être réactif à l'incertitude de l'économie internationale, le Régionalisme Ouvert peut également se justifier dans des situations tendues comme étant la moins mauvaise des options afin d'affronter un environnement externe défavorable et cela grâce à l'accroissement de la taille du marché des pays impliqués dans le processus d'intégration.

La contribution du Régionalisme Ouvert de la CEPAL à la TPE[2]

Les instruments de l'intégration économique devront être la force motrice des politiques qui recherchent directement la croissance et l'équité[3]. La politique visant à l'incorporation du progrès technique joue un rôle positif sur l'intégration et entraînera une modification de la structure des marchés et de la dynamique d'entreprise qui en découle. De plus, elle créera un nouveau contexte économique favorable à l'élévation des flux d'information et du commerce, ainsi que des gains d'échelle et une meilleure spécialisation (i.e. les facteurs qui déterminent la productivité).

Le Régionalisme Ouvert permet ainsi des gains en terme de compétitivité des économies de la région se manifestant de deux façons. L'augmentation des investissements et des exportations et l'incorporation de progrès technique sur la base de processus régionaux (ou sous-régionaux) de complémentarité productive entre agents publics et privés.

En effet, il s'agit selon la CEPAL, de favoriser le développement de secteurs où la production peut bénéficier de rendements d'échelle, où les demandes atteignent un niveau élevé d'élasticité-revenu dans le marché

---

[1] C'est cette idée que nous testerons au chapitre 4. Dans la prochaine section et la suite de ce travail, nous désignerons la non-activation de ce filet de sécurité régional par la notion de *démercosurisation*.
[2] Les effets qui vont être exposés sont ceux de la CEPAL (1994, p. 55-68)
[3] Cette idée sera discutée et testée dans le chapitre 6.

international et peuvent profiter d'avancées apportées de façon endogène par le progrès technique.

Ainsi, la combinaison de ces différents éléments devra permettre la production d'une plus grande valeur ajoutée grâce notamment aux exportations.

Afin d'envisager les politiques qui permettent de profiter pleinement de l'intégration économique, plusieurs points sont relevés et analysés. Ils concernent les effets de l'intégration régionale de type ouvert sur l'efficacité, sur la dynamique de l'investissement, le rôle des flux d'information[1]. Nous insisterons sur certains effets essentiels qui concernent l'efficacité et la croissance économique, sur l'incorporation du progrès technique, les effets de l'intégration sur l'innovation et les effets sur l'articulation productive au niveau régional.

Impact sur l'efficacité et la croissance économique

Au-delà de l'étude statique de détournement et création de commerce et en se basant sur les conclusions des modèles de la nouvelle économie géographique, la CEPAL souligne que les effets de rendements d'échelle au sein de la zone régionale permettront aux consommateurs et aux producteurs de bénéficier de réductions de coûts.

Néanmoins, dans un contexte de protectionnisme élevé[2], les gains statiques d'un accord d'intégration tendraient à être supérieurs à ceux d'une ouverture unilatérale. Ce point est important car il soutient tout l'argumentaire en faveur du Régionalisme Ouvert défendu par la CEPAL comme un mode d'insertion dans l'économie mondiale ayant pour vocation la transformation productive avec équité. Dans ce cas, le filet de sécurité régional et la coordination macro-économique entre pays membres devrait amortir les effets des fluctuations internationales. Ce point différencie la vision de la CEPAL (1994) des approches de la BID ou de l'économie géographique[3].

Afin de contribuer à l'efficacité, la coordination des politiques macro-économiques devait permettre une transition d'une situation dans laquelle il existe des interactions entre les différentes politiques (externalités) qui les rendent par conséquent sous-optimales, à une situation optimale dans laquelle la coordination des politiques se charge de ces externalités.

---

[1] Sur ce point la CEPAL indique que le flux d'information ainsi que le flux d'idées peuvent se révéler être parmi les facteurs de production les plus importants dans le processus d'innovation. En raison de l'affinité culturelle et de la proximité culturelle ils pourraient bien jouer un rôle essentiel dans l'intégration. Un résultat des équations gravitationnelles est repris avec l'usage d'une langue commune (ou proche) qui facilite l'échange d'informations.

[2] Par exemple après une crise et une baisse de la demande mondiale comme cela a été le cas lors des crises asiatiques et latino-américaines

[3] La vision de la CEPAL est trop optimiste comme nous le verrons dans la partie suivante.

Certaines conclusions des théories de la croissance endogène sont reprises dans le document de la CEPAL (1994). L'institution précise que depuis un peu plus d'une décennie, une place essentielle dans les déterminants de la croissance est réservée à l'innovation technologique et au progrès technique et le livre de [Helpman et Grossman 1991], constitue un passage obligé pour l'analyse de cette relation. Remarquons toutefois que l'innovation comme facteur explicatif central du développement du système capitaliste était déjà très clairement présent dans l'œuvre de Joseph Schumpeter[1].

D'autre part, l'imitation, selon l'analyse de la CEPAL, est un processus important notamment dans le cas de l'intégration entre pays développés et en développement (référence faite à l'ALENA). Elle constitue un mécanisme de diffusion internationale des résultats de la recherche qui s'ajoute aux avantages généraux issus de la diffusion technologique. Dans le cas d'un processus d'intégration asymétrique, les pays en développement se concentrent dans l'apprentissage et l'adaptation de technologies provenant des pays développés[2]. L'imitation peut avoir des effets positifs sur les producteurs des pays développés car elle permet une possible rétroaction positive entre le processus d'innovation et celui d'imitation. Lorsqu'un pays sous-développé imite ou copie des produits conçus dans des pays développés, la durée du monopole détenu par les inventeurs des pays développés diminue. Lorsque l'innovation se traduit par une expansion des variétés de biens disponibles alors les effets positifs sont supérieurs aux éventuels effets négatifs[3]. [CEPAL, 1994, p. 62-63]. Ainsi, toujours selon la CEPAL, l'imitation dans les pays sous-développés peut permettre une augmentation de la qualité du produit, un apport en terme de cycle de vie du produit.

Cependant, comme nous le verrons par la suite, cette analyse de la CEPAL montre ses limites quand elle sort du cadre des relations asymétriques et théoriques d'une intégration économique entre pays de niveaux de développement différents (cas de l'ALENA) et des effets de

---

[1] Concernant la prise en compte du facteur technologique nous reviendrons sur ce point dans la section suivante et plus largement dans les parties suivantes de ce travail tant ce point est essentiel.

[2] On remarque que la dépendance se retrouve dans les processus d'innovation entre pays développés supposés détenir de manière *quasi-naturelle* la priorité et l'exclusivité en matière de recherche et développement. De plus Reynolds critique cet argument qui pour lui est ambigu: « This argument [imitation] is unclear, it does not seem to resolve the dilemma of intellectual protection versus imitation, in which the developing countries tend to come down on the side of greater access (and hence lower innovation rents) while the developed countries (which have a larger share of those rents) favor protection. In our view, the long term interests of developing countries must be in the global protection, for a reasonable period, of innovation rents (versus untrammelled imitation), since this is where the major dynamics of future growth will lie» [Reynolds, 1997]

[3] Ce résultat est une des conclusions des analyses des modèles de concurrence monopolistique : Voir [Dixit et Stiglitz, 1977]

diffusion technologique (cas des Maquiladoras au Mexique près de la frontière avec les Etats-Unis d'Amérique). Dans le cas qui nous intéresse, les spécificités de l'insertion dans l'économie mondiale des deux économies principales du Mercosur et les modifications profondes au niveau commercial, économique et institutionnel au cours des années 1990 qu'ont connu ces pays relativise ce type de conclusions[1].

Impacts de l'intégration régionale sur l'innovation

Afin de déterminer les effets de l'intégration sur la dynamique de l'innovation, il faut expliciter les avantages relatifs (ou trade-off) en matière d'efficacité qu'offre l'utilisation de ressources rares (ici les ressources humaines hautement qualifiées) dans le cas du développement d'innovations ou bien dans le but de la production de biens exportables.

En se basant sur les études de [Helpman et Grossman, 1991], La CEPAL précise plusieurs points. L'allocation de ressources dans les pays membres d'une région intégrée peut fluctuer et varier en fonction de la taille de l'économie et des politiques commerciales qui sont appliquées. Dans le cas d'une concentration nationale à l'échelle de la région (spill-over), il se peut qu'au lieu d'une diffusion, les petites nations membres soient perdantes et voient leurs participations se réduire au court du temps. De plus, si un pays souffre d'un désavantage initial en terme de productivité de sa recherche industrielle, la mise en concurrence internationale avec des pays technologiquement avancés pourrait entraîner un recul en matière d'innovation et de croissance et ainsi un déplacement du capital humain des activités intensives en technologie vers des secteurs productifs mûrs. La CEPAL précise également qu'un pays dont la dotation en travail non qualifié est abondante pourra être amené par l'intégration à se spécialiser dans la production de produits manufacturés traditionnels dont le taux de croissance déclinera à mesure que le changement technologique dans les activités intensives en technologie augmente.

Même dans le cas d'un pays qui enregistrerait un recul de son taux de croissance après l'intégration, il existe des avantages importants liés à ce type de processus. D'une part, l'offre externe permet d'augmenter la consommation interne de biens plus modernes produits et conçus à l'étranger. D'autre part, le pays peut bénéficier d'une spécialisation en accord avec ses avantages comparatifs.

---

[1] L'effet de l'innovation sur la stabilité de la croissance et la vulnérabilité externe va se révéler faible. Voir Chapitres 4 et 6.

Implications politiques : Accords d'intégration et coordination macro-économiques :

Les accords d'intégration peuvent contribuer à l'efficacité et cela d'autant plus que de nouveaux partenaires commerciaux de grande taille rejoignent la zone sans toutefois que les restrictions vis-à-vis de tiers hors-zone soient élevées (Régionalisme Ouvert). D'autre part, ces accords permettent la réalisation d'économies d'échelle qui tendront à devenir encore plus importantes en période de hausse de barrières protectionnistes dans le marché mondial. De plus, d'autres bénéfices peuvent être obtenus en ayant recours à une coordination de politiques macro-économiques au sein de la région et cela même si une telle pratique n'est pas aisée et peut entraîner des coûts économiques et politiques importants.

Les accords d'intégration peuvent jouer un rôle positif sur les anticipations d'investissements mais également sur l'épargne, l'investissement, et la productivité mais ces effets seront réellement significatifs si de grands partenaires économiques puissants participent à ces accords. En matière d'innovation et de diffusion du progrès technique, une zone préférentielle offre également de grands avantages potentiels. La mise en commun par des flux d'informations plus denses peut permettre dans la R&D d'éviter l'inefficacité dans l'utilisation de ressources relativement rare, gommant ainsi des différentiels trop importants dans la base technologique initiale. De plus, afin de compenser des effets négatifs en terme de prix des facteurs de production rares comme le capital humain, il convient de faciliter la mobilité entre les pays membres.

Enfin, on peut dire qu'un certain degré de différences entre les pays participants d'une zone d'intégration économique est susceptible de permettre une spécialisation dans des activités avec des avantages comparatifs et d'adopter des stratégies technologiques d'imitation. Cependant, un écart trop important pourrait donner lieu à des processus négatifs qui empêchent l'imitation de se transmettre tout au long du cycle de vie du produit.

L'articulation productive au niveau régional

En raison de la nature systémique de la compétitivité, les accords d'intégration peuvent aussi avoir des effets dynamiques issus de l'amélioration du cadre dans lequel sont insérées les entreprises (infrastructure physique, humaine, financière et institutionnelle) et liés à la productivité. La réduction de barrières qui ne sont pas de nature tarifaire ou commerciale (par exemple les obstacles ou coûts de transport qui découlent d'entraves de nature géographique, institutionnelle, légale ou sociale) aurait sans doute un effet non négligeable sur l'intégration économique.

Dans ce nouveau modèle d'organisation industrielle[1], plus spécialisé, la proximité géographique et culturelle (qui devient plus importante dans un contexte d'ouverture) offre la possibilité de bénéficier, plus encore que par le passé, des nouvelles opportunités en terme d'économies d'échelle et de processus d'intégration impulsé par l'innovation. On retrouve avec ces idées bien des caractéristiques de la transformation productive des économistes structuralistes comme R. Prebisch qui défendait la *complementación productiva* en Amérique latine en 1963.

Les résultats du Régionalisme Ouvert dans le contenu technologique du commerce du Mercosur

L'étude des résultats du Mercosur comme zone économique intégrée depuis 1991 nous a amené, dans le chapitre précédant, à formuler l'hypothèse d'un processus de démercosurisation (ou de non-activation du filet de sécurité régional) et d'effets de détournement de commerce au détriment du marché régional en période de crise. Une première manifestation de cette tendance était la diminution du commerce intra-Mercosur depuis 1997 de manière presque continue (Graphique B-14) . En 2002, au terme de onze années de Mercosur, le niveau du commerce intra-zone, indicateur du dynamisme et de l'intégration de la zone, atteignait même le niveau de 1991. Il est vrai que les années 2001 et 2002 ont été des années de crises en Argentine grevant profondément le dynamisme du commerce intra-Mercosur (arrêt presque complet des importations de l'Argentine). Loin d'avoir été stable durant la période 1991-2002, le dynamisme du Mercosur a conduit à évoquer, de 1991 à 1994, un miracle du Mercosur après la décennie perdue. De 1991 à 1997, le commerce intra-zone a connu une hausse continue passant de 13,1% en 1991 à 24,8% en 1997. L'effet Tequila a marqué un ralentissement de la croissance du commerce intra-zone en 1995. A partir de 1997, l'indicateur d'intégration de la zone chuté pour atteindre en 2002 , le même niveau qu'au début de la création de cette union douanière. On est donc en droit de s'interroger sur la stabilité des avancées de l'intégration du Cône Sud-Américain. Les crises macro-économiques, internes et externes affectent le dynamisme de la zone et hypothèquent grandement le rôle du Mercosur comme stabilisateur de la zone. Le Mercosur, les réformes (libéralisation) et la TPE n'ont pas joué leur rôle de stabilisateur du commerce intra-zone et de la balance commerciale. Le degré de modernisation et de niveau technologique n'a pas connu de transformation significative sauf au Brésil. Dans ce pays, l'hétérogénéité productive (dualisme productif) s'est encore accrue. Pour confirmer ces hypothèses, les

[1] Voir B. Coriat (1991) et 2002, [Dosi, 2002], [Pizarro, 2001], [Salama, 1996, p. 241-247] et [Salama, 1999b]. Cette question renvoie principalement à la notion de chaîne productive (Voir J. Katz 2000, 2001) et M. Kuwayama et Duran Lima [2003].

données de la structure des exportations et importations selon le contenu technologique fournissent des indications précieuses.

L'insertion du Mercosur dans l'économie mondiale

La régression globale du commerce intra-Mercosur dans le total du commerce a été exposée précédemment mais cet indicateur peut être décomposé plus finement pour les quatre membres (Graphiques C-1, C-2, C-3, C-4[1]). On note des niveaux inégaux suivants les pays. Le Paraguay et l'Uruguay sont très impliqués dans le Mercosur (exportations et importations d'environ 30% à 40%). L'Argentine a vu ses importations et exportations intra-zone passé de 20% au début de la période à 32% en 1995 avant de diminuer pour atteindre 29% en 2001. Les parts des exportations et importations brésiliennes vers ou depuis le Mercosur dépassent à peine 10% en 2001 (5% en 1990, 13% en 1995) soit à un niveau bien inférieur à celui des autres membres. Il existe donc une profonde asymétrie quant au poids et à l'importance du marché régional pour les différents pays. Le Paraguay et l'Uruguay sont naturellement très fortement intégrés au Mercosur (et même dépendants), l'Argentine y consacre près du tiers de son commerce mais le Brésil n'y est que marginalement intégré. C'est une différence essentielle qu'il faut souligner. Les pays n'ont pas à l'origine - mais aussi au terme de dix années de Mercosur- le même degré d'implication et d'insertion dans l'économie du Cône Sud-Américain. Les facteurs explicatifs de cette situation sont nombreux et nous étudierons certains d'en eux au cours de ce travail[2]. Ainsi, en 2001 les exportations vers le NAFTA représentent près de 30% du total brésilien contre moins de 15% en Argentine.

De plus, le Brésil est le seul pays du Mercosur à réaliser moins de 50% de ses échanges au sein de l'ALCA (ensemble des Amériques) contre 60% en Argentine (exportations) et près de 70% pour les petits pays de la zone du Cône Sud .

On en déduit que le Brésil échange près de la moitié de son volume de commerce avec des pays ou zones hors de l'Amérique montrant ainsi une plus grande diversité de ses partenaires commerciaux[3].

---

[1] Voir ANNEXE B.

[2] Comme par exemple la volatilité macro-économique qui a touché la zone (chapitres 3 et 4) mais aussi les prétentions hégémoniques internationales et les capacités productives du Brésil qui dépassent largement le cadre du Cône sud-américain.

[3] Le commerce avec la Chine est significatif avec près de 3% depuis 1994 (exportations et importations) par rapport au commerce du Brésil. La Chine a même représenté 3,5 % de ses exportations et importations dans les années 1980. En Argentine, la Chine représente également un pourcentage important du commerce (4% à 5 ces dernières années) mais la disponibilité des données sur la composition du commerce ne nous permet pas de conclure avec précision. Depuis 1991 en Argentine, il apparaît que les importations ont augmenté plus rapidement que les exportations . Une tendance inverse concerne le Brésil. L'Inde et l'Afrique Sud sont également des clients et fournisseurs mais dans un degré moindre (de 1% à 2%). Données CEPAL-BADACEL (2003). Ces résultats poussent à étudier la

Cet aspect aura des conséquences sur la relative stabilité du commerce extérieur brésilien (hors des périodes de troubles économiques internes qui sont - il est vrai - nombreuses). Ces chiffres donnent la mesure des asymétries mais expliquent aussi l'intérêt relativement limité (par rapport aux autres pays) que peut avoir le Brésil dans le Mercosur en terme de débouchés[1].

Cette première vision du commerce intra-zone et de la régression de celui-ci confirme l'hypothèse de la *démercosurisation* (ou de la non-activation du filet de sécurité régional). En période de crise, le Mercosur (en tant que marché stabilisateur) n'a pas fonctionné comme tel. Les effets pour l'Argentine mais surtout pour le Paraguay et l'Uruguay ont été importants tant la part du commerce intra-Mercosur pèse lourdement dans leurs échanges totaux. Le Brésil par la diversification de ses échanges et sa capacité productrice supérieure est moins touché par l'échec du Mercosur même si les mauvaises performances de son voisin argentin ont un effet certain sur ses résultats macro-économiques.

La section suivante développera une étude plus approfondie sur le contenu technologique des échanges des pays du Mercosur avec les différentes destinations/origines des exportations/importations.

Etude des contenus technologique du commerce argentin et brésilien intra-Mercosur et hors-Mercosur

Compte tenu de la disponibilité des données, nous privilégierons trois zones (Amérique latine, les Etats-Unis et l'UE) et la distinction entre produits primaires et industriels ; puis entre niveau technologique des biens industriels. Nous tenterons de confirmer l'hypothèse de *démercosurisation* et l'échec de ce type de Régionalisme Ouvert: Appauvrissement technologique (reprimarisation en Argentine) et augmentation de l'hétérogénéité productive (dualisme technologique) au Brésil. La dépendance technologique vis-à-vis des pays du Centre pourra être examinée mais aussi les conséquences de l'importation de haute technologie coûteuse en licence et brevets (fragilisant par la même occasion la balance des paiements).

Commerce du Brésil et de l'Argentine avec l'Amérique latine[2]

La relative stabilité des exportations brésiliennes vers l'Amérique latine[1] indiquent le Mercosur et la libéralisation n'ont pas modifié les résultats du

---

diversification des partenaires commerciaux du Mercosur pour une insertion dans l'économie réellement mondiale et pas seulement avec les pays du Centre.

[1] D'autres facteurs seront considérés au-delà des simples débouchés (complémentarités productives, transformation des structures productives au niveau régional) mais aussi stratégique.

[2] Voir les graphiques C-1, C-2, C-9, C-10, C-11, C-12 en annexe.

Brésil sur la période 1991-2001. Les produits industriels de technologie moyenne sont les plus présents dans les exportations brésiliennes vers l'Amérique latine. La seule exception concernant la stabilité des données est la hausse à partir de 1997 des exportations basées sur de la haute technologie vers l'Amérique latine. Cette modification de la structure des exportations se retrouvera de manière encore plus prononcée pour les autres zones. Le point important concerne le peu d'effets de la création du Mercosur sur l'insertion du Brésil dans l'économie mondiale. L'Argentine au contraire connaît une importante volatilité de ses parts de produits primaires et industriels. Les biens primaires représentent près de 40% des exportations argentines vers l'Amérique latine (contre moins de 10% au Brésil). Les variations de ces parts de produits primaires et industriels exportés semblent en phase avec les modifications des variables monétaires et de taux de change au Brésil. De 1991 à 1994 (Plan Real et effet Tequila), la part des produits primaires augmente puis de 1997 à 1998 cette part décroît. En 1999 (dévaluation brésilienne du Real) ce même taux des produits primaires augmente de nouveau. La synchronisation est intéressante même si nous ne pouvons pour l'instant étudier le sens d'une éventuelle relation de causalité[2]. La variation des taux indique que l'établissement du Mercosur et la libéralisation ont eu une influence sur la structure des exportations argentines et son insertion en Amérique latine (sans que l'on puisse encore en déterminer lequel des deux a eu le plus d'importance). Les exportations basées sur des ressources naturelles sont stables autour de 30% en Argentine contre 20% au Brésil. La technologie moyenne argentine passe de 20% à 30% sur la période mais reste loin du niveau brésilien - stable à plus de 40% des exportations des biens industriels.

Les importations brésiliennes depuis l'Amérique latine représentent à peine 10% du total (Voir graphique niveau Mercosur intra-zone) et la structure a changé durant les années 1990. Les biens primaires et industriels se partageaient 50% des importations depuis l'Amérique latine mais, dès 1993, les biens industriels atteignent plus de 60% du total. Ces produits industriels sont basés de façon croissante sur de la technologie moyenne (30%) et des ressources naturelles (20%). La part des biens industriels de moyenne et de haute technologie importée d'Amérique latine est très faible (moins de 10% en tout). Les importations argentines (20% puis 30% en 2001 des importations totales) ont peu varié au cours de la décennie 1990. L'augmentation de la part de la haute technologie peu s'expliquer par la hausse de cette part au Brésil. L'Argentine semble substituer dans les dernières années (1999-2001) des importations de haute technologie hors-Mercosur par de la haute technologie depuis le Brésil. Les niveaux sont

[1] Que ce soient dans la distinction primaire/industriels et même par le niveau de technologie des biens industriels exportés.

[2] Nous reviendrons sur ce point au chapitre 3 mais surtout au chapitre 4 lors d'une étude économétrique sur les facteurs explicatifs de la volatilité macro-économique.

cependant faibles et le rôle des firmes multinationales hors-Mercosur (automobile, industrie pharmaceutique, etc.) implantées Brésil intervient certainement (mais c'est une hypothèse difficile à confirmer).

Cette première série de résultats concerne les échanges du Brésil et de l'Argentine avec l'Amérique latine et donne une approximation du Mercosur au vue du faible poids des autres espaces sous-régionaux d'Amérique latine (MCCA, CARICOM, et CAN).

Commerce du Brésil et de l'Argentine avec les Etats-Unis et l'Union Européenne (Graphiques C-19 à C-26)

Cette section reproduit l'analyse menée précédemment pour les Etats-Unis et l'Union Européenne. Nous attendons des résultats qui permettraient de préciser l'effet de détournement de commerce vers les pays du Centre du au Régionalisme Ouvert. De plus, le contenu technologique indiquera le type de produit échangé entre pays du Mercosur et pays du Centre[1].

Le poids des échanges du Brésil et de l'Argentine avec les Etats-Unis et l'UE est important à prendre en compte car il souligne une différence importante entre les deux pays du Mercosur. Le Brésil exporte près de 30% de sa production aux Etats-Unis alors que pour l'Argentine, l'économie de Etats-Unis ne représente qu'entre 10% à 15% de ses exportations. En revanche, les importations depuis les Etats-Unis représentent près de 25% des importations totales des deux pays. Ces remarques importantes se retrouvent dans le cas de l'Union Européenne. Le Brésil et l'Argentine importent relativement plus depuis ces pays du Centre qu'ils n'y exportent. De plus, la composition des échanges entre produits primaires et industriels (et entre niveaux technologiques de ces derniers) est très différente. La part des produits industriels exportés vers les Etats-Unis est en augmentation au Brésil (de 84% en 1991 à 91% en 2001) alors que cette part décroît en Argentine (83% en 1991 et 77% en 2001 après un minimum de 61% en 1996).

Le contenu technologique des biens industriels exportés aux Etats-Unis depuis le Brésil connaît une baisse de la technologie basse (de 24% à 15%) mais surtout la haute technologie augmente très fortement à partir de 1997 (de 8% en 1997 stable depuis 1991 à 30% en 2001). L'ampleur de cette hausse des biens de haute technologie exportés aux Etats-Unis (avions Embraer) est une surprise et contraste très fortement avec le cas argentin dans lequel la haute technologie est presque absente des exportations vers ce pays (stable à moins de 5%). Les ressources naturelles représentent près de 40% des exportations en Argentine contre 25% au Brésil. La technologie

[1] Les résultats nous permettront de traiter de la vaste question de la dépendance technologique soutenue par les structuralistes de la CEPAL.

moyenne est également en baisse au Brésil (environ 25% vers les Etats-Unis et 15% vers l'UE) alors qu'elle stagne à moins de 10% en Argentine.

Les exportations vers l'Union Européenne signalent la même tendance à la hausse des biens industriels de haute technologie mais à un niveau moindre (10% pour le Brésil en 2001 et proche de zéro pour l'Argentine). Cependant la part des biens industriels brésiliens ne représente que 50% environ du total (contre 90% vers les Etats-Unis) indiquant que les produits primaires trouvent un accès sur les marchés Européens (bois, soja, café) que le Brésil ne trouve pas ou peu aux Etats-Unis. Les exportations de l'Argentine vers l'Union Européenne sont en très grande majorité composées de produits primaires (stable à 70% contre 25% en moyenne vers les Etats-Unis). De plus, la majorité des biens industriels exportés vers l'UE par l'Argentine est basée sur des ressources naturelles. Le niveau de technologie élevé est presque nul et les niveaux de technologie moyenne et faible sont très faibles. L'Argentine conserve vis-à-vis de l'Union Européenne un profil d'exportateur de produits primaires (modèle agro-exportateur).

La lecture des graphiques des importations depuis les Etats-Unis et l'Union Européenne rappelle à bien des égards les enseignements de la théorie de l'échange inégal ou de la CEPAL des années 1950 (R. Prebisch et C. Furtado)[1]. Les deux pays du Mercosur importent presque exclusivement des biens industriels depuis les Etats-Unis et l'Union Européenne. Le contenu en technologie moyenne est très élevé (40% depuis les Etats-Unis et 50% depuis l'UE) alors que la haute technologie compte pour 40% (en nette augmentation) depuis les Etats-Unis et 20% 25% (en hausse) depuis l'UE[2]. Une fois n'est pas coutume, la structure des importations est très similaire en Argentine et au Brésil[3].

Conclusion sur le contenu technologique du commerce du Mercosur selon destination et origine

Cette étude sur la structure des échanges du Brésil et de l'Argentine avec l'Amérique latine (approximable au Mercosur), les Etats-Unis et l'Union

[1] Importations de biens industriels par les pays de la périphérie et exportations de biens primaires vers les pays du centre avec une tendance à la détérioration des termes de l'échange.

[2] Cela soulève l'hypothèse d'une nouvelle division internationale du travail: Etats-Unis : haute technologie et Union Européenne: technologie moyenne?

[3] La division internationale du travail et l'insertion dans l'économie mondiale s'est faite depuis les pays du Centre pendant la décennie du Mercosur et de la libéralisation. L'ouverture des économies a vu l'arrivée des FMN *via* les Fusions et Acquisitions. La concentration des activités en quelques grands groupes nationaux et étrangers a profondément bouleversé le commerce et l'organisation de la production dans ces pays. Le commerce intra-firme au sein du Mercosur atteint près de 25% du commerce intra-Mercosur (Chudnovky-Lopez, 2001) et ces filiales rentrent dans des stratégies globales des maisons-mères décidées dans le pays du Centre. Des structures d'importations similaires dans des pays pourtant si différents s'expliquent par des facteurs historiques et économiques nombreux. Le poids des FMN et le commerce intra-firme sont deux d'entre eux. Voir Chudnovsky et Lopez, 2001, Basualdo, 1999, Gonçalves, 1999 et Red-Intal Inversion en el Mercosur, 2002.

Européenne permet d'apporter des arguments statistiques et des faits stylisés riches d'enseignement[1].

Le Brésil apparaît comme la puissance exportatrice de biens industriels de moyenne et haute technologie en Amérique latine mais aussi dans les pays du Centre. Les ressources naturelles continuent de représenter du cinquième au tiers des biens industriels exportés suivant les destinations. L'hétérogénéité structurelle augmente ce qui constitue un échec de la transformation productive de l'ouverture et des réformes libérales. L'Argentine se trouve être réduite au rôle d'exportateur de produits primaires vers l'Union Européenne et l'Amérique latine, retrouvant, via une reprimarisation de son économie, le modèle agro-exportateur du début du 20ème siècle et effaçant la diversification et l'industrialisation issues de l'ISI[2]. Les exportations de biens industriels se cantonnent à celles basées sur les ressources naturelles, les technologies moyenne et basse vers l'Amérique latine et dans une moindre mesure les pays du Centre. La structure des importations confirme les travaux réaliser par la CEPAL dans les années 1950 avec une nouveauté remarquable: Au Brésil, la haute technologie se développe rapidement et avec une ampleur significative (doublement en dix années). La diffusion de cette haute technologie reste toutefois limitée et l'hétérogénéité productive augmente. De plus, les importations de technologie élevée en Argentine et au Brésil entraînent le paiement de brevets et de licence en monnaie internationale (USD ou Euros) fragilisant ainsi la balance des paiements, la santé financière de ces économies et la stabilité macro-économique.

Nous avons présenté les apports et limites de l'économie géographique au vue de l'intégration économiques latino-américaine du Cône Sud sans chercher à être exhaustif sur cette approche.

Les conclusions de la CEPAL sur le Régionalisme Ouvert sont plus riches mais moins cohérentes théoriquement car -dans bien des cas- l'ouverture peut avoir des effets négatifs sur les bénéfices de l'intégration (stabilité, technologie, etc.). Les forces déstabilisatrices liées à l'ouverture ont fortement réduit le filet de sécurité régional. Cela confirme notre hypothèse de démercosurisation et met en évidence que le Régionalisme Ouvert n'a pas garanti la stabilité macro-économique de la zone et le dynamisme des échanges intra-Mercosur[3].

La relative confusion de l'approche de la CEPAL s'oppose aux conclusions plus cohérentes de la théorie d'économie géographique et de la BID sur le nouveau Régionalisme. Le modèle d'application présenté dans la

---

[1] Pour des données concernant l'Amérique latine dans son ensemble ainsi que des données sectorielles (3-digit) du commerce entre le Brésil et l'Argentine qui montrent la place du secteur automobile (détenu exclusivement par les FMN) voir [CEPAL, 2003 e].

[2] Le groupe Techin (SIDERCA) producteur d'éléments sidérurgiques de haute technologie employés dans le secteur pétrolier, est l'un des derniers représentant des entreprises nationales de haute technologie.

[3] La volatilité macro-économique et ses déterminants seront étudiés dans la deuxième partie (Chapitres 3 et 4).

section suivante sert de base théorique à bons nombres d'études et de conclusions concernant le Mercosur ouvert et même l'ALCA.

2. Modèle d'application au Mercosur

L'économie géographique appliquée au processus d'intégration du Mercosur

Le modèle s'inscrit dans la vision du nouveau régionalisme défini par W. Ethier et se base sur la nouvelle théorie du commerce international (Krugman). Les tentatives d'application de l'économie via les modèles gravitationnels[1] donnent des résultats plus qu'insatisfaisants. Ainsi en 1999, F. Darrigues et J-M. Montaud (2001) prévoient sur la base d'un tel modèle une réallocation des activités industrielles vers l'Argentine au détriment du Brésil dans les années 2000-2002 ! Les forces endogènes (centripètes et centrifuges) semblent bien désorientées par les spécificités de l'Amérique latine. Les travaux sur l'Europe et l'élargissement vers l'Est ou la Méditerranée semblent donner des résultats plus satisfaisants même si les hypothèses néo-classiques /standards et la logique générale demeurent.

L'Application du modèle de la BID au Mercosur

Les auteurs l'indiquent clairement : « Notre analyse sera très pointue car nous mettons en évidence l'élément essentiel du Mercosur : une diminution simultanée des droits de douanes internes et externes » [Estevadeordal et alii, 2000, p. 23]. Le Mercosur représente-t-il plutôt un obstacle ou une étape au libre-commerce multilatéral ? Selon W. Ethier, 1998, le nouveau régionalisme reflète le succès d'un système de commerce multilatéral plutôt que son échec. En utilisant un modèle de commerce avec des effets de détournement dus aux droits de douane Krugman (1980), cette analyse montre que ce type de régionalisme peut jouer un rôle clé dans l'expansion et la préservation de l'ordre du commerce libéral. Le but du modèle est d' «analyser les effets en terme de bien-être d'un arrangement commercial de type Mercosur sur les membres et non-membres. Les fonctions d'utilité dans chaque type de régime commercial (pré-intégration, Régionalisme Fermé et nouveau Régionalisme) seront alors comparées pour les pays membres et les pays hors-zone. Cette analyse a également comme objet

---

[1] Voir aussi [Terra M.-I. et Gigliotti A. 1995] qui ne parviennent pas à des conclusions intéressantes Ces auteurs concluent: «ce premier effort visant à ajuster un tel modèle pour discuter des problèmes de localisation géographique de la production provoqués par la disparition des barrières entre pays, est au final extrêmement imparfait même s'ils apportent quelques éléments de réflexion» (p. 103). Voir aussi [Piani G. et Kume H., 2000].

l'étude d'éventuels résultats et avantages du lancement de l'Accord de Libre-Commerce des Amériques (ALCA). Comme le suggèrent les auteurs du modèle, l'ALCA pourrait constituer l'expérience la plus importante du Nouveau Régionalisme vers une zone de libre-échange des Amériques. Les résultats du cas du Mercosur pourraient ainsi être la base pour une analyse des avantages du Nouveau Régionalisme des Amériques s'étendant «de l'Alaska jusqu'à la Terre du Feu (le point le plus austral de l'Argentine et de l'Amérique latine) ». [Estevadeordal et alii, 2000, p. 1-2] [1]

Les auteurs mettent l'accent sur quatre facteurs essentiels ayant un impact sur les flux commerciaux :

- Forte diminution des barrières au commerce entre les pays membres du Mercosur et le reste du monde (Voir premier graphique dans l'article). Ces droits de douanes ont atteint un taux de 14% moyen en TEC, au sein de l'union mais elle est sujette à de nombreuses exceptions.
- La libéralisation a eu lieu déjà avant le Traité d'Asunción de 1991.
- Asymétrie (taille) au sein du Mercosur même: Le couple Argentine-Brésil détermine la plus grande partie des échanges d'exportations et d'importations au sein du Mercosur. Le Paraguay et l'Uruguay contribuent très peu au volume commercial total de la zone.
- Les taux de change réels affectent le commerce intra et extra-Mercosur.

[1] La place accordée à cet article pourrait surprendre. Il est pourtant un des seuls documents qui applique l'économie géographique au Mercosur. Sans détailler la genèse et l'historique de cet article, du modèle mais surtout des résultats qui en sont tirés (pour le Régionalisme Ouvert et l'ALCA), il est intéressant de remarquer qu'après la parution de cet article sous forme de document de travail (Working paper), cet article est paru dans *Journal of Economic Integration*, en juin 2001 dans une version abrégée. En effet, la formalisation (modèle, équation, schémas des trois régimes) a été supprimée et remplacée par une note de bas de page (note 2, p.183) qui fait référence au document de travail. «Dans une version précédente (et plus longue) de cet article, nous avons présenté une analyse formalisée de l'effet du Mercosur sur le bien-être grâce à un modèle simple de trois pays. Comme nous l'avons montré dans ce document, si le Mercosur réduit unilatéralement ses droits de douanes vis-à-vis des membres de la zone comme vis-à-vis des autres pays, il s'approche d'une situation de libre-échange dans laquelle tous les pays (Mercosur et Reste Du Monde) sortent gagnants. Ce type de Régionalisme Ouvert semble ainsi plus bénéfique que la forme traditionnelle d'intégration régionale (Régionalisme Fermé). » [Esteradeordal et alii, 2001, p. 183]. Les résultats de l'article abrégé insistent sur les avantages du Régionalisme Ouvert pour l'ensemble de l'économie mondiale et soutiennent le lancement de l'ALCA comme Régionalisme Ouvert. On retrouve les résultats de ce Working paper lors de la conférence annuelle de la BID en mars 2002 (*«Looking beyond the borders: Opportunities and challenges of the new regionalism»)* qui produira le dernier rapport de la Banque en 2002 : *«Beyond the borders : The New Regionalism in Latin America»*. Dans ce dernier document de large diffusion, plus aucune mention (même en bibliographie) n'est faite au document de travail et à son modèle imparfait, et inadapté au cas du Mercosur. Seuls restent les bons «résultats» de ce modèle dont personne ne parle plus mais dont les conclusions servent de bases aux discussions et argumentations au plus haut niveau sur les avantages du Régionalisme Ouvert vis-à-vis du Régionalisme Fermé, de l'ouverture pour tous les pays, et de l'opportunité de l'ALCA pour le bien-être de tous. C'est pour cela que nous accordons beaucoup d'importance à ce travail et aux critiques qui peuvent (et qui doivent) lui être faites.

Application du modèle au Mercosur: Méthode et hypothèses

L'intérêt de ce modèle vient de la comparaison d'une fonction d'utilité dans trois régimes de commerce (analyse en statique comparative).

- Les Pays 1 et 2 sont des pays qui formeront un bloc commercial commun dans les régimes B et C. Implicitement les auteurs du modèle (BID) considèrent le Brésil et l'Argentine.
- Le Pays 3 est pays en dehors du bloc et considéré comme étant le Reste Du Monde (RDM). Dans le cas des Amériques ce « pays 3 » représente le reste des Amériques mis à part le Brésil et l'Argentine.

Deux hypothèses simplificatrices seront ajoutées au modèle afin de pouvoir mener l'analyse formelle et de simplifier les calculs :
- Il n'existe que trois pays dans le monde : Les goûts des consommateurs, la technologie et les dotations initiales sont identiques. (hypothèse de symétrie entre les pays)
- Le niveau de droits de douanes est identique pour tous les pays et du type «tout-ou-rien» : les niveaux des droits de douane au commerce sont soit égaux à t (tariff en anglais) soit 0. Le changement du régime A au régime B et C sera instantané.

Le modèle et les principaux résultats[1]

La fonction d'utilité *U* du Régime A (pré-intégration) sera la base de comparaison par rapport aux fonctions d'utilité des régimes B (Régionalisme Fermé) puis dans un deuxième temps par rapport au Régime C (Nouveau Régionalisme).
Ainsi, l'effet du Mercosur et des réductions de droits de douanes (selon la clause de la nation la plus favorisée, NPF) seront étudiées sur les pays membres de la zone (*Core*) et les pays hors-zone (*Periphery*).

Régionalisme Fermé (Régime B) Vs Pré-intégration (Régime A)

- Régime A (pré-intégration) : situation d'origine dans laquelle n'existent pas de blocs commerciaux dans le monde.
Les droits de douane t s'applique à tout commerce entre 1, 2 et 3.

[1] Les principales équations concernent la fonction d'utilité du consommateur *U*, les prix des biens domestiques, les prix des biens étrangers, la consommation des biens nationaux, la consommation des biens étrangers, le revenu national, le nombre de type de produits différenciés potentiellement disponibles au x consommateurs, le salaire dans chaque pays et la demande de facteur travail.

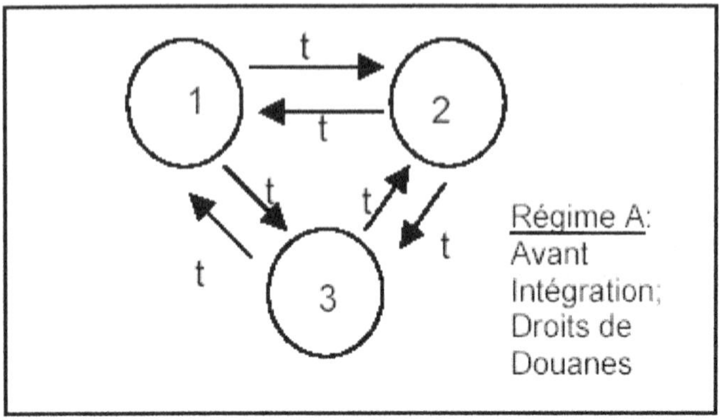

- Régime B (Accord de libre-échange de type Régionalisme Fermé[1]) : Les pays 1 et 2 sont intégrés dans une zone de commerce libre (sans droits de douane-DD). Le pays 3 ne fait pas partie du bloc commercial. Le commerce entre les pays 3 et 1 ainsi qu'entre les pays 3 et 2 sont soumis à des droits de douane (DD : t).

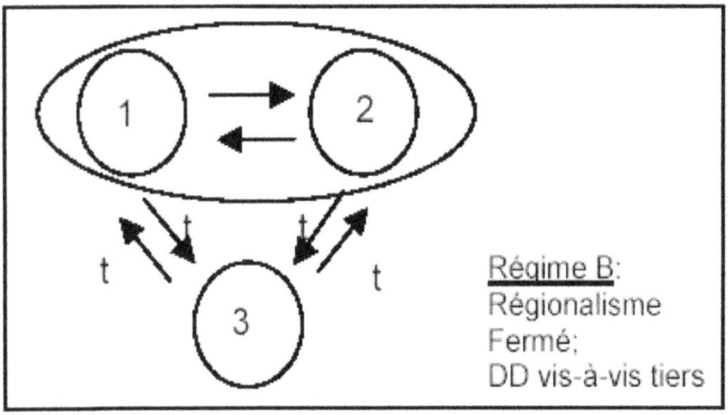

Effets d'une zone de libre-commerce (ZLE) traditionnelle (Régionalisme Fermé) : Comparaison fonction d'Utilité des Régimes A et B..

Résultat n° 1 : Si les pays 1 et 2 forment une zone de libre-échange (Régime B-RF), l'intensité du commerce entre les deux (Brésil et Argentine) augmente tandis que le volume de commerce entre les pays membres de la

[1] Cas de l'Ancien Régionalisme ou des accords de libre commerce orienté vers le marché intérieur de la zone pendant l'industrialisation avec une substitution des importations.

zone et le pays extérieur (Pays 3 soit le reste des Amériques mis à part le Brésil et l'Argentine) diminue. C'est l'expression classique de détournement de commerce.

Résultat n° 2 : Si les pays 1 et 2 forment une zone de libre-échange (RF) il apparaît que les termes de l'échange des pays membres s'améliorent par rapport au pays hors-zone (3).

Résultat n° 3 : Si les pays 1 et 2 forment une zone de libre-échange (RF) le bien-être économique (fonction d'utilité) des pays membres s'améliore tandis que celui du pays hors-zone (3 soit le reste des Amériques mis à part le Brésil et l'Argentine) empire.

U pays membres en Régime B (RF) > U pays 1 et 2 en Régime A (Pré-intégration)
Et
U pays hors-zone en Régime B < U pays hors-zone en Régime A

Ces résultats ne font que comparer la situation avant l'intégration (régime A) avec la situation du Régime B (Régionalisme de type fermé). Les résultats concernant le niveau du commerce, les termes de l'échange et surtout la fonction d'utilité confirment le bien-fondé de réduire les droits de douanes. Ils soulignent que le pays situé hors-zone (pays 3 ou le reste des Amériques mis à part le Brésil et l'Argentine) souffrira de cette situation (fonction d'utilité atteignant un niveau inférieur au niveau atteint en régime A). L'établissement d'un Régionalisme Fermé entraîne donc une réduction de la fonction d'utilité pour le RDM et une diminution des flux de commerce avec le RDM.
La deuxième phase des comparaisons étudie les différences entre un nouveau régionalisme (Régime C) et une situation de pré-intégration (Régime A).

Nouveau Régionalisme Vs pré-intégration

- Régime C (Zone de Libre-Echange du type Mercosur incluant la clause de la Nation la plus favorisée vis-à-vis du RDM)

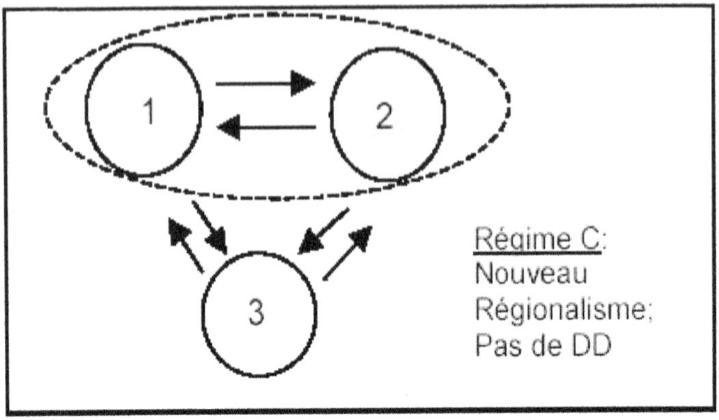

Résultats d'une ZLE de type Mercosur (Régionalisme Ouvert ou Nouveau régionalisme) :

Résultat n° 4 : Si les pays 1 et 2 (Brésil et Argentine) réduisent à zéro leurs droits de douane entre eux mais appliquent la clause de la Nation la plus favorisée au pays 3 (pas de DD) et si le pays 3 (reste des Amériques sans le Brésil et l'Argentine) effectue également une réduction de droits de douane selon cette même clause (pas de DD), alors le commerce mondial augmentera.

Résultat n° 5 : Si les pays 1 et 2 réduisent à zéro leurs droits de douane entre eux mais appliquent la clause de la Nation la plus favorisée au pays 3 (pas de DD) et si le pays 3 effectue une également réduction de droits de douane selon cette même clause (pas de DD), alors le bien-être de tous les pays s'accroîtra.

U pays 1, 2 et 3 (régime C) > U pays 1, 2 et (régime A)

La différence essentielle ici concerne le Régime C qui garantit un bien-être et un niveau de commerce supérieur à la situation pré-intégration mais surtout qui bénéficiera à tous les pays (membres de l'union douanière mais aussi au RDM dans ce cas l'ensemble des pays de l'ALCA).

Quelles sont les conclusions principales de ce modèle?

L'avantage du Nouveau Régionalisme sur le Régionalisme Fermé (et l'absence d'intégration avec des DD élevés) est alors clairement démontré par ce modèle. L'Intégration du Nouveau Régionalisme contribue à une expansion du commerce mondial et préserve le libre-commerce hors-zone. Dans le régime C (Nouveau Régionalisme), il est possible d'atteindre le bien-être d'un pays sans pour autant nuire à celui des autres. Cette analyse suggère ainsi la probabilité que le Nouveau Régionalisme du type d'intégration régionale du Mercosur (avec la réduction à zéro des droits de douane envers le RDM) contribue non seulement à une amélioration de leur propre bien-être économique mais également à celui du RDM.

Apports et limites de ce modèle d'économie géographique appliqué au Mercosur

Les apports de ce type de modèle appliqué au Mercosur

Notre objet n'est pas une critique théorique globale de cette approche qui nécessiterait un autre cadre et plusieurs thèses. Nous souhaitons réfléchir sur le bien-fondé de ce type d'approche appliqué au cas Mercosur et en évaluer la pertinence pour une transformation productive avec équité.

Ce type d'application au Mercosur présente un nouvel acteur et reconnaît le niveau régional comme une nouvelle stratégie de développement. En cela, ce modèle apporte au Mercosur une crédibilité qui ne présente plus l'intégration comme une cause de détournement de commerce comme le faisait le modèle standard H.O.S.

Les résultats de la comparaison entre la situation pré-intégration et le Régionalisme Fermé (Régime A vs Régime B) confirment les avantages de l'intégration régionale et constituent donc une avancée importante pour la reconnaissance de l'intégration régionale comme promoteur de croissance et de bien-être supplémentaire. La première partie des résultats souligne donc l'intérêt pour le régionalisme.

La comparaison entre les régimes A et C et les résultats qui en découlent nous amènent cependant à interroger les conclusions des auteurs de ce modèle. En effet, le Régionalisme Ouvert (Régime C) est préférable car il garantit aux membres de l'union économique ainsi qu'aux non-membres un niveau de bien-être supérieur alors que le Régime B (Régionalisme Fermé) voit l'amélioration de son bien-être au détriment des pays non-membres (RDM). Le Régionalisme Fermé serait ainsi une déviation de commerce et aurait pour conséquence une réduction du bien-être des pays hors-zone. C'est pourquoi ce type d'intégration est dénoncé et critiqué par les auteurs de ce modèle. Au Régionalisme Fermé (Régime B), ils préfèrent donc le Nouveau Régionalisme (Régime C).

On peut toutefois regretter l'absence de comparaison entre les régimes B et C et la comparaison de ces deux régimes avec le régime A (purement hypothétique) dans lesquels les pays formant la zone économique se déconnectent du monde et se développent en autarcie vis-à-vis du Reste Du

Monde (RDM). Ce point nous amène aux limites de cette application et de ce type de modèle (qui seront discutées dans la section suivante).

Limites du modèle

Au-delà des critiques externes concernant ce modèle néo-classique (utilisation de fonction d'utilité du consommateur, inconsistance du régime A dans l'histoire, etc.) un certain nombre de limites intrinsèques au modèle lui-même peuvent être soulignées. Nous retrouvons les critiques et les différences faites entre la conception du Régionalisme Ouvert de la CEPAL en 1994 et le Nouveau Régionalisme de l'économie géographique et de la BID.
Les deux premières critiques concernent les hypothèses simplificatrices du modèle (réduction instantanée des droits de douanes et pays identiques).

Trois pays identiques :

Les auteurs prennent l'hypothèse que les trois pays sont identiques en tout point (préférences de goût, technologies, dotations initiales). Cette hypothèse est logique si nous considérons le but de ce type de modèles. Cette analyse cherche en effet à expliquer où sont localisées les activités économiques. La prise en compte de conditions initiales non-symétriques rendrait l'analyse des forces endogènes menant à une certaine localisation d'activités moins facile à isoler et à mettre en lumière. Même si cette hypothèse simplifie fortement la présentation du modèle et la résolution formelle finale elle appelle plusieurs critiques.

Si les trois «pays» sont identiques et surtout si la technologie, les goûts et les dotations initiales sont identiques, ils échangent en raison d'économie d'échelle et de la différentiation des produits. On est pourtant en droit de se demander si cela ne revient pas à considérer que les trois pays ne forment en réalité qu'un seul et unique pays. Cette remarque nous fait discuter la notion de «pays» ou de région dans ce modèle et au-delà dans l'approche de l'économie géographique. Selon l'analyse de l'économie géographique "on considère qu'un bloc commercial comporte un grand nombre de petites unités géographiques, des provinces ou régions. Les pays sont composés eux-mêmes d'une ou de plusieurs provinces ou régions et ne jouent pas de rôle explicite dans l'analyse» [Krugman P., 1991b, p.320]. Les entités territoriales sont des «points» qui revêtent les spécificités selon le modèle et l'usage que l'on veut en faire (régions, villes, pays, etc.). Les notions de région et de nation sont ambiguës et définissent une région ou un pays uniquement sur la base de «bonnes raisons uniquement économiques» et des besoins de l'analyste. Cependant, dans un autre travail le même auteur signale également que «les nations ont une importance étant donnée qu'elles ont des gouvernements dont les actes politiques affectent les mouvements des biens et des facteurs de production. » [Krugman P., 1991c, p.71-72]. Cette question fondamentale est ainsi laissée non-résolue et les modèles continuent d'utiliser indistinctement régions, provinces, ou pays.

D'autre part, les relations commerciales parmi les pays membres du Mercosur ont longtemps été déterminées par les économies du Centre[1]. Pendant l'industrialisation menée par le biais de l'ISI et jusqu'à la fin des années 60 les deux grands pays du Mercosur ont développé une relation commerciale de «dos à dos». Le ratio commercial bilatéral était en effet incroyablement faible et le développement "dos à dos" représentait une situation dans laquelle les flux commerciaux étaient clairement orientés vers les Etats Unis, l'Union Soviétique ou l'Europe[2]. Les frontières entre le Brésil et l'Argentine n'avaient pas suffisamment changé pour expliquer un tel changement dans leur relation commerciale. Ce sont plutôt des aspects historiques, politiques et sociologiques qui peuvent fournir des éléments d'explication plus précis sur cette configuration du commerce.

En ce qui concerne les goûts symétriques parmi les pays représentant l'économie mondiale du modèle, des auteurs comme C. Furtado ont déjà expliqué et mis l'accent sur les habitudes de consommation des pays sous-développés où c'est la classe des élites nationales qui importent les biens en provenance des économies du Centre dominantes[3]. Une grande préférence pour une diversité de produits[4] –ce qui constitue le noyau de la compétition imparfaite et des modèles de géographie économique- n'est selon nous pas pertinente pour le processus d'intégration économique entre des pays en voie de développement dans un contexte de libéralisation et d'ouverture. Les conséquences dans la structure productive valent néanmoins la peine d'être prises en compte.

De plus, le modèle de Dixit-Stiglitz affiche d'autres inconvénients théoriques tels que signalés par [Combes P.-P., 2002] :

- Il n'existe qu'un seul paramètre qui sert pour la différentiation des produits ainsi que pour les rendements croissants ;
- Il n'existe pas d'interactions stratégiques et donc pas d'effet de la compétition pour les entreprises. La structure institutionnelle et du marché n'a pas d'influence sur les stratégies des agents économiques. Cette hypothèse pourrait être vraie dans un cadre économique et institutionnel

---

[1] Nous utilisons dans ce cas la terminologie de l'analyse cépalienne et non le «détournement » de terme qu'en a fait P. Krugman en appelant son modèle Centre-Périphérie pour dénommer les régions qui étaient intégrées économiquement (Core) de celles qui ne l'étaient pas (Periphery).

[2] Ainsi «en général, tous les facteurs et variables de commerce [des pays sous-développés en Amérique latine] se sont développés en grande partie en relation avec les économies du Centre. Le commerce entre économies sous-développés de la région latino-américaine a donc toujours été insignifiant ou peu développé. » [Ffrench-Davis 1999, p. 169].

[3] Voir Celso Furtado [1976, p. 53], *Le Mythe du développement économique*, Ed. Anthropos, Paris.

[4] Voir les équations (1), (5) et (5') dans le modèle de l'article en question.

stable mais elle est difficilement applicable aux pays membres du Mercosur étant donné les changements fondamentaux que ceux-ci ont subis depuis les réformes structurelles à la fin des années 1970.

- L'hypothèse de mobilité parfaite du facteur travail peut être pertinente pour une petite échelle géographique ou au sein des Etats-Unis mais beaucoup moins pour l'Europe ou une grande échelle géographique comme le Mercosur[1].

Niveau de droits de douane instantané («tout-ou-rien»)

L'hypothèse *purement simplificatrice* sur l'instantanéité de la baisse des droits de douane mène à un cadre général économique qui ne fournit pas d'explications pertinentes ni d'informations appropriées sur les effets d'intégration économique. Elle permet uniquement de maîtriser l'analyse formelle au niveau mathématique. Cette hypothèse de niveau de droits de douane «tout-ou-rien» contredit les vitesses différentes dont disposent plusieurs accords de blocs commerciaux des Amériques. Selon [Delvin et Estevadeordal, 2001] dans le cas du Mercosur, un secteur fondamental tel que l'agriculture affiche en général les niveaux d'ouverture les plus graduels. L'analyse de la réduction graduelle des droits de douanes au commerce pourrait être utile afin de comprendre la destruction (et l'éventuelle reconstruction) des secteurs industriels, d'agriculture et des services dans ces économies ainsi que les conséquences induites sur la nature et l'intensité du processus dynamique d'intégration économique[2].

De plus, le niveau de droits de douane identique entre les «pays» est une autre hypothèse très restrictive et éloignée de tout fondement historique. Comparer les droits de douane des Etats-Unis, de l'Union européenne, en Asie ou en Amérique latine conduirait à ne pas pouvoir soutenir cette hypothèse qui de plus introduit l'idée d'un monde homogène.

Il n'existe pas de véritable processus de localisation dynamique ou d'agglomération

Ce modèle se réfère à une interprétation dynamique d'un modèle statique. La méthode de la statique comparative ne permet pas de prendre en compte les transformations structurelles profondes dans l'industrie, l'emploi, etc. qui sont intervenues pendant cette période. Cette méthode de comparaison entre une situation d'autarcie avec une situation d'ouverture est cependant récurrente dans l'approche néo-classique. Pourtant, bien que l'approche

---

[1] Voir par exemple [Venables, 1996] ou [Krugman et Venables, 1995].

[2] Le Mercosur est une Union Douanière incomplète. Cependant, ce modèle ne traite pas clairement de la différence entre une Union Economique, une Union Douanière complète ou une Union Monétaire.

d'économie géographique soit censée se concentrer sur les effets dynamiques de régionalisation (ceci en opposition aux effets statiques de détournement du commerce) cette application n'analyse que les avantages du Mercosur du type ZLE à travers une analyse statique comparative et une intégration économique instantanée.

Pas de différences entre type d'entreprises

Comme nous l'avons déjà évoqué, ce modèle néglige le fait que la configuration du commerce des pays du Cône Sud ait été largement déterminée par les relations commerciales avec les pays industrialisés du Centre. Un des vecteurs de ces relations a été la présence d'entreprises transnationales (ETN) dans les pays de la zone. L'analyse ne considère à aucun moment la diversité des types d'organisation des entreprises et confond sous la dénomination de *producteur* ou d'*entreprise* des réalités aussi différentes que les maisons-mères situées dans les pays du Centre, les filiales, les centres de R&D, les succursales, les centres décisionnels, les usines de production ou d'assemblage etc. En réalité, la théorie micro-économique qui est pourtant si riche pour décrire la firme, ses prises de décision et son organisation n'est pas mobilisée dans ce type de modèle. L'entreprise est considérée comme un bloc homogène et compact qui se localise à un endroit particulier sans prendre en compte ses différentes dimensions. Cette remarque dépasse le cas de ce modèle appliqué au Mercosur. En effet, le modèle de Krugman ne différencie pas les réponses des entreprises et de leurs décisions de localisation en fonction des facteurs qualitatifs et organisationnels de l'entreprise[1]. Au Brésil et en Argentine, les privatisations qui ont eu lieu lors des réformes structurelles dans tous les domaines de l'industrie, de la finance (moins dans l'agriculture) ont amené plusieurs économistes à parler de *transnationalisation* des économies

---

[1] Les travaux de J. Markusen tentent de remédier à cette limite. J-Y Chamboux-Leroux (2000) traite de plusieurs travaux complétant ce manque du modèle de base Krugmannien. Ainsi, cet auteur note que «l'apport du travail de (Ekholm, Forsild, 1997) au modèle de base centre-périphérie de Krugman se base sur une redéfinition de la firme et de sa nature. Une des limites évidentes du modèle de Krugman est l'assimilation qui est faite entre firme, entreprise, usine, bureau de recherche développement, maison mère, filiale, quartier général, centre de décision. Il semble en effet que l'entreprise est un bloc compact qui se déplace à l'unisson. Ce "regroupement" est sans aucun doute un élément de grossissement des tendances et en particulier dans le cas de l'agglomération des entreprises. » [Chamboux-Leroux, 2000, p. 601]. Les travaux de Ekholm, Forsild (1997) et l'hypothèse du modèle avec firmes horizontalement intégrées, écartent le pilier central du modèle centre-périphérie de Krugman à savoir les rendements d'échelles croissants internes à la firme-usine localisée. A la place de cette hypothèse, les rendements d'échelles sont internes à la firme mais non à l'usine. Autrement dit les rendements d'échelle apparaissent même si une firme a des usines localisées en différents points dans l'espace. Il n'est donc plus nécessaire pour une firme de se localiser en un seul lieu. Ceci est possible dans le modèle parce que les coûts fixes sont ici associés à la recherche-développement, or la R&D peut se diffuser librement au sein de la firme et entre ses différents sites de production [Chamboux-Leroux, 2000, p. 602]. Ces approches sont plus intéressantes mais dans le cas de ce modèle appliqué au Mercosur, aucune mention n'en est faite.

nationales (D. Chudnovsky et A. Lopez, E. Basualdo pour l'Argentine et R. Gonçalves pour le Brésil).

Il est essentiel de distinguer entre usine d'assemblage, centre de R&D, filiales et maisons mères à l'étranger. Ne pas prendre en compte ces facteurs à l'heure d'étudier les choix stratégiques de localisation des firmes (R&D, assemblage, filiales, etc.) rend parcellaire et insatisfaisante la portée des résultats. En effet, les implications en terme de valeur ajoutée, de dynamisme des marchés, et d'éventuels effets de diffusion du progrès technique ne sont pas équivalents entre les différents types d'entreprises.

Tel est toutefois le cas de ce modèle appliqué au Mercosur. Dans ces pays, les choix de localisation se font plus pour des raisons de compétitivité prix, de rapport de change, de conditions fiscales accordées par les Etats (ou les provinces, voir les questions de guerre fiscale au Brésil notamment) qu'en fonction des barrières douanières[1].

Pas de distinction sectorielle et pas d'intérêt pour la technologie

Seules l'ouverture et l'accès aux capitaux étrangers importent, ce qui équivaut de facto à ne pas avoir de politique industrielle sectorielle. La concurrence et la modernisation vont bénéficier à l'ensemble de l'économie.

Les technologies (qui jouent un rôle essentiel dans les théories de croissance endogène) ont des conséquences différentes dépendant selon qu'elles s'appliquent à des pays développés ou à des pays sous-développés. En raison de la configuration de l'économie mondiale et de leur position de domination respective ainsi que leurs structures socio-économiques différentes, on ne peut pas considérer les conséquences comme étant les mêmes. Selon [Salama, 1999] "les techniques utilisées, le degré de qualification, et les formes de mise au travail sont différentes [entre pays du centre et de la périphérie] mais le degré de liberté dans les choix des techniques et du type de qualification requis n'est pas infini. Ils portent l'empreinte des segments en amont produits au Centre.»[2]

---

[1] Voir par exemple CNUCED, (2003, p. 54) qui cite le cas de Toyota qui a annoncé un projet de 200 millions de dollars en Argentine pas en raison des barrières tarifaires ou de la productivité (comme le supposent Darrigues et Montant, 2001) mais à cause de la dépréciation de la monnaie argentine et des baisses de coûts que cela entraîne.

[2] Voir aussi [Coriat, 2002] présenté au BNDES, sur le débat des TRIPS et des brevets et propriété intellectuelle, médicaments et technologie Brésil et sida. Le facteur technologique et l'innovation sont devenus stratégiques (TRIPS, générique de médicaments contre le sida au Brésil).

Pas de considération monétaire et financière dans un régime d'accumulation à dominante financière

Cette dernière limite de l'application du modèle d'économie géographique au Mercosur entend rappeler à quel niveau se situent les débats sur l'intégration régionale en Amérique latine. Les explications sur la localisation des activités économiques issues des modèles traditionnels d'économie géographique peuvent apparaître mineures face à l'impact du cadre macro-économique. La volatilité, l'instabilité, l'hyperinflation, la megadévaluation du taux de change, les stratégies des maisons mères dans les pays du Centre etc. sont surdéterminantes par rapport à la localisation[1]. Il est vrai que les auteurs du modèle reconnaissent le rôle central notamment du taux de change et des variables monétaires ainsi que leurs conséquences sur le commerce et les évolutions dans la compétitivité intra-régionale. Ils précisent même dans cet article que «le comportement extra et intra-régional est influencé par les taux de change des différents pays entre eux mais également vis-à-vis du RDM. Cette question a rarement été traitée dans le cas du Mercosur. Des recherches futures devraient combiner les effets des préférences commerciales (intégration) avec ceux des changements relatifs de la compétitivité relative du commerce intra-régional. Ceci est très important dans le cas de Mercosur car les deux partenaires principaux, Argentine et Brésil, ont connu des épisodes d'hyperinflation, de fluctuations très importantes du taux de change réel et bien des tentatives de stabilisation durant la période 1985-1995. » [Estevadeordal et alii, 2000, p. 15]. Cependant, malgré ces remarques, les auteurs laissent ces considérations pour des travaux futurs et continuent leur analyse de l'intégration régionale du Cône Sud sans traiter de ces variables. Cette dichotomie entre variables réelles (commerce) et monétaire (taux de change, monnaie) n'est cependant pas une surprise dans l'analyse néo-classique pour laquelle la neutralité monétaire est un des postulats de base. Pourtant l'étude du taux de change et l'analyse monétaire sont loin d'être les parents pauvres de l'analyse néo-classique[2].

---

[1] Certains auteurs ont souligné l'importance de ces modifications en faisant référence à un régime d'accumulation à dominante financière qui a pris toute son ampleur dans le Cône Sud dans les années 1990. Voir P. Salama, 1996, F. Chesnais 1994 et 1996. Pour une définition du régime d'accumulation dans l'approche régulationniste voir [Boyer R., 1986] ou [F. Chesnais, 1994 et 1996] pour une approche néo-marxiste. Le caractère parasitaire de la finance et de la spéculation (et son incidence sur le secteur productif *via* l'investissement) sera repris dans le chapitre 5 dans les approches hétérodoxes.

[2] Citons les travaux pionniers de D. Ricardo puis R.Harrod (1939), B. Balassa (1964), P. Samuelson (1964), R. Mundell (1961) et plus récemment de R. Mc Kinnon, R. Dornbusch et P. Krugman (1995). Nous insistons sur le fait que les études qui s'intéressent à l'influence du taux de change sur une intégration régionale isolent les résultats de considérations d'économie industrielle et optent souvent pour une solution du type dollarisation ou régime de *Currency Board*. Voir Thèse de E. Barreto, Paris 13 (2000). Egalement voir chapitre 3 de ce travail (dernière section sur les régimes de change et les régimes de croissance).

La première partie de ce chapitre a rappelé les avancées au niveau théorique de l'économie géographique (P. Krugman et W. Ethier). Nous avons insisté sur le discours paradoxal de la CEPAL (1994). La confusion vient du fait que l'analyse de la CEPAL maintient un discours teinté des thèses structuralistes tout en incorporant l'analyse de la nouvelle économie géographique[1]. Les idées structuralistes concernant le Régionalisme sont cohérentes et présentent l'intégration comme un filet de sécurité régional face aux crises externes. La confusion dans l'analyse de la CEPAL vient donc de l'incompatibilité de l'intégration économique et de l'ouverture brutale à l'économie mondiale. Cette ouverture et libéralisation désactivent le filet de sécurité régional. Aussi, parlerons-nous de la non-activation du filet de sécurité régional qu'était censé représenter le Mercosur comme le résultat de l'ouverture et de ses conséquences sur l'intégration régionale. Les effets positifs de l'intégration présentés par la CEPAL sur le progrès technique, l'innovation, l'investissement, la stabilité macro-économique et l'équité sont ainsi rendus inopérants par l'ampleur de l'ouverture des marchés (capitaux, financiers spéculatifs), les privatisations et le contexte nouveau de l'après guerre froide. Il s'agit donc d'une critique de l'intégration régionale via le marché. La nouvelle théorie du commerce internationale conserve son héritage néo-classique statique. De plus, la BID (institution internationale majeure en Amérique latine et dont sont issus les auteurs du modèle d'application du Régionalisme Ouvert au Mercosur) confirme une hypothèse importante. Le Régionalisme Ouvert a contribué et contribue aux réformes structurelles (via les politiques économiques libérales) de libéralisation, d'ouverture et de déréglementation faisant ainsi définitivement de ce type d'intégration ouverte une continuation des politiques libérales[2]. Loin de constituer un mécanisme de défense ou un filet de sécurité régional, ce type d'intégration accompagne et contribue à la libéralisation et à l'ouverture du Mercosur à l'économie mondiale.

Dans cette première partie nous avons vu que les résultats de dix années de ce type de régionalisme et les profondes mutations qui ont été opérées dans la structure industrielle, productive, et sociale nous conduisent à être plus prudent sur les conclusions optimistes des institutions internationales (CEPAL et BID). Ces limites s'appliquent aussi aux approches en terme d'économie géographique appliquées au Mercosur. La non-activation du filet

[1] Les raisons de la confusion viennent probablement également de la profonde mutation de la CEPAL durant la décennie perdue et l'arrivée en force d'une série d'économistes orthodoxes (dont le nouveau directeur G. Rosenthal) qui ont contesté (comme la période s'y prêtait bien) les thèses originales de la CEPAL (et même si certaines d'entre elles méritaient bien d 'être critiquées). Voir l'article de H. Guillen Romo (1994) et (2001). Voir également [Bielshowsky, 1998].

[2] «Etant donné que le nouveau régionalisme dépasse le simple cadre commercial, l'attention de l'analyste doit également aller au-delà de l'examen statique de la création ou déviation du commerce pour se centrer plus sur la difficulté d'évaluer les effets dynamiques sur la productivité, la croissance économique et sectorielle mais aussi la contribution du nouveau Régionalisme dans la politique économique des réformes structurelles» [BID, 2002, p. 49].

de sécurité régional (démercosurisation), l'accroissement de l'hétérogénéité productive au Brésil et l'appauvrissement technologique en Argentine, en sont des manifestations remarquables.

Les conclusions trop optimistes et les limites théoriques de l'approche orthodoxe nous amènent à étudier dans les prochaines parties les résultats en terme de volatilité (Deuxième Partie) et d'équité (Troisième Partie). Ils étaient deux objectifs du Régionalisme Ouvert au service de la transformation Productive avec équité.

DEUXIEME PARTIE

REGIMES DE CROISSANCE, REGIMES DE CHANGE ET VOLATILITE MACRO-ECONOMIQUE DANS LE MERCOSUR: NOTRE ETUDE EMPIRIQUE

Cette deuxième partie entend tester et apporter des éléments empiriques originaux concernant la volatilité macro-économique dans les pays du Mercosur. Nous avons vu dans la partie précédente que, selon la thèse du Régionalisme Ouvert de la CEPAL (issue des nouvelles théories du commerce international), ce type d'intégration régionale ouverte devait garantir une meilleure insertion dans l'économie mondiale et une plus grande stabilité macro-économique.

Nous étudierons dans un premier temps les trajectoires de croissance et de volatilité ainsi que le régime de change des pays de la zone (Chapitre 3) puis dans le Chapitre 4 nous proposerons une étude économétrique de cette volatilité en insistant sur le rôle du Régionalisme Ouvert et de ses conséquences (flux de capitaux, ouverture mondiale, politique de change, etc…)

Chapitre 3

Volatilité macro-économique, régimes de croissance et régimes de change dans le Mercosur

Les crises à répétition, l'instabilité économique et politique dans le Mercosur soulèvent la question de savoir si la forte volatilité est un frein aux échanges intégrés. Une première étape pour répondre à cette question sera de caractériser les différents régimes de croissance dans les pays du Mercosur en mettant en évidence des régularités statistiques et des tendances : Tel sera l'objectif de ce chapitre. Un intérêt particulier sera consacré au couple moteur du Mercosur (Brésil et l'Argentine) et la convergence de ces économies sera étudiée.

Ce chapitre 3 évaluera dans une première section, les performances de la zone en termes de volatilité et de taux de croissance moyen du PIB réel durant ces différentes phases. Puis, les avancées et limites de chaque régime de croissance par rapport à une histoire longue (quatre décennies) seront analysées. Cette longue période donnera des informations sur les trajectoires de croissance et les caractéristiques des phases distinctes des régimes de croissance des pays du Mercosur depuis 1960. Sur la période 1991-2002, les modalités de son développement (régime de croissance mais aussi régime de change) et la divergence ou convergence entre pays de la zone seront plus spécifiquement considérées dans la deuxième section.

1. Volatilité et régime de croissance dans le Mercosur (1960-2002)

Justification de la méthodologie adoptée

Afin d'évaluer l'évolution de la volatilité macro-économique dans le temps nous avons eu recours au calcul de l'écart-type calculée sur quatre années mobiles au cours de la période considérée[1] (1964-2002). Cette méthode est largement répandue dans la littérature sur ce sujet[2].

Dans les graphiques nous présentons l'évolution de la volatilité, du taux de croissance du PIB réel (et de sa moyenne mobile pour en faciliter la lecture et l'interprétation). L'évolution du taux de croissance du PIB réel dans les pays du Mercosur revêt un caractère instable et fluctuant qui ne permet pas, la plupart du temps de retenir une tendance.

Le fait de prendre en compte la moyenne des taux de croissance (mobile sur 4 années) vise ainsi à évaluer le niveau moyen du taux de croissance sur une période qui corresponde à celle durant laquelle nous calculons la volatilité (soit 4 années et 4 trimestres dans le cas des données trimestrielles)

Encadré 3: Taux de croissance du PIB réel moyen et volatilité:

Moyenne du Taux CroissancePIBréel :

$$\overline{TauxCroissancePIBréel} = \frac{1}{4}\sum_{i=1}^{4} TauxCroissancePIBréel_i$$

Volatilité : *Ecart – typeTauxCroissancePIBréel* :

$$\sigma = \sqrt{\sum_{i=1}^{4}\left(TxCroissancePIBréel_i - \overline{TxCroissancePIBréel}\right)^2}$$

[1] Le choix de calculer la volatilité et la moyenne des taux de croissance du PIB sur 4 années (ou 4 trimestres dans le cas de la volatilité trimestrielle) a été effectué en raison du caractère rapide des fluctuations dans ces pays. Les résultats de ces calculs sur une moyenne ou une volatilité mobile sur 8 ou 12 années (ou 8 ou 12 trimestres dans le cas des données trimestrielles) que nous avons aussi effectué, lissent de manière tellement forte les courbes qu'elles ne signifient plus grand chose. Ainsi, avec une volatilité et moyenne mobiles sur 8 années, une période de 4 années (trimestres respectivement.) de crise suivie d'une période de 4 années de reprise forte se traduirait par une période de relative stabilité et croissance ; or ce sont au contraire les fluctuations de la volatilité et de la moyenne des taux de croissance qui nous intéressent.

[2] Voir [Hausmann et Gavin, 1996], [BID, 1995], [BID, 2002], [Rodrik, 2001], [Caballero, 2000], [Ffrench-Davis, 2001], [O'Connell, 2003] ou encore les travaux issus du séminaire organisé en avril 2003 au siège de la CEPAL à Santiago du Chili «Management of volatility, financial liberalization and growth in Emerging economies».

L'étude simultanée de la volatilité et de la moyenne nous permet de définir des régimes de croissance stable et de souligner les caractéristiques de chaque période. En effet, le couple volatilité/croissance mérite d'être considéré suivant les niveaux respectifs des deux éléments qui le composent. Ainsi, une volatilité forte du taux de croissance du PIB n'aura pas les mêmes conséquences si les taux de croissance durant cette période (en moyenne sur la même durée) sont élevés ou bas. Si la croissance est volatile durant la période mais que les taux de croissance moyens varient (même beaucoup) entre 10 et 20%, cela ne se confond pas avec la situation dans laquelle les taux de croissance oscillent entre 1 et 5% par exemple. De plus, une volatilité haute ou faible n'aura pas la même signification si l'on considère des taux de croissance moyens sur la même période positifs mais faibles et négatifs. Des taux de croissance du PIB réel négatifs (ponctuellement ou en moyenne mobile) représentent un caractère destructeur certain pour l'économie d'un pays comme cela a été le cas dans presque tous les pays du Mercosur durant la décennie perdue des années 1980[1].

La notion de croissance relativement stable révèle son importance si on pratique un raisonnement *a contrario* : En effet, des «chocs» de croissance ou de récessions fréquentes et profondes heurtent et compromettent le développement de l'activité économique du pays, détruisent sans laisser le temps ou l'occasion de transformer ou reconstruire le tissu productif et le parc industriel. Ceci est *à plus forte raison* vérifié lorsque l'on se place dans le cas de pays dont le régime d'accumulation à dominante financière rend plus rémunératrice la spéculation que l'investissement productif et dans lesquels les marchés internes sont durement touchés. Dans une situation où l'instabilité macro-économique est la règle, les projets des investisseurs ainsi que toute anticipation à moyen ou long terme sont impossibles et l'on se retrouve dans une économie de type "casino" dans laquelle "rien ne va plus" aussi bien pour les entrepreneurs, l'Etat mais aussi les travailleurs[2].

Notons qu'il serait cependant erroné de croire que la volatilité macro-économique a été spécifique aux pays du Mercosur durant cette période. Une étude de la [CEPAL, 2002, p19-20] met en évidence la volatilité en Europe, aux Etats-Unis d'Amérique et au Japon durant les années 1990. Toutefois, les niveaux de volatilité n'atteignent pas les niveaux rencontrés dans le Mercosur mais surtout l'Argentine et le Brésil ne possèdent pas les mêmes structures industrielles et productives.

De plus, ces deux pays du Cône Sud n'ont la même capacité de financement et d'accès au crédit que les pays du Centre. Ces remarques sont essentielles si l'on veut comprendre la spécificité des économies industrialisées et sous-développées du Mercosur.

---

[1] A l'exception notable du Brésil sur laquelle nous reviendrons.

[2] Cette idée peut se retrouver dans les travaux de C. Kindelberger, H. Minsky ou plus récemment M. Aglietta, P. Salama, D. Plihon ou encore F. Chesnais. Voir Bibliographie. Voir également Chapitre 2, Section 2.

Les résultats pour les pays du Mercosur (1960-2002)

D'une première lecture des graphiques, il ressort la très forte convergence des tendances en terme de volatilité et de taux de croissance moyens du PIB réel au Brésil et au Paraguay d'une part, et en Argentine et en Uruguay d'autre part. Ce point mérite d'autant plus d'être souligné que le couple moteur du Mercosur Argentine et Brésil ne suit pas les mêmes trajectoires marquées par les évolutions de ces indicateurs.
Ainsi, nous choisissons d'analyser les résultats du Brésil et du Paraguay pour ensuite nous intéresser aux cas de l'Argentine et de l'Uruguay[1].

Brésil et Paraguay (1960-2002)

Les graphiques ci-dessous rapportent les résultats du calcul de volatilité et de taux de croissance moyen du PIB réel (en % sur l'axe des ordonnées) au Brésil et au Paraguay.

Graphique 1 :

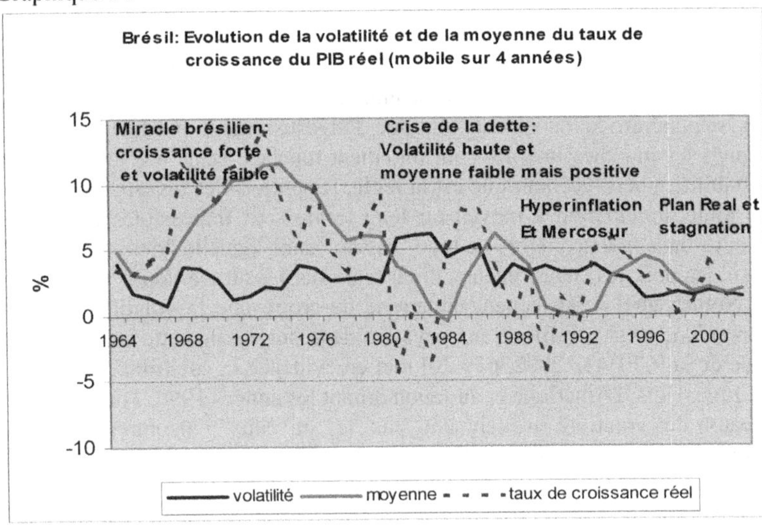

Source: Calcul de l'auteur. Base de données FMI et CEPAL

[1] Au-delà des indicateurs de volatilité et de taux de croissance, ce découpage ne heurte pas les enseignements de l'histoire économique de ces quatre nations.

Graphique 2 :

Source: Calcul de l'auteur. Base de données FMI et CEPAL.

Dans le cas du Brésil (voir graphique 1), les résultats confirment la période du «miracle brésilien» caractérisée par une moyenne du taux de croissance du PIB réel élevé (voire très élevée, plus de 10% au milieu des années 1970) et simultanément une volatilité faible. Cette période 1968-1980 correspond au niveau politique à la dernière dictature militaire qui a dirigé le pays pendant près de 20 ans. Si les taux de croissance du PIB réel ont été très élevés durant cette phase (régime de croissance), ils ont cependant commencé à décroître à partir de 1976-1977. Le changement de politique économique et la relative ouverture démocratique de la fin de la décennie 1970 n'ont pas pu empêcher - comme dans les autres pays du Mercosur- la crise de la dette des années 1980[1]. Cette période est caractérisée par une croissance faible ou nulle et une volatilité élevée. Cependant, le cas du Brésil est singulier. En effet, il montre dès 1984, mais aussi en 1985 et 1986, un taux de croissance élevé (5,3% ; 7,9% et 8% respectivement). Sans s'attarder sur les raisons profondes de cette courte reprise (Plan Cruzado en 1986, Plan

[1] Il est à noter qu'au niveau international cette période correspond aux relèvements des taux d'intérêts de la Réserve Fédérale Américaine (FED), à la déréglementation financière et à l'arrivée d'une énorme quantité de flux capitaux sur le marché international. Voir F. Chesnais (1994) ou Plihon Chesnais (sous la direction de) 2001.

Bresser-Pereira en 1987, Plan Verão en 1989[1]) et même si la volatilité n'a que peu diminué pendant ces 3 années, seul le Brésil a connu une reprise de cette ampleur (même si elle a été de courte durée) à cette période. Au même moment l'Argentine - malgré des Plans de stabilisation comme le Plan Austral en 1986 ou le Plan Primavera en 1988- connaissait son taux de croissance le plus faible de toute la période 1960-2002 soit -7,6% (à l'exception de l'année 2002 avec -11%). Cette capacité qu'a le Brésil de s'extraire de la crise explosive (comme en Argentine) par des mesures économiques contra-cycliques se retrouve en 1999 comme nous le verrons par la suite[2]. Dans la troisième période, de 1988 à 1992 le Brésil traverse les épisodes d'hyperinflation et de crise profonde : chute de la moyenne du taux de croissance et augmentation importante de la volatilité[3]. Ce n'est qu'à partir de 1993, avec l'instauration du plan Real, que la volatilité a baissé et que la croissance s'est accrue mais pour peu de temps. Dès 1998, le Brésil semble s'être orienté dans une phase de volatilité faible et de croissance faible comme nous le confirmerons par la suite. Si la réduction de la volatilité du PIB réel peut paraître un élément positif, elle n'est cependant pas signe d'un développement et d'une transformation productive avec équité si elle est alliée à un taux de croissance moyen faible voire très faible (entre 1 et 2% pour 2003 et 2004)[4]. Cette stagnation vers laquelle le Brésil et le Paraguay semblent s'orienter diverge radicalement de la situation de l'autre couple au sein du Mercosur, l'Argentine et l'Uruguay.

Argentine et Uruguay (1964-2002)

Dans la même période 1964-2002 revenons maintenant sur les évolutions de la moyenne du taux de croissance et de la volatilité (toujours calculées sur quatre années glissantes) de l'Argentine (et de l'Uruguay) représentées dans les graphiques 3 et 4.

[1] Voir [Salama et Valier, 1990]

[2] Nous discuterons par la suite du lien de causalité entre volatilité et taux de croissance, il sera fort intéressant d'étudier si la volatilité entraîne une tendance à la stagnation. L'hypothèse de travail sera que la volatilité met à mal les mécanismes d'ajustement de l'économie, rend aléatoire les capacités de croissance stable et durable mais aussi fragilise les institutions. Le cas de la crise argentine et son dénouement tragique fin 2001 en sont un exemple.

[3] Les principaux perdants seront les classes pauvres et très pauvres mais également la classe moyenne basse. Voir N. Lustig [1999] et Chapitre 6.

[4] Comme le note N. Lustig [2002], des niveaux de croissance très élevés et soutenus sont nécessaires pour que la pauvreté ne baisse que légèrement en raison du niveau des inégalités notamment. Voir Chapitre 6.

Graphique 3 :

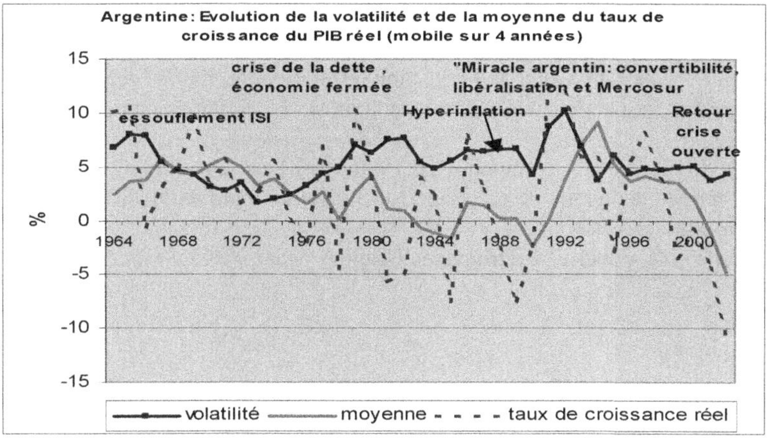

Source: Calcul de l'auteur. Base de données FMI et CEPAL

Notons tout d'abord que la période des années 1964-1975 n'a pas constitué - comme ce fut le cas au Brésil- un «miracle argentin». En effet, la croissance issue de la stratégie d'Industrialisation par Substitution d'Importations (ISI) était déjà largement essoufflée même si la moyenne était encore élevée et la volatilité décroissante (mais tout de même haute). Le réel changement intervient en 1976, soit 6 années avant la crise de la dette (1982).

Les profonds changements de la politique économique ont été impulsés par la dictature militaire (1976-1983) et les différents ministres de l'économie et des finances (M. Martinez de Hoz est le plus emblématique d'entre eux). En effet, dès 1976 la volatilité s'accroît très rapidement et de manière très importante alors que la moyenne du taux de croissance diminue significativement et ce jusqu'à 1991 date du Plan de Convertibilité. La crise argentine est donc antérieure à la crise de la dette qui a joué le rôle de catalyseur d'une crise déjà profonde et durable[1]. La durée de cette conjonction de haute volatilité et faible taux de croissance mérite d'être relevée tant elle est importante et lourde de conséquences. Il faudra garder à l'esprit que ces taux de croissance seront réalisés dans un pays dans lequel le tissu industriel est dégradé pendant près de 15 années consécutives de forte volatilité et de faible croissance.[2].

[1] On pourrait même être amené à évoquer un régime de décroissance ou de récession.

[2] Que le pays enregistre, après les épisodes d'hyperinflation, des taux de croissance élevés est sans doute remarquable mais ne doit pas nous laisser en tant qu'analyste, l'impression d'un succès définitif, et ce d'autant plus avec les conditions de cette croissance, le contexte institutionnel, politique et économique de la période. Ainsi, les estimations de CEPAL d'une croissance argentine de 7% en 2003 ne doit pas faire conclure à une résolution définitive des problèmes de ce pays.

Les années 1991-1997 peuvent être caractérisées par une volatilité qui, si elle n'est plus au niveau record de l'hyperinflation, reste tout de même très élevée et une croissance relativement forte voire même très forte. Notons qu'en 1995, l'effet de la crise Mexicaine (effet Tequila) touche de plein fouet l'Argentine (et peu le Brésil) et affecte la moyenne du taux de croissance dès 1995.

La dernière phase commence en 1998-1999 avec une chute vertigineuse de la moyenne du taux de croissance du PIB et un maintien de la volatilité à des niveaux élevés.

Cette crise ouverte se retrouve en Uruguay (voir graphique 4).

Graphique 4 :

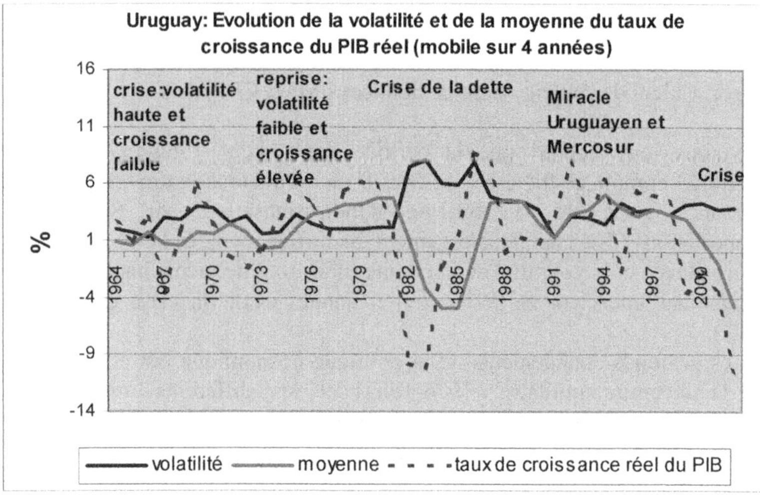

Source: Calcul de l'auteur. Base de données FMI et CEPAL

Après la crise de la dette, nous retrouvons les résultats concernant l'Argentine dans le cas de l'Uruguay (effondrement du taux de croissance et forte hausse de la volatilité) sur la dernière période 1998-2002. Comme en Argentine la crise ouverte s'est soldée, en Juillet-Août 2002, par la mise en place d'un *corralito*[1] censé empêcher la sortie des montants des uruguayens

[1] Fin 2001, le régime de change a été remis en question avec la crise du plan de convertibilité. Le gouvernement (D. Cavallo, de nouveau ministre de l'économie mais d'un gouvernement Radical et non péroniste comme avec C. Menem) a appliqué dès la fin du mois de novembre 2001 le gel des dépôts bancaires. Le gel des dépôts bancaires décidé avant l'abandon de la loi de la convertibilité (1peso=1dollar) impose une interdiction des retraits des dépôts au-dessus d'une limite fixée à 250 puis 1000 pesos-dollars par mois et par personne. Les dépôts bancaires sont divisés en deux parties : le *corralito* et le *corralón*. Le *corralito* représente les comptes courants, l'épargne en pesos et les placements fixes en pesos et en dollars en deçà de 7000 pesos pour les personnes juridiques et en deçà de 1400 pesos pour les personnes

et détenteurs (dont de nombreux argentins) de leurs comptes courants. Notons que contrairement à l'Argentine (dont les relations avec le FMI ont été très tendues d'où les nombreux reports de la signature d'un accord entre les deux parties), l'Uruguay a bénéficié d'un appui rapide et important de la part du FMI.

Caractérisation des différents types de régime de croissance

Au terme de cette étude sur la volatilité durant la période 1964-2002 nous pouvons représenter les différentes périodes dans les quatre pays du Mercosur dans un graphique à deux dimensions : volatilité et moyenne du taux de croissance du PIB réel. Pour établir la périodisation, nous utilisons les graphiques présentés ci-dessus concernant l'évolution de la volatilité et de la moyenne du taux de croissance du PIB réel. Les résultats sont contenus dans les graphiques ci-dessous qui résument les trajectoires et les caractéristiques des différents régimes de croissance des pays du Mercosur.

En superposant les évolutions des régimes de croissance des différents pays, les trajectoires similaires en termes de volatilité et de taux de croissance moyen du PIB réel entre les deux sous-groupes que nous avons évoqués plus haut apparaissent clairement (voir les graphiques 5 et 6).

Graphique 5 :

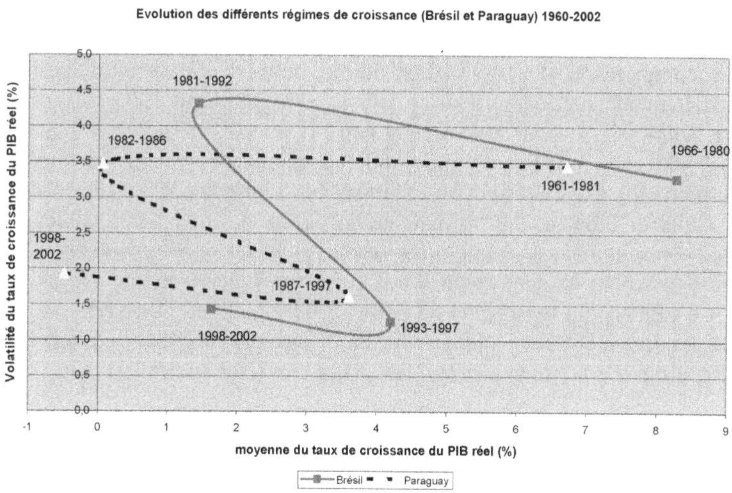

Source: Elaboration de l'auteur d'après données CEPAL, IPEA et FMI

---

physiques. Le *corralón* (28,6 % des dépôts totaux) représente le reste des dépôts en placements fixes et en comptes courants en pesos et en dollars. Il est ainsi la partie la plus élevée des montants déposés par les classes les plus aisées. Ces mesures censées durer trois mois ont en réalité persisté jusqu'en avril 2003 (soit près d'un an et demi).

Note au graphique 5: Ce graphique doit être lu de la manière suivante : Durant la période 1966-1980, le Brésil a connu un taux de croissance moyen élevé (8,7% au cours de cette période visible sur l'axe des abscisses) et une volatilité toujours sur cette même période de 3,28% (axe des ordonnées). Durant la période suivante (1981-1992), le Brésil a vu son taux de croissance moyen fortement diminuer à moins de 2% annuel (axe des abscisses) et sa volatilité au contraire augmenter (axe des ordonnées). Etc. Les traits joignants les différents points caractérisant les périodes ont pour but d'identifier la trajectoire du régime de croissance de manière chronologique. Cette manière d'interpréter ce graphique s'applique également aux graphiques suivants.

Dans le cas de ces deux pays (Brésil et Paraguay), notons que les trajectoires semblent correspondre même si les dates diffèrent. La phase correspondant à la crise de la dette (taux de croissance faible et volatilité forte) a duré plus longtemps au Brésil (1981-1992) qu'au Paraguay (1982-1986). En conséquence, la phase de faible croissance moyenne et de volatilité relativement élevée au Paraguay (1987-1997) a également duré plus longtemps qu'au Brésil (1993-1997). Le Brésil n'a cependant pas connu de période prolongée durant laquelle son taux de croissance était négatif. Cette remarque est d'autant plus importante qu'il est le seul pays de la zone dans ce cas et que nous avons déjà souligné la différence qu'il pouvait y avoir entre une situation de croissance faible et une croissance négative en période de forte volatilité.

La comparaison de la situation de la dernière phase et la période immédiatement antérieure (pour le Brésil entre la phase 1993-1997 et la phase 1998-2002 et pour le Paraguay entre la phase 1987-1997 et la phase 1998-2002[1]) est intéressante. Elle indique certes une baisse du taux de croissance moyen au Brésil et au Paraguay (passant respectivement de 4,2% à 1,63% et de 3,6% à -048%) mais ce taux reste positif ou très faiblement négatif contrairement à ce que nous verrons pour les deux autres pays. Les niveaux de volatilité sont quant à eux restés presque au même niveau (de 1,26% à 1,44% pour le Brésil et de 1,6% à 1,92% pour le Paraguay).

Le graphique ci-dessous illustre les trajectoires des régimes de croissance en Argentine et en Uruguay durant les quatre dernières décennies.

---

[1] Soit la période d'existence du Mercosur.

Graphique 6:

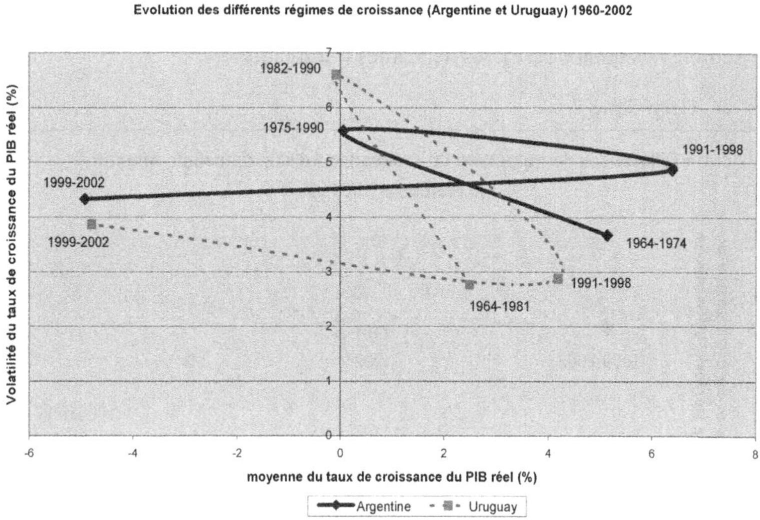

Source: Elaboration de l'auteur d'après données CEPAL et FMI

L'Argentine et l'Uruguay ont connu durant cette période des caractéristiques de régimes de croissance similaires notamment durant les phases de la crise de la dette et de la dernière crise (fin 1999-2002) avec des niveaux de taux de croissance moyen négatifs et une volatilité de même niveau. Cependant, le niveau initial (1964-1974 en Argentine et 1964-1981 en Uruguay) et surtout l'amplitude des variations dans le cas argentin (notamment entre la phase 1991-1998 et la phase 1999-2002) donnent le caractère extrême de la situation argentine. L'amplitude des changements est remarquable entre une situation (1991-1998) pendant laquelle la volatilité était en Argentine de 4,87% avec un taux de croissance moyen de 6,38% et une situation (1999-2002) pendant laquelle la volatilité est de 4,33% mais avec un taux de croissance moyen de -4,93%. Ces résultats donnent la mesure de la violence de la crise argentine, de son ampleur et du caractère exemplaire de celle-ci. Dans le cas de l'Uruguay, les variations des caractéristiques du régime de croissance de périodes en périodes concernent le taux de croissance moyen mais surtout la volatilité.

Les convergences de trajectoires de croissance (volatilité et taux moyen) entre Brésil+Paraguay d'une part et Argentine+Uruguay d'autre part est déjà un résultat intéressant qui mérite d'être souligné.

Nous avons déjà évoqué un autre résultat qui est - selon nous - original et plus important encore. Il concerne les différences de trajectoires et de caractéristiques des régimes de croissance entre le Brésil et l'Argentine. Reportées sur le même graphique les régimes de croissance brésilien et argentin font clairement apparaître des différences structurelles sur l'ensemble des quatre dernières décennies (Graphique 7).

Graphique 7 :

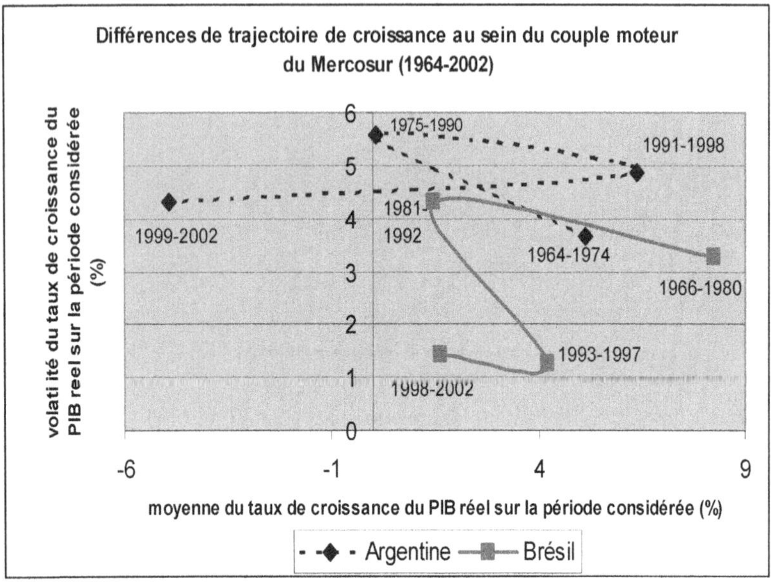

Source: Elaboration de l'auteur d'après données CEPAL et FMI

La croissance du PIB réel en Argentine se différencie de celle du Brésil par son caractère plus volatile et moins élevée mais aussi par l'amplitude entre ses différentes phases. La gravité de la dernière crise en Argentine se retrouve dans la perte -à volatilité presque constante et élevée- de plus de 11% de taux de croissance moyen entre la période 1991-1998 et la période 1999-2002. Le Brésil semble s'orienter vers une stagnation et un ralentissement de la croissance qui est également problématique. Il n'est donc pas étonnant que le Mercosur soit aujourd'hui questionné et fragilisé.

L'intérêt de mettre en regard taux de croissance moyen et volatilité nous permet de synthétiser les résultats dans le tableau ci-dessous en y reportant les expériences des pays du Mercosur.

Tableau 5 : Grille de lecture Volatilité/niveau de la croissance

	Croissance forte	Croissance faible	Croissance négative
Volatilité forte	*I.* Explosion positive mais instable de la croissance *Cas de l'Argentine : crise Tequila 1993-1996*	*II.* Crise avec croissance faible et fluctuante *Crise de la dette au Brésil (début des années 1980)*	*III.* Récession explosive et crise ouverte. *Crise de la dette Argentine et Uruguay.* Crise en Argentine depuis fin 1999
Volatilité faible	*IV.* Régime stable de croissance élevée *Miracle brésilien durant l'ISI (1966-1980)*	*V.* Crise de stagnation *Brésil fin 2000*	*VI.* Récession lente et destructrice

Source: Elaboration de l'auteur.

Pour reprendre la métaphore de F. Fajnzylber [1]concernant la *«case vide»*, il semble que les cases (*I.* à *V.*) soient remplies des noms de pays du Mercosur. Ces cases symbolisent toutes des situations de crises à l'exception de la case *IV.*

La case *VI.* est vide, mais préfigure la stagnation vers lequel le Brésil s'oriente.

Cette section nous a donné un aperçu des régimes de croissance et de la volatilité macro-économique durant les quatre dernières décennies mais intéressons-nous dans la section suivante plus spécifiquement à la décennie correspondant à la création du Mercosur.

[1] Voir plus haut, Chapitre 1, page 64.

2. Mise en évidence de la différence entre le Brésil et l'Argentine pendant la décennie qui correspond au Mercosur

La volatilité et le taux de croissance moyen dans le Mercosur durant les années 1990

Les différences entre l'Argentine et le Brésil au cours de la décennie 1990 sont riches d'enseignements. Une étude des données trimestrielles des taux de croissance du PIB dans ces deux pays est ainsi utile pour mettre en lumière les raisons de la différence en terme de volatilité et de moyenne de taux de croissance[1].

Nous avons dans les graphiques (8 et 9) périodisé l'évolution de ces deux variables afin de mettre en lumière l'hypothèse suivante : Le Brésil grâce à une politique monétaire plus souveraine (notamment en 1999) a évité l'ampleur de la crise que connaît l'Argentine qui, pour sa part, a renoncé plus longtemps à toute politique monétaire. Ceci remet l'accent sur l'importance d'une politique monétaire et de change contrairement aux principes monétaristes classiques.

C'est en procédant à une dévaluation de sa monnaie nationale en janvier 1999 que le Brésil a pu éviter l'explosion d'une crise comme en Argentine. Les autorités argentines de l'époque n'ont cessé de défendre le plan de Convertibilité même après l'effet Tequila - dont elle ne s'est jamais remise- et la dévaluation brésilienne en 1999[2].

Graphique 8 :

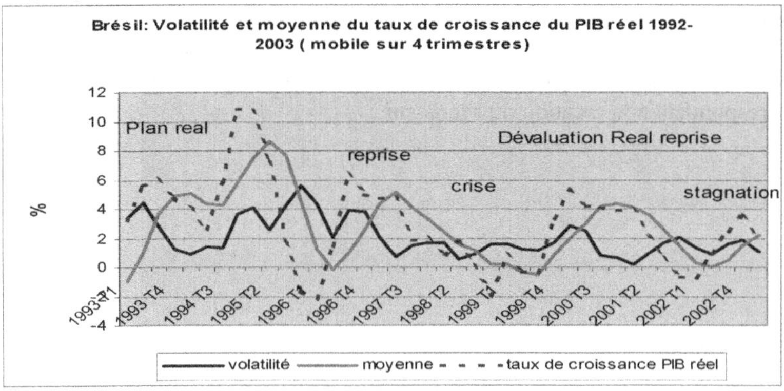

Source: Calcul de l'auteur. Base de données IPEA

[1] La disponibilité des données et le poids du Brésil et de l'Argentine dans le Mercosur (près de 95% du PIB) font que nous présentons uniquement les cas du Brésil et de l'Argentine.

[2] Nous n'oublions pas que le Brésil connaît aussi une crise et des indicateurs macro-économiques et sociaux très fragiles.

Graphique 9 :

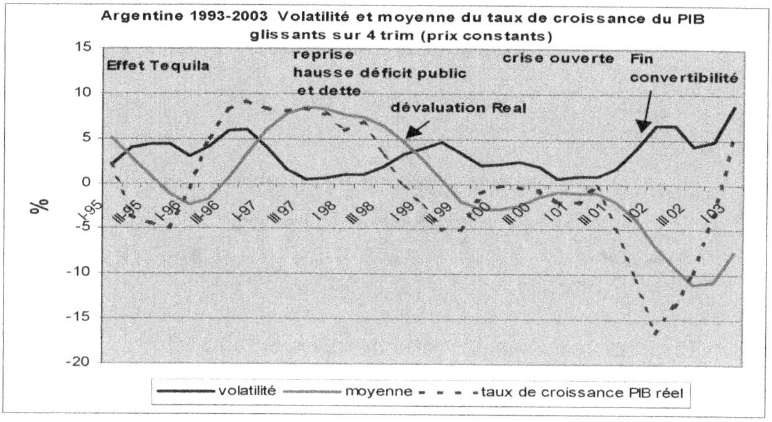

Source: Calcul de l'auteur. Base de données INDEC

Cette étude des données trimestrielles retrace les évolutions de la volatilité et du taux de croissance moyen au cours de la décennie 1990. Les différences de performances (croissance et volatilité) entre le Brésil et l'Argentine conduisent à formuler plusieurs hypothèses et remarques. Nous avons déjà remarqué que si le Brésil ne connaît presque jamais des taux de croissance du PIB réel négatif durant cette période, l'Argentine connaîtra des taux négatifs voire très négatifs et ce à de très nombreuses reprises. L'amplitude des variations de la volatilité et de la croissance brésilienne contraste avec l'explosion des ces facteurs en Argentine à partir du troisième trimestre 2001 (crise ouverte). Depuis le deuxième trimestre 2003, la situation argentine a cessé de se détérioré mais la situation qui prévaut est très fragile et dégradée. La question que nous posions en début de ce chapitre de savoir si la volatilité macro-économique est ou non un frein à l'échange nous conduit à analyser des régimes de change et le comportement des taux de change dans ces deux pays. En effet, les différences de régime de change (fixe ou flexible) entre le Brésil et l'Argentine -tous deux orientés vers une politique commerciale fidèle au Régionalisme Ouvert- ont eu un impact sur la balance commerciale et le dynamisme du Mercosur.

Une différence essentielle : le régime de change en Argentine et au Brésil durant la décennie du Mercosur

Le graphique ci-dessous indique les évolutions mensuelles des taux de change de la monnaie argentine et de la monnaie brésilienne depuis le milieu des années 1980.

Graphique 10 :

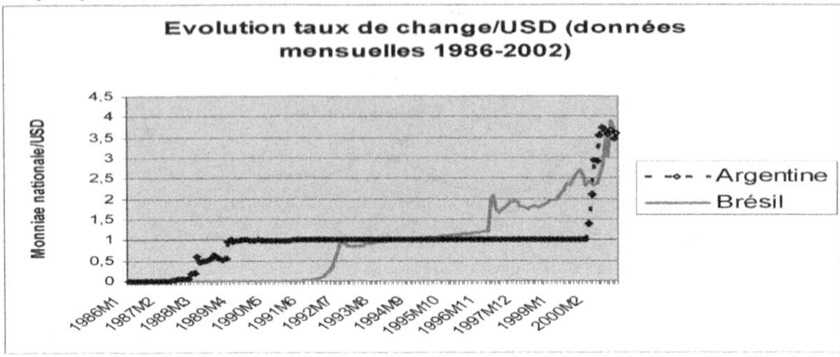

Source: Elaboration de l'auteur à partir des données IFS-FMI
Note: «1986M1»: Janvier 1986

Une discussion que nous ne pouvons éviter - tant elle a d'importance dans notre problématique - est celle du régime de change. La littérature sur ce sujet est immense aussi nous traiterons de cet aspect en le cadrant sur notre sujet. L'Argentine et le Brésil ont eu des régimes de change différents lors de la création du Mercosur : fixe pour l'Argentine (convertibilité avec *Currency Board*) et flottant pour le Brésil (hyperinflation, dévaluation...) puis fixe avec bande de flottement faible jusqu'en 1999 et dévaluation jusqu'à aujourd'hui (détérioration du taux de change avec le dollar américain avant l'élection présidentielle en 2002). L'Argentine a abandonné le currency board en janvier 2002 et sa monnaie subie une forte dévaluation en terme réel.
On se retrouve donc dans les années Mercosur avec les quatre configurations suivantes de régimes de change du couple Brésil-Argentine.

Tableau 6 : Régime de change en Argentine et au Brésil durant le Mercosur

	1991-1994	1994-1999	1999-2001	Depuis 2002
Argentine	Fixe (currency board)	Fixe (currency board)	Fixe (currency board)	Flexible sale
Brésil	Fixe sale	Fixe bandes de flottement	Flexible	Flexible sale

Source: Elaboration de l'auteur à partir de [Rojas-Suarez, 2003]

Notons d'ores et déjà que la dénomination fixe n'a pas exactement la même signification (et certainement pas les mêmes effets) dans le cas argentin et le cas brésilien. En effet, l'Argentine a eu un régime de currency board (caisse de conversion avec le USD) voté par une Loi par le Parlement alors que le Brésil a eu durant la période 1994-1999 un régime fixe avec bandes de flottement (*«peg»*) puis depuis janvier 1999, une flexibilité du taux de change. Depuis 2002-2003, le Brésil comme l'Argentine pratique une flexibilité *«sale»* du taux de change des monnaies respectives. Les dénominations *«flexible sale»* et *«fixe sale»,* encore appelées système hybride de change flottant administrés indiquent que l'autorité monétaire intervient sur le marché monétaire pour modérer les fluctuations des taux de change sans les garder fixés de manière rigide. Le flottement administré est considéré comme un choix de la Banque Centrale entre des objectifs internes (emploi ou taux d'inflation) et stabilité de change[1].

Effet change sur le dynamisme Mercosur: La démercosurisation

Nous pouvons raisonnablement penser que les différences de régime de change ont eu des conséquences sur les résultats des pays individuellement mais surtout sur le dynamisme du Mercosur (ratio de commerce intra-Mercosur). L'effet Tequila et l'entrée en vigueur du Plan Real a révélé l'importance des régimes de change notamment entre l'Argentine et le Brésil. En réalité, comme le note A. Ferrer, «l'expansion notable du commerce réciproque à partir de 1985 a reflété l'influence de facteurs favorables à cette période de grâce [...] L'abondance du financement international a fortement contribué à l'augmentation des importations et aux échanges bilatéraux [Argentine-Brésil]. Une fois que la vulnérabilité externe s'est de nouveau accentuée, ces économies sont entrées en récession et le commerce Argentine-Brésil s'est contracté. » [Ferrer et Jaguaribe, 2001, p. 58]. Suite à cette analyse les résultats du commerce intra-Mercosur jusqu'en 1997 peuvent être considérés différemment. En effet, il apparaît bien que le Mercosur en tant que processus d'intégration n'a pas joué de manière contra-cyclique lors de l'instabilité de l'économie mondiale. Le filet de sécurité régional n'a pas permis au Mercosur de constituer un mécanisme de défense face aux fluctuations de l'économie mondiale. Tout au contraire, l'attrait des capitaux étrangers grâce aux programmes de stabilisation macro-économique, semble bien être l'un des facteurs explicatifs essentiels de la hausse du commerce dans et hors du Mercosur. Le miracle ou le succès du Mercosur durant la période 1991-1994 (en terme de hausse significative du commerce intra-Mercosur) peut alors s'analyser différemment si l'on se rappelle que les plans de stabilisation monétaire (Plan de Convertibilité et Plan Real) ont été instaurés respectivement en 1991 et 1994. Il existait donc en Argentine de 1991 à 1994, un régime monétaire fixe par rapport au dollar et une monnaie appréciée, et une inflation très réduite alors qu'au Brésil cette période correspond à l'hyperinflation avec des dévaluations qui rendaient d'autant plus intéressants les produits brésiliens pour l'Argentine.

---

[1] La vision standard considère que les effets de stérilisation (opérations d'achat d'actifs intérieurs) empêchent l'intervention sur le marché monétaire d'affecter l'offre de monnaie. En régime de change fixe, toute intervention de la Banque Centrale n'a pas lieu d'être. Elle ne fait qu'augmenter la production nationale et l'inflation. Ceci renvoie aux questions de la substituabilité parfaite des actifs. Voir [Krugman et Obstfeld, 1992, p. 574-580]. Pour la vision standard nous utilisons cette même référence.

L'ampleur de la hausse du commerce intra-Mercosur serait ainsi une conséquence du décalage entre le Plan Real et le Plan de Convertibilité, rappelant une fois de plus l'importance du régime monétaire et l'intérêt des débats présentés plus haut. Le miracle du Mercosur, quatrième zone du monde, apparaît ainsi sous un angle différent car son dynamisme est plus passif qu'actif. Ce sont les crises et l'adoption de parité fixe avec le dollar - pour des motifs en grande partie extérieurs au processus d'intégration économique même- qui ont permis le développement du Mercosur comme zone commerciale dynamique.

Les crises asiatique et russe ont joué le rôle de catalyseur de problèmes de l'économie brésilienne, problèmes aggravés par la parité entre le real et le dollar américain. La dévaluation brésilienne de janvier 1999, soit quatre années après le début du Plan Real, a eu des conséquences très négatives sur le niveau du commerce intra-Mercosur alors que l'on pouvait justement s'attendre à ce que l'amortisseur régional qu'était censé représenter le Mercosur s'active en période de crise. Au contraire, c'est la zone tout entière qui a été frappée par le fort ralentissement des entrées de capitaux desquels le régime d'accumulation était tributaire.

L'asymétrie des réactions brésilienne et argentine face à l'effet Tequila et aux crises financières qui ont eu lieu depuis appelle plusieurs remarques.

Premièrement, l'année 1995 en Argentine a été rythmée par l'élection présidentielle et la candidature de C. Menem pour une réélection. Ce dernier avait mis en place le Plan de Convertibilité avec son ministre de l'économie D. Cavallo. Au milieu de l'effet Tequila, il ne pouvait dévaluer le peso et sortir de la Convertibilité sans risquer de perdre la crédibilité (et peut-être les élections) que le *Currency Board* lui avait apportée depuis 1991. Le maintien de ce régime monétaire rigide et contraignant (en terme de réserves de change et d'entrée de capitaux) a retardé la crise en augmentant son amplitude. C'est le Mercosur tout entier qui, par la suite, a été déstabilisé.

D'autre part, rappelons que la crise au Mexique en 1994-1995 se produit alors que le Brésil bénéficie à peine depuis quelques mois de l'effet du Plan Real et sort d'une crise hyperinflationniste qui a duré jusqu'en 1993 (soit deux années de plus qu'en Argentine). Cette remarque confirme l'absence de synchronisation entre les cycles économiques et les régimes de croissance en Argentine et au Brésil ce qui est particulièrement dommageable à la constitution d'une union commerciale[1].

[1] Le comportement des élites industrielles et agro-industrielles est également important tout comme les modalités et l'ampleur des privatisations dans les deux pays ou encore l'existence d'une tradition plus développementiste au Brésil entre en ligne de compte.

Les débats actuels autour du régime de change en Amérique latine

Les questions de politique de change renvoient au débat sur le choix du régime de change optimal (flexible ou fixe) avec des arguments qui les rendent souvent relativement hermétiques aux critiques des partisans de l'alternative aux régimes fixes.

Régime de change optimal (fixe vs flexible)

Le choix du régime de change optimal présente un débat très vaste[1]. Les arguments en faveur des taux de change flottants considèrent principalement que les taux de change flottants permettent une plus grande autonomie de la politique monétaire, la symétrie entre pays sur le marché monétaire mondial dans l'après système de Bretton-Woods et l'ajustement rapide pour maintenir les équilibres internes et externes. La période suivant la rupture de l'étalon-or en 1971 a été marquée par une inflation élevée et l'approche standard y a vu les effets du régime de change flottants.

De nombreux arguments venant contredire les effets positifs des taux de change flottants et soutenir les taux de change fixes ont été présentés par les économistes orthodoxes (Mc Kinnon, Dornbusch, etc.). L'argument principal consiste à noter que la Banque Centrale n'étant soumise à aucune discipline monétaire issue des changes fixes aurait vite fait de provoquer une inflation en perturbant la mécanique parfaite du marché. La spéculation sur le change pourrait alors entraîner une volatilité des taux de change avec des effets sur l'économie réelle. De plus, l'instabilité des prix relatifs internationaux due à la spéculation sur le change aurait des conséquences négatives sur le niveau des échanges de biens et de capitaux et ouvrirait la voie à des pratiques compétitives en matière monétaire *via des dépréciations compétitives*[2].

L'approche standard conteste l'autonomie de la politique monétaire en cas de change flottant et parle plutôt d'illusion d'une plus grande autonomie de la politique monétaire. Le caractère central du taux de change rendrait impossible pour les décideurs politiques à agir de façon autonome sur cette variable. Le risque est encore une fois de provoquer une inflation par une intervention intempestive sur le marché monétaire. Un ancrage monétaire par un taux de change fixe apporterait la stabilité macro-économique via la crédibilité de la monnaie de référence (dans le cas de l'Amérique latine la monnaie des Etats-Unis). Cet argument a été un des éléments centraux du

---

[1] Rappelons les trois principes d'organisation (proposés par R. Mundell) qui caractérisent un système monétaire international: degré de rigueur de la règle de change, degré de mobilité des capitaux et degré de sensibilité des objectifs de la politique monétaire aux contraintes extérieures (définissant le triangle d'impossibilité). [Krugman et Obstfeld, 1992], [Krugman, 1995] et [Hugon, 1997, p.95].

[2] Notons qu'en change flottant on parle de dépréciation du taux de change dans le cas d'augmentation du taux de change et d'une dévaluation en taux de change fixe. De plus, la dévaluation résulte d'une décision gouvernementale tandis que la dépréciation résulte de l'action conjointe des interventions du gouvernement et des forces de marché. Voir [Krugman et Obstfeld, 1992]

Plan de Convertibilité en Argentine puis du Plan Real (sous d'autres modalités).

D. Rodrik d'une part et G. Calvo et F. Mishkin d'autre part ont présenté des articles spécifiques sur ce sujet et cette zone qui vont nous servir de base théorique pour notre problématique.

Le régime de change du Currency Board en Argentine durant plus de dix années d'une part, et la flexibilité puis fixité puis retour à la flexibilité au Brésil d'autre part, seraient - c'est notre hypothèse- un facteur important des performances en terme de dynamisme du Mercosur mais aussi de la profondeur de la crise argentine par rapport à la situation du Brésil. Le régime de fixité aurait des conséquences négatives plus forte qu'un régime de change flexible et contrôlé. La fixité du régime de change obligerait d'autres variables principalement réelles à subir plus durement les chocs externes (flux de capitaux, récession, etc.) qu'un régime flexible allié à une politique monétaire et industrielle adéquate.

L'approche du choix des régimes de change d'après G. Calvo et F. Mishkin

Le texte de G. Calvo et F. Mishkin (2003) a l'avantage d'être récent et d'analyser la dévaluation argentine en janvier 2002. Les auteurs abordent le choix du régime de change de manière assez critique affirmant que ce «choix» n'est en réalité pas le facteur essentiel mais que ce sont plutôt les réformes institutionnelles comme l'approfondissement du secteur financier et l'amélioration du secteur bancaire qui sont les véritables défis dans les pays latino-américains. Ils présentent les avantages et inconvénients des régimes fixes et flexibles et insistent sur la spécificité des marchés émergents. Cette particularité du choix du régime de change dans les pays émergents n'est pas systématiquement relevée par la théorie standard et nous souscrivons à la nécessité de considérer la fixité/flexibilité du taux de change dans ces pays de façon différente. «Pour choisir le régime de change, le cadre analytique standard est basé sur un certain nombre d'assertions implicites qui ne s'appliquent que très mal aux pays émergents. La théorie standard suppose une capacité à former des institutions qui assureront un taux de change fixe mais après l'expérience argentine, cette supposition d'une garantie institutionnelle semble plus qu'improbable. » [Calvo et Mishkin, 2003, p. 9]. L'approche standard distingue les effets des politiques monétaires et budgétaires mais aussi fait une distinction entre les effets de telles politiques suivant qu'elles soient temporaires ou permanentes. Une politique monétaire expansionniste temporaire aura pour effet une dépréciation de la monnaie nationale, une expansion de la production (grâce à la compétitivité et aux exportations) et de l'emploi. Une politique budgétaire expansionniste temporaire entraînera une hausse de la demande globale, une augmentation des dépenses de l'Etat et une réduction des taxes perçues. Ces effets quelque peu mécaniques sont toutefois trompeurs et la théorie orthodoxe relève des problèmes concernant ces politiques car il n'est pas toujours simple de déterminer l'origine d'une perturbation provient du marché monétaire (choc monétaire) ou alors du marché des biens (choc réel). De même, la vitesse de réaction entre politique monétaire et budgétaire n'est pas la même (dans le cas de la politique budgétaire, le Parlement doit être consulté) et n'a pas les mêmes impacts sur le budget de l'Etat[1]. Ces conséquences de politiques temporaires sont confortées si la politique monétaire ou budgétaire est destinée à être permanente. Une politique peut amener l'économie à sa position de plein emploi et une amélioration de la balance courante. Fidèle à l'hypothèse du voile monétaire (neutralité), l'approche standard propose plusieurs effets qui font plus que compenser ces effets[2].

Selon ces auteurs, la théorie standard considère qu'en cas d'un choc nominal (augmentation de l'offre ou la demande de monnaie) le régime de change fixe est plus approprié. Il offre un mécanisme permettant un changement dans l'offre et la demande de monnaie alors qu'un taux de change flexible, dans cette configuration, entraînerait une dépréciation importante et une transmission dans l'économie réelle. En cas de choc réel (choc de productivité ou des termes de l'échange) au contraire le régime de change flexible serait toujours - selon la théorie standard - mieux à même de répondre par une modification des prix d'équilibre relatifs. La même situation avec un régime de change fixe entraînerait une chute de la demande de monnaie nationale que la Banque Centrale devrait absorber par la cession de réserves en devises étrangères (conduisant par-là même une fuite de ces devises et une hausse des taux d'intérêts). La crise serait alors accentuée. Ils soulignent notamment que plusieurs des présupposés de l'approche standard ne correspondent pas au cadre des pays émergents:

- La théorie suppose que les choix de régime monétaire sont stables dans le temps alors que nous venons d'étudier que dans le cas du Mercosur ces régimes de change se modifient fréquemment ;
- Les ajustements sur les marchés des biens et du travail mais aussi le secteur financier sont ignorés dans le cadre standard alors qu'aucune crise récente dans les pays émergents n'a eu lieu sans crise financière et de profondes agitations (Asie, Russie, Brésil, Argentine, Turquie) ;
- Les modèles standards de taux de change n'intègrent que marginalement les coûts de transaction et les aspects de liquidité dans l'analyse alors que ces considérations sont essentielles - selon les auteurs- «pour expliquer pourquoi la monnaie existe»[3]

---

[1] Les élections peuvent jouer un rôle non négligeable comme ce fut le cas en 1994 en Argentine lors de l'élection présidentielle qui a vu la réélection de C. Menem.

[2] Effet de la courbe J, l'effet tête de pont et inflation via les importations. Voir [Krugman et Obstfeld, 1992, p. 532-537]

[3] Nous reviendrons dans les remarques concernant ce texte sur la conception qu'ont les auteurs de la monnaie.

Ils énumèrent les caractéristiques fondamentales des pays émergents qui obligent à une analyse spécifique:
- Institutions fiscale, financière et monétaire faibles
- Substitution monétaire (pour le USD) et liquidité en dollar
- Vulnérabilité aux arrêts brusques («sudden stops») de flux de capitaux étrangers.
- Ecart entre régime annoncé et régime effectivement suivi par les pays[1].

Calvo et Mishkin exposent les différences de régimes de change en fonction des objectifs à résoudre et de leurs conséquences.

Tableau 7 : Différents régimes de change (fixe et flexible[2]) ; pays émergents

	Fixe	Flexible
Politique monétaire nationale indépendante et active	Non, car taux d'intérêt est déterminé de manière exogène	Oui, permet de traiter des problèmes nationaux mais l'autorité monétaire peut ne pas être en mesure de passer à la pratique de cette souveraineté monétaire. Quand elle le fait, cela conduit à de mauvaises décisions.[3]
Réduire l'inflation	Oui, crédibilité de l'ancrage monétaire	Non, car principale faiblesse de ce régime est qu'il bénéficie de trop d'autonomie en terme de politique monétaire ce qui compte tenu des expériences dans les années 1980 engendre de l'inflation 'via les prix des importations)[4].
Mauvais taux de change	Problème si le niveau est mal fixé et n'est pas en accord avec les fondamentaux de l'économie et le contexte international. Possibilité de recourir à des impôts et des subventions aux importations et exportations pour altérer indirectement le taux de change réel effectif	Dévaluation nominale peut entraîner de l'inflation élevée
Augmenter les gains issus du commerce	Oui, promeut l'ouverture commerciale et l'intégration économique au commerce mondial. Un ancrage au dollar US entraînera certainement une augmentation du commerce avec les USA et avec d'autres pays liés au	Non car une dévaluation augmenterait la valeur de leurs dettes en monnaie nationale affectant ainsi gravement leurs bilans comptables.

[1] Voir le récent article de Alesina et Wagner, *Choosing (and reneging) exchange rate regimes*, WP NBER n° 9809, juin 2003. Les auteurs soulignent les différences entre le régime de change annoncé par le gouvernement au FMI et le régime de change effectivement appliqué dans le pays. Les problèmes de crédibilité et de qualité d'institution sont mis en avant. Les pays qui sont incapables de maintenir un régime fixe (*fear of floatting*) ont plutôt de bonnes institutions et e souhaiteraient pas donner un mauvais signal au marché alors que les pays qui sont incapables de maintenir la fixité (*fear of pegging*) seraient incapables de stabiliser l'économie et disposeraient d'institutions faibles.

[2] Les auteurs notent qu'en réalité que ces deux catégories sont des simplifications car il existe des régimes intermédiaires (currency board, dollarisation, bandes flottantes, etc..) qui peuvent être couplées avec des politiques monétaires nationales également différentes et nombreuses (inflation trageting, monetary targeting ou discrétionnaire).

[3] Certains travaux montrent que le flottement du taux de change peut aider les pays à traiter les chocs des termes de l'échange et promouvoir la croissance économique (Broda, 2001 et Levy-Yeyati et Struzenneger 2003). Les auteurs n'insistent pas sur ces travaux qui pourtant sont plutôt en faveur du régime flexible.

[4] Cette conclusion est contredite par les faits lors de la dernière crise en Argentine puisque après la dévaluation asymétrique, l'inflation a été contrôlée. De même au Brésil en 1999, l'explosion prévue (et clamée par les économistes orthodoxes) a été contrôlée. C'est un élément distinctif des années 1970-1980.

[5] Les auteurs renvoient aux travaux de Frankel et Rode, 2002 et Rose, 2000. Ils ajoutent : «Une économie qui est plus ouverte au commerce sera également moins sensible aux arrêts brusques. Une expansion du

	USD[5]. De plus, comme les biens produits sont échangés dans le monde et le plus souvent en monnaie étrangère, les pays sont moins exposés aux conséquences négatives d'une dévaluation de la devise lorsque leurs dettes sont exprimées en monnaie étrangère.	
Réduire la prime de risque des taux d'intérêt	Oui, car élimine le risque sur la monnaie du taux d'intérêt national baissant ainsi les coûts du crédit, augmentant la financiarisation, l'investissement et la croissance[1].	Non, car les risques de défault et de confiscation des actifs maintiennent le taux d'intérêt à des niveaux très élevés.
Diffusion des crédits en monnaie étrangère	Oui, crédibilité	Non, car une dévaluation avec des dettes en monnaie étrangère pèsera lourd dans les bilans comptables et peut mener à une crise financière ouverte (cela d'autant plus que les politiques de régulation financière font défaut)
Réserves internationales	Oui, importante[2] mais avec flexibilité aussi	Oui[3] contrairement à une idée trop largement diffusée et ce afin de pour contrer une attaque spéculative et maintenir sa position sur les opérations d'open-market.
Prêteur en dernier ressort	Non	Oui mais pas dans les pays émergents car les crédits de la Banque centrale au système bancaire au début d'une crise pourrait soulever des craintes d'explosion inflationniste et produire une dévaluation du taux de change. En cas de forte dollarisation de l'économie cela produirait encore plus d'instabilité financière.
Changement de régime fixe à flexible		Dangereux de dévaluer à chaud car risque de spirale récessive dévastatrice

Source: Elaboration à partir de [Calvo et Mishkin, 2003]

Les auteurs s'interrogent sur le régime de change qui serait le mieux à même d'entraîner une amélioration des institutions économiques. Ils critiquent clairement les régimes flexibles trop permissifs pour des autorités monétaires non disciplinées. Ils optent plutôt pour des taux de change fixe en questionnant très fortement le fait que la politique monétaire - dans un régime de change flexible- ait un quelconque impact sur l'amélioration de la responsabilité fiscale.

En suivant [Hausmann, 1999], ils ajoutent que la dollarisation permettrait un système financier plus sain plus développé (diversifié) et éliminerait les appréciations/dépréciations de la monnaie nationale[4]. Ils précisent que la fixité du change, notamment à l'occasion d'union monétaire encourage l'ouverture commerciale et l'intégration avec les pays avec lesquels l'ancrage monétaire est réalisé (le dollar). Ils soulignent que «l'ouverture commerciale peut réduire la vulnérabilité aux crises financières des pays émergents tandis que l'intégration économique avec le pays d'ancrage réduit le coût de la perte

---

commerce indique qu'une part plus importante des activités concerne le secteur échangeable [tradable]. » [Calvo et Mishkin, 2003, p. 19].

[1] Les auteurs citent les travaux de Schuler (1999) qui suggère qu'une dollarisation complète amène les taux d'intérêts nationaux dans les pays émergents en ce qui concerne ceux des Etats-Unis.

[2] Les auteurs utilisent l'expression d'armure de guerre («war chest»).

[3] «float with a large life jacket» : Flotter avec un immense gilet de sauvetage.

[4] Nous ne développons pas ici le débat sur la dollarisation. Voir [Berg et Borensztein, 1999], [Hanke et Schuler, 1999], [Bergstern, 1999] pour une vision favorable à la dollarisation et [Salama, 2000], [Marques-Pereira, 1999 et 2003], [Nakatani et alii, 2000] ou [Bourguinat et Dohni 2002] pour une vision critique et la section suivante (Section 2.4.4.)

de la souveraineté monétaire due au régime fixe. » [Calvo et Mishkin, 2003, p. 27].

Le choix du régime de change serait en réalité une fausse question selon ces auteurs qui affirment que les efforts devraient plutôt se concentrer sur les réformes institutionnelles (dans les secteurs bancaires et financiers), la fiscalité, une de consensus pour une politique monétaire stable et enfin, une ouverture croissante au commerce.

Remarques sur le choix optimal du régime de change

Cette analyse de Calvo et Mishkin est au cœur de nos préoccupations et amènent plusieurs remarques. Le «mirage» du régime de change optimal comme unique solution aux problèmes de performances d'un pays est bien exposé car on a souvent tendance à considérer que ce choix déterminait tout en matière de politique économique. Cela dépend du contexte et des objectifs poursuivis.

Calvo et Mishkin ont le grand mérite de critiquer l'uniformité des solutions avancées par les institutions financières internationales en matière de régime de change (solution unique de régime fixe pour tous les pays) et d'y intégrer des considérations institutionnelles et de culture politique propres aux pays émergents. Ainsi, selon eux «dans le choix d'un régime de change, il n'existe pas de solution unique. Cela est un argument à l'encontre des institutions financières internationales comme le FMI, la Banque Mondiale et d'autres banques de développement qui ont une forte tendance à préférer un type de régime de change à un autre. Au contraire, le choix éclairé du régime de change nécessite une connaissance profonde de l'économie de chaque pays, de ses institutions et de sa culture politique» [Calvo et Mishkin, 2003, p. 28]. La formule unique serait donc dépassée et la prise en compte des spécificités de chaque pays serait aussi indispensable[1].

Ces remarques nous amènent toutefois à émettre un certain nombre de limites sur certains points développés dans leur article. En effet, le texte conserve un certain nombre de présupposés standards concernant les conséquences systématiquement positives de l'ouverture commerciale (et ses effets sur la volatilité et la vulnérabilité macro-économique), le rôle de la monnaie comme simple intermédiaire et lubrifiant des échanges, le recours constant à l'exemple chilien pour justifier l'ouverture économique et louer la stabilité des ses institutions monétaire, fiscale et financière et les taux d'intérêt faibles[2]. Nous avons pourtant présenté au chapitre 1 les indices

---

[1] Cela rejoint la position du Nouveau CW (ou Après Consensus de Washington) qui reconnaît qu'il n'existe pas de régime de change unique. Voir [Rojas-Suarez, 2003, p.150] dans [Williamson, Kuczinsky, 2003].

[2] Et ce alors justement que le cas chilien est spécifique et ne peut en aucun cas s'étendre à l'ensemble de l'Amérique latine. Pour une critique et une étude de la référence par les économistes orthodoxes du cas chilien comme exemple, nous renvoyions à l'excellent Chapitre (21): «*La experiencia económica chilena*

concernant les réformes (commerciales, financières , etc.). La libéralisation a été telle que le niveau maximum (égale ou proche de 1) synonyme de libéralisation complète est atteint par presque tous les pays du Mercosur. L'ouverture des marchés brésilien et argentin (estimée par le ratio entre le commerce total et le PIB) est de l'ordre de 10 à 15%. Les économistes et les institutions internationales montrent du doigt la fermeture de ces économies et y voit la raison des problèmes qu'elles rencontrent. Cet indicateur de taux d'ouverture est pourtant un indicateur imparfait dans ce cas précis puisqu'il ne prend pas en compte le commerce intra-firme au sein des pays du Mercosur entre entreprises étrangères (suite aux privatisations et l'arrivée massive des IDE dans la première phase du Mercosur (et après 1993 au Brésil)[1].

Les hypothèses des conséquences toujours positives de l'ouverture sont issues de la théorie standard développée dans le pays du Centre et répondent donc plus à la configuration des pays industrialisés et pas ou peu à celle des pays émergents. Ceci est d'autant plus surprenant que les auteurs s'appliquent justement à traiter les pays émergents de manière spécifique mais apparemment uniquement en ce qui concerne le régime de change.

Un autre point qui apparaît clairement est l'attribution des crises et des mauvais choix de régime de change mais aussi de politique monétaire, commerciale et économique en générale uniquement à des causes internes au pays. C'est l'incompétence de l'Etat et de l'autorité monétaire qui est responsable de tous les maux en matière économique et politique. Il ne sert - selon eux - à rien de leur accorder quelque souveraineté monétaire que ce soit au vu de ce qu'ils en font. Si les politiques monétaires et économiques dans les pays émergents sont effectivement décidés par les gouvernements nationaux et les institutions monétaires, les interactions entre les institutions internationales et les décisions nationales ont aussi leur place. La notion de Consensus de Washington exprime cette idée dans le cas des pays émergents dans les années 1990[2]. D'autre part les expériences parfois désastreuses des pays émergents en matière de politique monétaire ne disqualifient pas dans tous les cas les autorités monétaires et les gouvernements nationaux de mener une politique monétaire active, indépendante et orientée vers des objectifs nationaux ne visant pas uniquement à rembourser la dette extérieure.

La décision de dévaluer de la part d'un gouvernement est ainsi systématiquement critiquée dans les pays émergents car contraire à un mouvement libre du marché et comme cause automatique d'inflation. Les récents exemples du Brésil et de l'Argentine lors de la crise des années 2001-

---

es un ejemplo del éxito del modelo neoliberal y debe ser imitado (un lectura crítica)», dans [Calcagno et Calcagno, 1995, p. 460-474].

[1] Voir Première partie, Chapitre 1, Section 2.

[2] Voir chapitre 1 et littérature sur le Consensus de Washington notamment [Salama et Valier, 1994] ou [Stiglitz, 2002].

2002 a montré - au contraire - qu'une politique monétaire souveraine active[1] et une dévaluation (contrôlée par la Banque Centrale) pouvait enrayer l'explosion inflationniste[2]. Les hauts niveaux de taux d'intérêt sont quant à eux dus au risque de confiscation des actifs et de *défault* de ces pays et en aucun cas à des causes externes structurelles de l'économie mondiale hiérarchisée.

Change et intégration

Ces remarques générales nous conduisent à discuter un point important pour notre objectif[3]. G. Calvo et F. Mishkin traitent du régime de change et surtout des différences de régimes de change entre pays d'une même zone économique mais ils insistent sur les retombées positives en terme de stabilité et de croissance de l'ouverture commerciale avec le pays dont la monnaie sert d'ancrage au régime de change fixe. Ils évoquent ainsi l'ancrage au dollar US qui amène une augmentation du commerce avec les Etats-Unis mais ils ne considèrent à aucun moment la stratégie d'un ensemble de pays qui voudraient échanger entre eux sans toutefois intégrer une zone de libre-échange avec les Etats-Unis ou l'Europe. L'option d'une intégration sud-sud (type Mercosur) est ainsi écartée au profit d'une zone de libre-échange continentale qui rappelle à bien des égards l'ALCA. Ainsi le choix d'un régime de change pour une zone économique est quelque peu sous-estimé selon nous et particulièrement dans le cas du Mercosur où, comme nous l'avons vu, les régimes de change de l'Argentine et le Brésil ont changé deux fois en seulement dix années soit quatre configurations différentes du couple Argentine-Brésil. Nous considérons que le fait d'aborder le problème d'une intégration économique régionale Sud-Sud remet justement au centre du débat le choix du régime de change pour les pays de la zone. Bien évidemment, la politique économique des pays de cette zone ne se borne pas à ce choix mais ce serait une erreur que de l'abandonner sous prétexte que seule une zone de libre-échange avec les pays du Centre est envisagée. Il ne s'agit pas non plus de se couper du monde mais plutôt de penser le développement de la zone plus «*hacia adentro*»[4].

Une solution intermédiaire consisterait à adopter un modèle hybride[5] qui allierait et à résoudre les contradictions qui en découlent:

---

[1] Le qualificatif de politique de change «sale» largement préféré à la notion de flottement administré est significatif

[2] Explosion inflationniste en 2001-2002 longtemps annoncée par les experts et économistes orthodoxes mais qui n'a pas eu lieu constituant un élément distinctif du début des années 2000.

[3] Le champ théorique et les débats qui s'y rattachent sont tellement vastes que nous ne ferons qu'évoquer les éléments pertinents pour notre problématique.

[4] Voir Chapitre 1 et 2 sur l'approche des structuralistes de la CEPAL

[5] Voir la thèse de E. Rodrigues Barreto: *Le change et l'intégration économique et régionale. Des réflexions pour le Mercosur.* 321 p., Université Paris 13, 2000. Comme le souligne l'auteur, «la dynamique de l'économie régionale a plutôt une forte corrélation avec les flux de capitaux internationaux.

- Flexibilité: pour compenser les différences structurelles mais aussi diminuer les risques d'attaques spéculatives dans un contexte d'ouverture financière;
- Fixité pour éviter les oscillations perturbatrices des parités bilatérales.

La relation croissance et système de bandes de change est complexe et il est difficile d'établir un rapport direct entre un régime de fixité (même avec bandes de flottement) et les fortes fluctuations cycliques observées au cours des dernières années[1].

La convergence des politiques de change était inscrite dans le Traité d'Asunción en 1991. Dès 1993, le gouvernement brésilien avait suggéré l'adoption du régime de bandes de change dans la région, la création d'une Unité de Change de Référence, un fonds régional d'intervention et deux bandes de change (une réduite pour les grands pays et l'autre plus large pour les petits pays). Il s'agit donc d'un projet de régime de change en bande de flottement asymétrique et hybride. L'objectif était d'éviter les dévaluations compétitives entre pays du Mercosur[2]. Le Brésil qui traversait une nouvelle période d'hyperinflation n'a pas pu concrétiser le projet alors que l'Argentine de C. Menem cultivait ses «relations charnelles» avec les Etats-Unis durant la (brève et éphémère) période du «miracle argentin». Depuis 2002, les deux pays discutent de nouveau d'une coordination des politiques de change et d'une monnaie unique du Mercosur. La parité est stable à «1 Peso = 1 Real» depuis Fin 2002 et les débats sur la dollarisation complète des pays du Mercosur semblent ne plus être d'actualité après avoir été présentée comme la solution miracle pendant la crise argentine de fin 2001 et les élections présidentielles d'avril 2003[3]. Les avantages avancés par l'approche standard concernent l'annulation du risque de dévaluation, la réduction du risque-pays et des taux d'intérêt réels, la disparition des causes monétaires de l'inflation, une meilleure facilité de financement à long terme, la baisse du coût dans les transactions internationale, et la diminution de l'incertitude économique. A cette vision optimiste de la dollarisation s'oppose une approche sceptique qui réfute les arguments exposés précédemment notamment le caractère plus stable que conférerait la dollarisation, son effet mécanique sur la baisse des taux d'intérêt, de l'inflation et de l'incertitude. L'expérience en Equateur depuis janvier 2000 apporte un certain nombre d'indices sur les effets de la dollarisation. Dans ce pays, la dollarisation n'a pas freiné l'inflation, ni l'évasion des capitaux, pas plus qu'elle n'a provoqué une hausse des entrées

---

Les moments d'essor des flux de capitaux internationaux coïncident avec l'expansion économique tandis que les difficultés de financement externe contraignent l'activité interne.» (p. 278).

[1] Nous testerons ces relations dans le chapitre suivant.

[2] Dépréciation qui a justement eu lieu en 1999 au Brésil. Les raisons n'étaient uniquement liées au Mercosur mais plutôt à des préoccupations internes.

[3] L'ex-président C. Menem proposait d'allier une dollarisation complète de l'économie argentine avec un rapprochement commercial (ouverture complète) très fort avec les Etats-Unis. Près de 25% des électeurs argentins ont voté pour sa candidature au premier tour (en première position).

de capitaux étrangers[1]. Des effets négatifs accompagnent cette mesure principalement la disparition du Prêteur en Dernier Ressort, l'élimination du seigneuriage, la perte d'une partie des réserves pour constituer la nouvelle monnaie circulante (Calcagno et Calcagno, 2001). La dollarisation n'est pas la solution la plus complexe techniquement (par rapport à un modèle hybride asymétrique) mais elle supprime tout recours possible à la politique monétaire et hypothèque grandement la souveraineté monétaire des pays qui y souscrivent[2]. Cette mesure radicale affecte négativement le Mercosur puisqu'elle rend difficile (voire impossible) la coordination de politiques au sein des pays de la zone. En revanche, la dollarisation est fonctionnelle à la constitution de l'ALCA et la renforce.

Un autre point soulevé dans le texte de G. Calvo et F. Mishkin concerne la flexibilité des salaires et rejoint l'approche standard d'ajustement par les prix mais sans la développer. Un travail de D. Rodrik s'intéresse plus particulièrement à ce point qui revêt une très grande importance dans notre problématique puisqu'il lie le régime de change et l'insécurité économique.

Régime de change et insécurité économique

Dans son article (sur lequel nous reviendrons par la suite), D. Rodrik reprend les travaux de Hausmann et Gavin (1996) montrant que les pays ayant un régime de change flexible ont connu une volatilité moindre du PIB que les pays ayant un régime de change fixe. La flexibilité du change permet, selon les auteurs, d'éviter les crises monétaires et isole mieux que le change fixe des chocs réels à travers une dépréciation monétaire rapide (en cas de basse productivité dans les secteurs échangeables ou de la relation des

[1] Voir [Calcagno et Manuelito, 2001].

[2] L'école régulationniste traite également de cette question importante en ajoutant aux considérations monétaire et économique, une forte dimension symbolique. Selon J. Marques-Pereira (1999, p. 133-134) «l'assise monétaire de la légitimité politique est une question plutôt absente des sciences sociales. Marx avant compris l'empire de l'argent au plan symbolique au moment même où il commençait d'affirmer sa vocation à dominer l'ensemble de la vie sociale et il en théorisera le rôle dans le rapport salarial.». En 2003, le même auteur note que «l'expression monétaire des rapports marchands et leurs justifications respectives vont de pair avec leur énonciation juridique qui fonde la forme Etat de la communauté instituée. Ce que Simmel nommait de "provinces de la vie sociale" - la monnaie, le droit, l'intellectualité – lui a fait percevoir au tournant du siècle passé que la représentation des droits individuels prime dans la société capitaliste sur la figure monétaire d'une communauté de paiements. La souveraineté monétaire procède, en ce sens, d'une représentation du tout social qui en rationalise la hiérarchie interne. L'institution de la garantie publique du prêteur en dernier ressort quand s'invente la distinction moderne entre privé et public fait perdre à la monnaie le rôle de représentation primordiale de la totalité sociale qu'elle avait depuis l'âge des sociétés dites simples [...]La finance privée ordonne la comptabilité des prix quand elle soumet à son jugement la convertibilité de la monnaie nationale et l'énonciation de la valeur des actifs, mettant ainsi en concurrence les salariés et tout receveur d'ordre sur le marché. Ce jugement est une évaluation (une spéculation) sur les besoins à venir de financement externe de l'économie nationale. Il est la contrepartie symbolique de la justification de l'autonomie juridique des banques centrales : les opérations financières ne sont qu'une cession de droits de propriété à leur valeur marchande, transaction dont le règlement est une affaire privée. Ce n'est pas là pour autant ni un phénomène purement économique, ni une simple agrégation de volontés individuelles.» [Marques-Pereira, 2003, p. 48] Voir également [Théret, 1998], [Calcagno et Calcagno, 2001]

termes de l'échange). Cette approche qui voit dans la dévaluation une solution certes pas optimale dans tous les cas mais à ne pas écarter systématiquement va à l'encontre de la vision exposée plus haut[1].

Cependant comme le souligne Rodrik «la mobilité et les flux de capitaux durant les années 1990 ont miné la capacité du régime de change flexible de jouer sa fonction stabilisatrice» [Rodrik, 2001, p. 23] En se basant sur une étude de Gavin (1999), il indique qu'au lieu de recourir à la dépréciation du taux de change réel comme un moyen d'impulser l'économie réelle, les gouvernements latino-américains durant les années 1990 ont opté pour des politiques monétaires restrictives pour éviter toute dévaluation. Ainsi, la politique de change s'est désarticulée des nécessités de l'économie réelle et a favorisé le maintient des flux de capitaux à court-terme et la confiance des marchés financiers.

Le régime de croissance et la politique économique de ces pays semblent donc suggérer que ce sont de plus en plus les flux financiers qui déterminent le taux de change qui a entraîné une appréciation de celui-ci pénalisant d'autant les exportations de ces pays.

Cette vision s'oppose à l'approche standard défendue par les institutions internationales notamment le FMI[2] mais à travers un modèle théorique simple (2 biens échangeables, un bien non-échangeable en économie ouverte), Rodrik montre que les effets distributifs des chocs de productivité sont accrus : « La rigidité salariale combinée avec des taux de change fixe provoque non seulement des résultats non efficaces (en terme de chômage qui augmente) mais aussi dans une plus grande dispersion des résultats distributifs». En revanche, avec un taux de change flexible, les effets observés ci-dessus peuvent être compenser grâce à une dépréciation du taux de change nominal de manière à rétablir les coûts unitaires de la main d'œuvre.

Rodrik introduit une idée intéressante qui lie le choix du régime de change (et d'un certain nombres d'autres éléments de politique économique) à la volatilité macro-économique et à l'insécurité économique, au chômage et à la variation des salaires[3]. Notons pour le moment que, concernant le régime de change et son incidence sur la volatilité macro-économique, les débats théoriques trouvent tous une résonance dans le cas du Mercosur depuis sa création en 1991.

---

[1] Comme ce fut le cas en Europe en 1992. La Grande-Bretagne, l'Italie réussirent mieux que la France.

[2] Si on veut encore se convaincre de l'opposition entre ce modèle et l'approche standard: Cf. S. Tenreyro et M Tommasi, 2001: Comments on Dani Rodrik's "Why is there so much economic insecurity in Latin America?" site internet http://www.fgys.org/pdf/DT%2047.pdf.

[3] Nous reprendrons cette idée plus tard dans notre raisonnement (Chapitre 6).

La caractérisation des différents régimes de croissance est intéressante car elle souligne la différence et la divergence entre le Brésil et l'Argentine.

Est-ce que cette différence (au-delà des explications en terme d'histoire économique sur laquelle nous reviendrons) ne pourrait pas s'expliquer par la capacité et la vitesse de réaction /adaptation des économies aux chocs externes mais plus spécifiquement à la capacité/vitesse de réaction/adaptation du secteur réel face à des variations très fortes du secteur financier ? Les problèmes d'asymétrie entre pays du Mercosur compliquent encore un peu plus la situation du Mercosur en tant que bloc régional.

L'Argentine semble bien moins modernisée/avancée que le Brésil dans son secteur financier (comme nous l'étudierons avec les indices de réformes financières où le Brésil atteint un niveau supérieur qu'en Argentine). On peut alors se demander si les canaux de transmission entre secteurs financier et réel n'auraient pas des débits structurellement différents pouvant ainsi expliquer des goulots d'étranglements et des crises ouvertes en Argentine[1].

Nous avons établi les caractéristiques des régimes de croissance avec le couple volatilité-taux de croissance. Nous avons évoqué les hypothèses quant à l'origine de cette volatilité du taux de croissance et le niveau de la croissance via la libéralisation, la *démercosurisation* et le décalage des régimes de change.

Dans le Chapitre suivant, nous allons tester ces hypothèses (régime de change fixe, ouverture vis-à-vis du Mercosur et indicateur de globalisation commerciale, flux de capitaux et dépendance financière, politique monétaire et utilisation des IDE pour une politique industrielle) par l'intermédiaire d'une étude économétrique.

[1] La thèse de la modernisation et du développement du secteur financier comme amortisseur aux crises est souvent évoqué par des économistes de la BID (Caballero, Haussman-Gavin) et nous testerons cette hypothèse dans la section suivante.

Chapitre 4

Origines de la volatilité et caractérisations : Les termes du débat et une étude économétrique du Mercosur 1976-2001

Nous avons discuté au chapitre 2 le fait que - selon ses défenseurs- l'intégration régionale ouverte doive entraîner une plus forte croissance et stabilité et donc une volatilité faible et une croissance forte pour l'ensemble des pays du Mercosur.

Dans la partie précédente, les premières études statistiques que nous avons réalisées sur le sujet montrent des résultats pour le moins en contradiction avec les résultats supposés par la théorie. L'Argentine a connu une volatilité forte et même plus forte durant l'existence du Mercosur et des taux de croissance également forts (positifs comme négatifs). Le Brésil - pour sa part- connaît actuellement une phase de volatilité, il est vrai, plus faible que durant les années 1980 et début 1990 mais avec des taux de croissance faibles voire très faibles.

L'objet de cette partie est donc d'expliquer l'origine de la volatilité du taux de croissance du PIB réel à travers des confirmations économétriques et statistiques. Un intérêt particulier sera accordé au régime de change, à l'ouverture commerciale (régionale et hors-Mercosur) et aux flux de capitaux. Nous confronterons également les deux sous-groupes au sein du Mercosur (Brésil et Paraguay d'une part et Argentine-Uruguay d'autre part).

1. Volatilité macro-économique en Amérique latine : Les études existantes et les termes du débat :

Une étude de la volatilité sur la période 1970-1992

Les études en 1995-1996 de Hausmann et Gavin menées au sein de la BID sont remarquables en ce sens qu'elles tentaient - au sortir de la crise mexicaine fin 1994- de mettre en lumière les causes, l'ampleur et les conséquences de la volatilité macro-économique non seulement en termes de taux de croissance du PIB réel mais également de croissance de la consommation, de croissance de l'investissement public, de la variation du taux de change réel et du taux d'inflation annuelle[1]. Nous présenterons ici plus particulièrement les éléments de l'analyse ayant trait à la volatilité du taux de croissance du PIB réel en évoquant plus rapidement les autres éléments étudiés par Hausmann et Gavin.

Les auteurs du rapport présentent en premier point les différentes études qui ont portées sur la volatilité en résumant de quelle volatilité il s'agit et quels sont les principaux résultats obtenus par ces analyses.

Tableau 8 : Précédentes études concernant la relation volatilité macro-économique /croissance

Etudes	Mesure de la volatilité	Effet estimé de la volatilité sur la croissance économique
Hausmann (1995)	Termes de l'échange	croissance économique faible
Mendoza (1994)	Termes de l'échange	croissance économique faible
Ramey et Ramey (1994)	PIB réel	croissance économique faible
Zarnowitz et Moore (1986)	PIB réel	Des périodes de croissance économique rapide aux Etats-Unis sont associées à une volatilité du PIB réel faible
Kormendi et Menguire (1985)	PIB réel et politique monétaire	croissance économique faible; la volatilité du PIB réel est associée à une croissance plus rapide
Collins (1994)	Taux de change réel	croissance économique réduite
Westley (1994)	Taux de change réel	pas statistiquement significatif sur la croissance
McLeod et Welch (1993)	Taux de change réel	Dans les études de séries chronologiques de l'Argentine, Brésil, Colombie, Chili, Mexique et Venezuela, des dummies pour la variance du Taux de change réel ont affecté négativement le taux annuel de croissance de la production dans chaque pays
Dollar (1992)	Taux de change réel	croissance économique réduite
Cottani, Cavallo et Kahn (1990)	Taux de change réel	croissance économique réduite
Easterly et Wetzel (1989)	Taux de change réel	pas un facteur statistiquement significatif de la croissance
Edwards (1989)	Taux de change réel	croissance économique réduite durant la période 1978-1985 mais pas durant 1965-1971
Aizenman et Marion (1993)	Mesures de politiques monétaire et fiscale	une croissance économique faible

Source: [BID, 1995, p. 250]

[1] Ces travaux serviront de base pour d'autres auteurs tels que Rodrik ou plus récemment encore la BID dans son nouveau rapport sur le développement économique et social 2002 [BID, 2002, p. 162-185].

Certains commentaires sur les études sur la volatilité s'imposent. Ces études concernent la relation volatilité/croissance. La relation croissance/volatilité n'est évoquée que marginalement dans l'étude et elle est pourtant fondamentale selon nous car l'étude de cette relation affirme l'importance des caractéristiques des régimes de croissance (qualité de la croissance). Nous remarquons qu'elles sont peu nombreuses (en 1995) alors qu'aujourd'hui ces études sont innombrables. La volatilité augmentant, elle interroge les économistes. Cependant les études de cette époque concernent principalement la volatilité du taux de change réel en raison sans doute des expériences de dévaluation en Amérique latine durant les années 1980 et le début des années 1990. Ce tableau récapitulatif mentionne même une étude de Cottani, Cavallo et Kahn (1990) dont l'un des trois coauteurs n'est autre que D. Cavallo ministre de l'économie sous la présidence Menem puis de nouveau en 2001. Il est considéré comme le père du Plan de Convertibilité et ce travail a été publié juste avant l'établissement du currency board en Argentine. Une des conclusions de cet article est que la volatilité du taux de change réel affecte négativement la croissance économique. Ainsi, l'établissement d'une Convertibilité annulerait la volatilité du taux de change réel et permettrait une croissance plus forte et plus stable. Ce scénario n'a pas duré. On retiendra des autres études concernant la volatilité du taux de croissance du PIB, que cette dernière est associée avec une croissance économique réduite. Il est important de souligner que ces études portent sur la période 1970-1992. La base de données utilisées est celle de Barro (1991) actualisée pour 1991 et 1992. Les deux auteurs soulignent tout d'abord le caractère volatile de l'Amérique latine prise dans son ensemble (Mexique inclus) par rapport aux autres zones du monde (économies industrialisées (non latino-américaines), économies asiatiques encore appelées "miracle asiatique", l'Asie du sud-est, l'Afrique Sub-Saharienne ou encore le Moyen-Orient et l'Afrique du Nord). Ils notent en première analyse que l'Amérique latine est plus de deux fois plus volatile (2,51 fois soit 125,5% de plus) en terme de taux de variation du PIB réel que les économies du Centre mais aussi que les autres régions du monde[2].

Toujours sur cette même période 1970-1992, les économies latino-américaines connaissent 2,7 fois plus de récessions[3] que les pays du Centre et d'une durée moyenne de 1,9 années contre 1,3 années dans le Centre (soit près de 50% plus longue).

Après avoir souligné la spécificité latino-américaine en la matière, les auteurs s'interrogent sur les origines de cette volatilité macro-économique et notamment celle du taux de croissance du PIB réel. Ils entendent proposer une vision intermédiaire entre deux approches concernant ce sujet. D'une

---

[2] Voir [Hausmann et Gavin, 1995, p. 192]

[3] Les auteurs définissant une récession comme une période durant laquelle le PIB réel diminue. Si le PIB réel diminue durant 3 années consécutives, cela ne constituera qu'un seul événement récessif suivant leur définition.

part, certains économistes soutiennent que la volatilité provient uniquement de facteurs externes (variation des termes de l'échange ou des flux de capitaux) tandis que d'autres tels G. Calvo et F Mishkin envisagent des facteurs internes (politique monétaire ou fiscale de chaque pays) comme étant plus capables d'expliquer la volatilité macro-économique. A ces deux conceptions, Hausmann et Gavin vont tenter - par l'intermédiaire d'une étude économétrique poussée- d'évaluer le poids de chacun de ces éléments dans l'explication de la volatilité[4]. Ils conservent la distinction entre facteurs internes et externes afin de pouvoir proposer pour chacun d'entre eux des réponses spécifiques (stabilisation des politiques dans le cas de facteurs internes et politiques visant à réduire la vulnérabilité des économies mais surtout améliorer la capacité d'absorption de ces chocs externes).

L'équation testée par la méthode des Moindres Carrés Ordinaires (MCO) en données de panel est la suivante :

$$Volgdp = C_0 + C_1 Polmon + C_2 Polfisc + C_3 Tot + C_4 Fluxcap + C_5 Coups + C_6 Finance + C_7 Change$$

Les résultats des régressions sont reportés dans le tableau ci-dessous.

Tableau 9 : Facteurs explicatifs de la volatilité du PIB réel 1970-1992

	(1)	(2)	(3)	(4)	(5)
Volatilité politique monétaire *Polmon*	0,00594 (2.5)		0.00545 (2.8)	0.00130 (0.6)	0.00147 (0.8)
Volatilité politique fiscale *polfisc*	0.1258 (3)		0.0776 (0.9)	0.0245 (0.3)	
Volatilité des termes de l'échange *TOT*		0.1086 (4.2)	0.1197 (4.2)	0.0594 (2.2)	0.0667 (3.0)
Volatilité des flux de capitaux *FLUXCAP*		0.1764 (2.5)	0.1502 (2.2)	0.1052 (1.7)	0.1112 (1.9)
Nombre de coups d'Etat et de révolutions *coups*				0.0129 (1.7)	0.0132 (1.7)
Profondeur/développement financier *FINANCE*				-0.0091 (-2.4)	-0.00915 (-2.5)
Taux de change fixe *CHANGE*				0.0173 (3.1)	0.0164 (3.3)
Nombre d'observations (N)	128	111	107	93	94
R^2 ajusté	0.1164	0.2768	0.3426	0.4489	0.4648

Source: [BID, 1995, p.255]

Note: entre parenthèse : t-stat. Variable dépendante : ecart-type du taux de croissance du PIB réel sur la période 1970-1992.

[4] Nous reviendrons plus tard sur cette dichotomie facteurs externes/facteurs internes car selon nous elle est, dans le cas latino-américain mais plus spécialement dans le cas argentin, plus que réductrice et biaisé. En effet, lors de la présidence de C. Menem (1989-1999) l'Argentine disposait de sa politique économique et monétaire de façon souveraine (régime démocratiquement élu, élections validées...) mais au regard des actions politique, économique ou monétaire et plus encore des "relations charnelles entre l'Argentine et les Etats-Unis", il apparaît que la situation est moins tranchée qu'il n'y parait.

La spécification (1) du modèle indique que la volatilité des politiques monétaire et fiscale (facteurs internes) est positivement corrélée avec la volatilité du PIB, expliquant 12% de la volatilité du PIB.

La spécification (2) montre que les chocs externes (termes de l'échange et flux de capitaux) sont également positivement corrélés avec la volatilité du PIB et expliquent une part plus importante (27% au lieu de 12%) de la volatilité du PIB. Il semble donc que les facteurs externes expliquent plus la volatilité du PIB que les facteurs internes.

Le modèle (3) reprend les facteurs internes et externes qui expliquent plus du tiers de la volatilité du PIB.

Les deux dernières spécifications du modèle (4) et (5) comportent des variables qui représentent le degré d'instabilité politique, le développement financier et le régime du taux de change réel. Le rôle du développement des marchés financiers est interprété comme permettant d'absorber les chocs ("*shock absorber*"[5]) en raison du signe négatif de son coefficient estimé (-0,0091 et -0,0915 respectivement).

L'instabilité politique mesurée en terme de nombre de coups d'Etat ou de révolution joue en revanche dans le même sens que la volatilité du PIB.

Une dernière variable (Taux de change fixe) est très importante pour notre analyse des pays du Cône Sud américain. En effet, les résultats indiquent que des taux de change fixes sont associés à la volatilité du taux de croissance du PIB réel[6]. La période couverte par l'étude de Hausmann et Gavin s'achevant en 1992 ne peut conclure sur le cas de l'Argentine durant le Plan de Convertibilité (1991-2002) ou dans une moindre mesure du cas brésilien (1994-1999). Notons toutefois que sur la période concernée par l'étude, le taux de change jouerait le rôle d' «*absorbeur de choc*» mais uniquement s'il est flexible. En cas de fixité, d'autres variables devront supporter les chocs - notamment la volatilité du taux de croissance du PIB réel. Cela pourrait expliquer pourquoi l'Argentine et l'Uruguay ont été tellement durement frappés par la volatilité macro-économique à la fin de la décennie 1990. Le Brésil qui a brisé la fixité de sa parité avec le dollar US en 1999 aurait ainsi gagné en capacité à tempérer les chocs externes.

Récapitulons les résultats de Hausmann et Gavin en rappelant les trois facteurs qui jouent un rôle statistiquement significatif dans l'explication de la volatilité du taux de croissance du PIB réel :

- Concernant les facteurs internes : l'instabilité politique engendre une volatilité supérieure du PIB alors qu'un développement des systèmes financiers la réduit ;

---

[5] Nous avons déjà évoqué cette idée qui est reprise dans de nombreuses études plus récentes comme R. Caballero, (2001), Hausmann, G. Calvo ou BID 2003. Un approfondissement et une modernisation des marchés financiers seraient ainsi un moyen de renforcer la capacité des économies à combattre les effets des chocs externes.

[6] Voir partie précédente.

- Concernant les facteurs externes : Termes de l'échange et flux de capitaux accroissent significativement la volatilité du PIB ;
- Le choix d'un régime de change fixe accroît la volatilité du PIB.

Si ces effets sont significatifs dans le cas de l'Amérique latine, les auteurs s'interrogent sur la spécificité des résultats obtenus dans cette zone par rapport aux pays du Centre et le poids de chacun de ces éléments explicatifs.

Tableau 10 : Ventilation de la différence de volatilité du PIB réel entre Amérique latine et pays du Centre (en %)

	Différence (% par rapport aux pays industrialisés)	% de différence par rapport au total (1)
Différence de volatilité du PIB	125,5 (1)	100,0
Différence due à:		
Politique monétaire	22,5	17,9
Termes de l'échange	12	9,7
Volatilité des flux de capitaux	9	7,2
Instabilité politique	16,5	13,2
Profondeur financière	25,5	20,3
Fixité de régimes de change	31,5	25,2
Non-expliqué	8	6,5

Source: Elaboration de l'auteur d'après [BID, 1995, p. 216]

Note: La première colonne (différence réelle) indique la décomposition des 125,5% de différence (2,51 fois) avec les pays industrialisés. La deuxième colonne indique la part de chacun de ces facteurs dans le Total. Soit pour la politique monétaire : 22,5/125,5=17.9%.

L'Amérique latine est 125,5% plus volatile en terme de PIB réel que les pays du Centre mais la décomposition proposée est instructive même si elle ne concerne que la période 1970-1992 et regroupe un très grand nombre de pays très hétérogènes. La fixité des régimes de change expliquerait ainsi environ 25,5% de cette différence. L'instabilité politique expliquerait 13,2% tandis que le poids de profondeur financière représente 20,4% de la différence avec les pays du Centre. La politique monétaire et les flux de capitaux expliquent respectivement 17,9% et 7,2% de la volatilité supplémentaire.

Pour conclure, les auteurs soulignent que ce qui fait la spécificité de l'Amérique latine dans la détermination de la volatilité du PIB réel réside dans une moindre sensibilité aux termes de l'échange et à la politique monétaire et une sensibilité accrue à la volatilité des flux de capitaux étrangers [BID, 1995, p.217]. Après avoir donné des pistes concernant l'origine de la volatilité macro-économique en Amérique latine, Hausmann et Gavin s'attachent à montrer les coûts occasionnés par la volatilité macro-économique en les testant économétriquement[7] (Voir encadré).

Encadré 4 : Les divers effets de la volatilité macro-économique en Amérique latine étudiés dans Hausmann-Gavin (1995)

- La volatilité macro-économique a un effet négatif et statistiquement significatif sur la croissance.
- La volatilité entraîne une croissance dans la production moindre, maintenant constante l'accumulation de capital physique et humain et ainsi sur la productivité
- Une volatilité macro-économique accrue a pour conséquence d'augmenter le risque et de décourager l'investissement productif et cela d'autant plus que l'on se trouve dans un régime d'accumulation à dominante financière.
- Le système financier est également affaibli
- Education
- Distribution des revenus
- Pauvreté

Source: [BID, 1995, p. 195 et suiv.]

Afin de pallier la volatilité macro-économique, et ainsi éviter les conséquences et les effets de celle-ci, des solutions proposées par Hausmann et Gavin (1995) méritent d'être brièvement mentionnées avant d'être reprises dans le cours de notre étude .

Certaines solutions, comme la diversification de la production, la création et l'alimentation d'un fonds de stabilisation en période favorable, le renforcement des institutions comme agents de régulation, des politiques monétaires et budgétaires crédibles et adaptées nous paraissent acceptables. La diversification des exportations est notamment envisagée à travers le processus d'intégration régional [BID, 1995, p 220-221], confortant notre idée que le Mercosur peut jouer un rôle positif dans l'amélioration de la volatilité macro-économique et même du mode d'insertion dans l'économie mondiale. La structure des exportations indique que près de 50% des biens exportés sont des produits alimentaires et issus de ressources naturelles en Argentine contre tout de même 25 à 30 % au Brésil.

Dans le cas de l'Argentine, il semble que le caractère d'économie agro-exportatrice qui était censé avoir été dépassé par la période d'ISI perdure en 2000 ou plutôt se retrouve à travers le phénomène de *reprimarisation*[8].

[7] Nous ne présentons ici que les effets de la volatilité qui sont testés et les principales conclusions de ces analyses. Nous reviendrons sur certains de ces résultats plus avant dans notre exposé.

[8] Voir Chapitre 1.

D'autres pistes ouvertes par ces auteurs nous paraissent - quant à elles- plus questionnables. Ainsi, même si R. Hausmann est récemment quelque peu revenu sur la question, la proposition de dollariser les économies pour réduire la volatilité (via la crédibilité de cette monnaie), de privatiser afin de diversifier la propriété et ainsi accroître l'efficacité ou encore les espoirs immodérés placés dans l'ouverture économique et le commerce nous semblent plus critiquables. Notons ainsi que lorsqu'ils évoquent les expériences d'intégration régionale (Mercosur, MCCA ou Groupe Andin) ils rejettent tout développement orienté vers l 'intérieur de la zone ("desarrollo hacia adentro"). Les politiques de protectionnisme extra-régional provoqueraient une baisse de la diversification des exportations (augmentant par-là même la volatilité des revenus issus des exportations[9]). Selon eux, «la diversification peut être promue par l'ouverture commerciale [open trade] et des régimes d'investissements afin d'obtenir de bons résultats» [BID, 1995, p. 221], exprimant ainsi une vision optimiste du Régionalisme Ouvert.

Cette vaste étude qui possède l'avantage d'être spécifiquement dédiée aux pays d'Amérique latine a constitué la base à de nombreuses autres études plus récentes comme celle de D. Rodrik en 2001 dont nous allons maintenant présenter la méthodologie et les principales conclusions. Le rapport et les analyses de la BID publié en 1996 par Hausmann et Gavin contiennent bien des enseignements et des méthodologies pertinentes. Cependant, la période étudiée, la base de données anciennes, la taille de l'échantillon qui traite l'Amérique latine dans sa totalité (en agrégeant dans les données de panel des pays exportateurs de pétrole, des pays industrialisés, des paradis fiscaux ou des pays exportateurs de matières premières ou agro-industrielles), la spécificité des pays du Cône Sud-américain et les nombreuses crises qui ont eu lieu depuis 1995 méritent que nous actualisions et recentrions l'étude de la volatilité sur notre problématique dans le cas spécifique du Mercosur.

Un rapprochement volatilité macro-économique / insécurité économique

D. Rodrik[10] reprend la distinction faite par Hausmann et Gavin concernant les facteurs internes (politique monétaire et les régimes de change) et externes (termes de l'échange et flux de capitaux) explicatifs de la volatilité du taux de croissance du PIB. Son analyse tente de comparer le poids des flux de capitaux dans la volatilité macro-économique entre les décennies 1980 et 1990. Pour ce faire, il a recours à une analyse en données de panel[11] à partir d'une régression de l'équation :

---

[9] Ce sont là les arguments bien connus de la théorie de la «rent-seeking» (recherche de rente) et de la théorie du commerce international de la déviation de commerce due à des barrières douanières.

[10] Nous avons déjà mobilisé cet article au chapitre précédent Section 2.

[11] En éliminant de son échantillon quatre pays : Suriname, Panama, Bahamas et Nicaragua qui connaissent des flux de capitaux extrêmement volatiles et sont relativement petits.

$Volgdp = C_0 + C_1 Pib + C_2 VOLM1 + C_3 VolTOT + C_4 FLUXCAP + C_5 FINANCE + C_6 dummy90$

Cette régression en données de panel utilise deux observations par pays: Une pour les années 1980 et une pour les années 1990[12].

Tableau 11 :Déterminants de la volatilité du PIB en Amérique latine en données de panel

	(1)	(2)	(3)	(4)
Constante	0,087* (0,029)	0,067* (0,019)	0,044 (0,031)	0,079* (0,024)
Log des revenus par tête *PIB*	-0,009** (0,004)	-0,006** (0,003)	-0,003 (0,005)	-0,009** (0,003)
Volatilité de la politique monétaire (ecart type de la croissance de M1) *VOLM1*	0,011*** (0,006)	0,010*** (0,005)	0,012 (0,007)	0,003 (0,009
Volatilité des termes de l'échange *volTOT*	-0,049 (0,112)			
Volatilité des flux bruts de capitaux privés *FLUXCAP*	0,505* (0,130)	0,454* (0,099)	0,419* (0,177)	0,509* (0,127)
Profondeur/développment du secteur financier (M2/PNB) *FINANCE*	0,0000 (0,0003)			
Dummy pour les années 1990 (donnée 1990=1 et donnée 1980=0) *dummy90*	-0,010** (0,005)	-0,010** (0,004)		
Période couverte	Années 1980 Années 1990	Années 1980 Années 1990	Années 1980	Années 1990
Nombre d'observations	36	44	22	22
R^2 ajusté	0,39	0,41	0,16	0,46

Source: [Rodrik, 2001]. Notes: * significatif à 1%; ** significatif à 5%; *** significatif à 10%; Entre parenthèses : erreur standard (et non les t-stat comme précédemment)

Rappelons les principaux résultats. D. Rodrik souhaite savoir si le poids de la volatilité des flux de capitaux privés a été plus important dans la volatilité macro-économique dans les années 1990 par rapport aux années 1980. Il étudie dans les deux premiers modèles l'ensemble de la période 1980-1990 pour ensuite isoler chacune des décennies dans les modèles (3) et (4).

Dans la première colonne (1), la régression concerne les deux décennies 1980 et 1990. Toutes les variables sont significatives à l'exception de la

[12] Nous n'avons pas d'information sur ces deux données par pays et si ce sont des moyennes. Lors de la rédaction de l'article, 1999 ou 2000, l'auteur ne disposait des données jusqu'à 1998.

volatilité des termes de l'échange et de la financiarisation de l'économie. La volatilité des flux de capitaux est significative à 1% alors que les conditions monétaires ne le sont qu'à 10%. Le variable fictive pour les années 1990 (*dummy90*) et le revenu par tête sont significatifs mais avec un signe négatif. La significativité de la variable dummy90 confirme la différence entre les deux décennies étudiées. La deuxième spécification du modèle (2) élimine les variables non-significatives et conforte les résultats trouvés par l'auteur dans le premier modèle, notamment le poids des flux de capitaux dans la volatilité du taux de croissance du PIB.

Les deux dernières colonnes concernent respectivement les années 1980 et 1990 et si les flux de capitaux restent significatifs, ils ne le sont qu'à 5% durant les années 1980 contre 1% durant les années 1990 et avec un coefficient fort. Ces flux de capitaux expliqueraient près de 50% de la volatilité durant la précédente décennie contre environ 20% durant les années 1980.

L'auteur fait ensuite la distinction entre différentes configurations du couple volatilité du PIB/volatilité des flux de capitaux selon les pays. Il conclut que l'Argentine et le Venezuela ont connu des risques très élevés en terme de volatilité des flux de capitaux (et par conséquent avec des niveaux de volatilité macro-économique élevés) alors que le Brésil, le Chili et la Colombie ont mieux régulé les flux de capitaux et par conséquent connaissent des niveaux de volatilité macro-économique plus faibles.

D. Rodrik s'interroge enfin sur la causalité entre la volatilité du taux de croissance du PIB et la volatilité des flux de capitaux en se demandant si ce ne serait pas plutôt la volatilité du taux de croissance qui expliquerait la volatilité des flux de capitaux. En effet, il est courant de considérer que les capitaux se placent dans tel ou tel pays en fonction des résultats des fondamentaux macro-économiques. Toutefois, l'auteur soutient que «les résultats indiquent que les flux de capitaux, parce qu'ils sont très sensibles à d'autres perturbations, pourraient les accentuer encore plus. Ainsi, les pays très ouverts aux flux de capitaux privés peuvent souffrir d'une volatilité supplémentaire générée par l'arrêt de ces flux. » [Rodrik, 2001]. Le modèle présenté soutient qu'en cas d'ouverture de l'économie aux capitaux étrangers, le risque macro-économique dû aux flux de capitaux se reporte vers les facteurs de production nationaux -dont le travail- qui ne sont pas (ou moins) mobiles au niveau international[13].

L'article de D. Rodrik est riche et nous serons amenés à utiliser d'autres éléments qu'il y développe plus tard dans notre analyse. Notons toutefois que même s'il traite de données plus récentes (jusqu'à 1998) prenant donc en compte la spécificité des années 1990 (ouverture et afflux de capitaux étrangers), il ne discute à aucun moment de l'option régionale et conserve la

[13] D. Rodrik se base pour donner ce résultat sur une analyse théorique qu'il présente également dans cet article mais qui est repris de son ouvrage [Rodrik, 1997].

dichotomie facteurs explicatifs internes/facteurs explicatifs externes sans s'interroger sur cette distinction. Cet article et certains autres éléments ont néanmoins l'immense intérêt de fournir une tentative de lien entre volatilité macro-économique et vulnérabilité sociale c'est-à-dire les conséquences sociales de la volatilité macro-économique[14].

Forts de ces enseignements nous allons réaliser une étude statistique qui sera spécifiquement consacrée au Mercosur sur la période 1976-2001.

2. Notre étude économétrique des déterminants de la volatilité macro-économiques du Mercosur (1976-2001)

Présentation des variables et tests de stationnarité des séries :

Le tableau ci-dessous indique les variables qui seront utilisées dans cette étude économétrique.

Tableau 12 : Variables utilisées dans cette étude, descriptions, disponibilités et sources

Nom de la variable	Description	disponibilité des données par pays	source
DUMMYARG	Variable muette permettant de singulariser l'Argentine dans le panel. La variable prend la valeur 1 pour l'Argentine et 0 sinon.	Arg, Bré, Par, Uru 1960-2002	
DUMMYBRA	Variable muette permettant de singulariser l'Argentine dans le panel La variable prend la valeur 1 pour le Brésil et 0 sinon.		
DUMMYMER	Variable muette permettant de singulariser les années Mercosur (1991-2002) dans le panel. La variable prend la valeur 1 pour les années 1991 à 2002 et 0 sinon.		
REGIMECHANGE	Variable muette permettant de singulariser les années pendant lesquelles le régime de change était fixe de celles pendant lesquelles il était flexible La variable prend la valeur 1 pour un régime fixe et 0 sinon (flexible)	Arg, Bré, Par, Uru:1960-2002	IFS FMI et [Rojas-Suarez, 2003, p. 125]
VOLPIB	Variation de la volatilité du taux de croissance du PIB réel	Arg, Bré, Par, Uru: 1965-2002	Banque Mondiale et Cepal
VOLM1	Variation de la volatilité du taux de croissance de M1 (sauf pour Paraguay et Uruguay avec un concept équivalent en raison de l'absence de séries longues avec M1) (en millions de USD). Ces données ne prennent pas en compte les devises étrangères.Cette variable s'interprète comme la politique monétaire menée. Voir Hausmann et Gavin (1995) et Rodrik(2001)	Arg:1971-2002 Bré:1965-2001 Par:1965-2001 Uru:1965-2001	IFS FMI et Cepal BS As et IPEA
FLUXCAP	Variation des flux de capitaux (balance compte courant + réserves internationales) méthodologie de [Calvo, 2002]	Arg:1977-2001 Bré:1976-2001	IFS FMI

[14] Cette étude sera l'objet du chapitre 6 section 1.

		Par:1976-2001 Uru:1979-2001	
BALCOURANTE	Variation du taux de croissance de la balance de compte courant	Arg:1977-2001 Bré:1976-2001 Par:1976-2001 Uru:1979-2001)	IFS FMI
IDE	Taux de croissance du ratio IDE/GDP en millions de USD	Arg:1971-2002 Bré:1971-2002 Par:1971-2001 Uru:1978-2001	WB, CEPAL
RESERVES	Variation du taux de croissance des réserves internationales (en millions de USD) Indicateur de Politique monétaire	Arg, Bré, Par, Uru:196-2001	IFS FMI
OUVMERCOSUR	Variation du taux d'ouverture régional (Mercosur) (Xi mer+Mi mer)/GDPi pays en millions de USD données BADECEL-Cepal Indicateur Mercosur	Arg, Bré, Par, Uru:1971-2001	CEPAL-BADECEL, DOTS FMI
OUVRDM	Variation du taux d'ouverture du Reste du Monde (RDM) (Xi rdm+Mi rdm)/GDP i en millions de USD données BADECEL-Cepal Indicateur de globalisation commerciale	Arg, Bré, Par, Uru:1971-2001	CEPAL-BADECEL, DOTS FMI
TOT	Variation des termes de l'échange	Arg:1963-2002 Bré:1961-2002 Par:1961-2002 Uru:1966-2002	Banque Mondiale, CEPAL
CHANGE	Variation des taux de change des monnaies nationales par rapport au USD. Une augmentation indique une dépréciation/dévaluation et une baisse indique une appréciation. Nous utilisons cette variable comme variable de contrôle du régime de change: Si cette variable varie c'est que le taux de change n'est pas fixe	Arg, Bré, Par, Uru:1961-2002	IFS FMI
INTERET	Variation du taux d'intérêt (marché monétaire pour Argentine et Brésil; discount rate pour Paraguay et Uruguay) Cette variable s'interprète comme la variation de la politique monétaire.	Arg:1979-2002 Bré:1982-2002 Par:1982-2001 Uru:1989-2001	IFS FMI
TXOUV	Variation du taux d'ouverture de l'économie : (Xi totale+Mi totale)/GDPi en millions de USD	Arg:1968-2001 Bré:1966-2001 Par:1961-2001 Uru: 1961-2001	IFS FMI, CEPAL
VOLFBCF	Volatilité (4années) du taux de croissance de la Formation Brute de capital Fixe	Arg:1962-2001 Bré:1967-2001 Par:1964-2001 Uru:1962-2001	IFS FMI, CEPAL
FINANCE	Volatilité (2 années) du taux de croissance du ratio M2i/GDPi. Cette variable caractérise la profondeur financière ou le niveau de financiarisation de l'économie (cf. HG et Rodrik)	Arg:1963-2002 Bré: 1963-2002 Par:1987-2001 Uru:1974-2001	IFS FMI, CEPAL, INDEC, IPEA

Source: Elaboration de l'auteur.

La technique des régressions en données de panel permet de pallier l'insuffisance des données en effectuant les régressions sur plusieurs pays ou groupe de pays en même temps. Plusieurs précautions sont nécessaires avant de traiter ces régressions. En effet, pour étudier correctement -au sens économétrique- les relations entre différentes variables, celles-ci se doivent de respecter certaines contraintes [Bourbonnais, 1998, p.20] notamment celle de stationnarité et de la non auto-corrélation des erreurs[15] .

On dit d'une série chronologique qu'elle est stationnaire si elle est la réalisation d'un processus stationnaire c'est-à-dire si elle n'inclut ni tendance ni saisonnalité et plus généralement si aucun facteur (espérance, moyenne, variance ou covariance) n'évolue dans le temps [Bourbonnais, 1998, p. 215 et ss.]. Un certain nombre de tests statistiques disponibles dans les logiciels d'économétrie permet tester la stationnarité des séries chronologiques. Tel est le cas des tests Dickey-Fuller et Dickey-Fuller augmenté[16]. Ces tests permettent de déceler l'existence d'une tendance (tests de racine unitaire, *Unit Root Test* en anglais) et donc de conclure sur la stationnarité de la série considérée (ainsi que la méthode à suivre afin de la rendre stationnaire le cas échéant). Le logiciel *Eviews* que nous utilisons (mais également RATS) disposent de ces tests. Pour chaque série, il donne la valeur du test ainsi que les valeurs critiques pour différents seuils (1%, 5% et 10%) auxquelles il faut le comparer. Pour que la stationnarité soit acceptée, il faut que ce coefficient soit inférieur à la valeur critique donnée par le logiciel (ou que l'on peut retrouver dans la table correspondant à ces tests). Nous avons donc vérifié par l'application du test de *ADF* que chacune des séries chronologiques (et pour chacun des pays composant le panel soit quatre dans notre cas) composants notre échantillon en panel soient bien stationnaires. Lorsque qu'elles ne l'étaient pas pour l'ensemble de l'échantillon nous avions recours à une transformation de la série (pour l'ensemble de l'échantillon) que cela soit par le calcul d'un taux de croissance , d'une volatilité ou bien encore d'une variation de la volatilité.

Les variables avec lesquelles nous allons effectuer nos régressions correspondront à ces méthodes de calcul qui seront spécifiées plus bas individuellement.

Il n'en reste pas moins que l'ensemble des séries qui composent les variables de notre étude sont toutes stationnaires d'après les tests d'*ADF*.

---

[15] $E(\varepsilon_t^2) = \sigma_\varepsilon^2$, la variance de l'erreur est constante : Le risque de l'amplitude de l'erreur est la même quelle que soit la période (hypothèse d'homoscédasticité) si cette hypothèse n'est pas vérifiée le modèle est hétéroscédastique. On peut alors le corriger par la matrice de White [Bourbonnais, 1998, p. 20]

[16] *ADF*: *Augmented Dickey-Fuller* en anglais.

Tableau 13 : Tests de stationnarité (ADF) des variables utilisées dans l'étude économétrique

Séries	Argentine	Brésil	Paraguay	Uruguay
VOLPIB	-4.87*	-5.06*	-5.11*	-5.53*
VOLM1	-3.77*	-4.81*	-4.76*	-3.78*
FLUXCAP	-3.41**	-3.21**	-4.10*	-3.41**
BALCOURANTE	-4.30*	-3.79**	-3.62**	-3.47**
IDE	-3.52**	-4.44*	-4.00*	-3.21**(1)
RESERVES	-5.24*	-5.15*	-2.86***	-4.98*
OUVMERCOSUR	-4.89*	-4.01*	-4.19*	-4.53*
OUVRDM	-4.32*	-5.17*	-5.17*	-4.71*
TOT	-5.25*	-4.91*	-6.71*	-5.03*
CHANGE	-4.06*	-2.67***	-3.63*	-3.82*
INTERET	-3.62**	-3.45**	-2.73***	-7.47*
VOLFBCF	-3.35**	-2.80***	-3.32**	-5.02*
FINANCE	-3.60**	-2.75***	-2.82***	-2.71***

Source: Calculs de l'auteur. Logiciel Eviews.

Note: * significatif à 1%; ** significatif à 5%; *** ; significatif à 10%; (1) en remplaçant par IDE/GDP.

Nous aurons également recours au test de Durbin-Watson qui permet de détecter une éventuelle auto-corrélation des erreurs (entre valeur estimée et valeur observée). Ce test est inclus dans les régressions sous Eviews. Il doit être proche de 2 pour indiquer une présomption d'indépendance des erreurs.

De plus, ces données et les régressions seront corrigées par la Matrice de White afin de corriger l'éventuelle hétéroscédasticité[17] .

Les hypothèses à tester

Les éléments que nous souhaitons tester à travers ces régressions sont issus des hypothèses que nous avons formulées au cours des trois chapitres précédents.

Premièrement, le fil directeur de ce travail concerne la place du Mercosur comme facteur de stabilisation ou non du taux croissance du PIB réel. Une hausse de la variation du taux d'ouverture de chaque pays vis-à-vis des autres pays du Mercosur devrait ainsi aller dans le sens d'une diminution de la

[17] Voir [Bourbonnais, 1998, p.139].

volatilité macro-économique si le filet de sécurité régional (ou le Mercosur en tant qu'amortisseur de choc) est effectif. Ainsi, dans le cas de l'activation du mécanisme de défense du Mercosur (comme Régionalisme Ouvert) nous espérons un signe négatif et significatif entre l'indicateur de commerce régional (*OUVMERCOSUR*) et la volatilité du taux de croissance du PIB réel (*VOLPIB*). *A contrario*, si le coefficient est positif cela signifiera que l'augmentation de l'ouverture de chaque pays vis-à-vis du Mercosur (et donc l'approfondissement du Mercosur) explique une hausse de la volatilité macro-économique et donc la désactivation du filet de sécurité régional. Ceci constitue une originalité de notre étude puisqu'elle n'a jamais été traitée à notre connaissance. Notre questionnement concernant le Régionalisme Ouvert du Mercosur, nous amène également à supposer une relation entre les flux de capitaux et la volatilité du PIB réel comme l'ont fait les études présentées précédemment mais jamais sur le Mercosur en tant que tel et sur la période qui nous intéresse. Ainsi nous attendons une relation significativement positive entre les flux de capitaux (*FLUXCAP*) et la volatilité macro-économique (*VOLPIB*).

Nous avons déjà évoqué à de nombreuses reprises l'importance du régime de change. Aussi, en suivant les pistes de Hausmann et Gavin mais aussi Rodrik, nous souhaitons tester la relation que nous présumons positive entre le régime de change fixe (*REGIMECHANGE*) et la volatilité (*VOLPIB*). Nous utilisons également la variation du taux de change (*CHANGE*) et testons sa relation avec *VOLPIB*.

Nous intégrons dans ces régressions, d'autres variables que nous pensons explicatives telles que la politique monétaire (mesurée par la volatilité du taux de croissance de M1, *VOLM1*), la variation des termes de l'échange (*TOT*) et des variables muettes (*DUMMYARG*, *DUMMYBRA* et *DUMMYMER*[18]). Nous testerons tout d'abord l'ensemble des pays puis le Brésil et le Paraguay d'une part e l'Argentine et l'Uruguay d'autre part afin de confirmer ou infirmer les divergences que nous avons présentées plus haut.

Résultats concernant l'ensemble de l'échantillon du Mercosur (1976-2001)[19]

Nous testons l'équation présentée dans le cadre suivant.

[18] Ces dernières variables fictives permettent d'isoler soit l'Argentine, le Brésil ou les années du Mercosur dans les régressions et surtout d'évaluer si ces pays ou les années du Mercosur (1991-2002) sont significatifs dans l'explication de la volatilité macro-économique. Les résultats des tests révéleront par la suite qu'elles ne sont pas significatives. Nous les intégrons néanmoins dans certaines régressions. L'utilisation de données en panel comporte dans l'immense majorité de la littérature ce type de variables.

[19] En raison de la disponibilité des données les régressions couvrent la période 1976-2001 soit entre 96 et 97 observations en tout et une trentaine environs par pays.

$$VOLPIB = C_0 + C_1 FLUXCAP + C_2 OUVMERCOSUR + C_3 REGIMECHANGE + C_4 TOT + C_5 CHANGE + C_6 VOLM1 + C_7 DUMMYARG + C_8 DUMMYBRA + C_9 DUMMYMER$$

Les résultats sont reportés dans le tableau ci-dessous.

Tableau 14 : Résultats des régressions (ensemble des données de panel Mercosur : Argentine, Brésil, Paraguay et Uruguay)

variable Dépendante VOLPIB	Modèle 1	Modèle 2	Modèle 3	Modèle 4	Modèle 5
C	0.1073** (2.52)	0.0635 (1.25)	0.0620 (1.15)	0.1125 (0.98)	0.0790 (1.01)
DUMMYARG				-0.0531 (-0.49)	
DUMMYBRA				-0.0734 (-0.6213)	
REGIMECHANGE				0.0976 (0.89)	0.1039 (0.96)
DUMMYMER	-0.0732 (-0.74)			-0.0968 (-0.91)	-0.0961 (-0.92)
VOLM1			0.0556 (1.18)		
FLUXCAP	0.0021** (2.52)	0.0021* (3.02)	0.0018** (2.41)	0.0023** (2.27)	0.0024** (2.46)
OUVMERCOSUR	0.1704* (3.97)	0.1710* (3.82)	0.1752* (3.96)	0.1603* (3.57)	0.1613* (3.60)
TOT					-0.1172 (-0.35)
CHANGE	-0.0051*** (-1.66)		-0.0056*** (-1.87)		
R^2	0.14	0.14	0.15	0.15	0.15
N	97	97	96	97	97
Durbin-Watson	2.02	2.00	2.04	2.02	2.01

Source: Calcul de l'auteur avec le logiciel Eviews. Notes: Valeurs corrigées de l'heteroscédasticité par la matrice de White. * significatif à 1%; ** significatif à 5%; *** significatif à 10%; Entre parenthèses : t-stat

Les résultats des régressions en données de panel que nous avons effectuées sur la période 1976-2001 sont présentés dans le tableau ci-dessus. Les tests de Durbin-Watson sont satisfaisant et proche de 2.

Une première remarque concerne le facteur explicatif des modèles que nous allons commenter et qui est indiqué par le R^2, coefficient de détermination du modèle. Ces coefficients sont relativement faibles (entre 0,14 et 0,15), c'est-à-dire que les modèles n'expliquent qu'environs 15% de la variable à expliquer. Ceci peut paraître très faible mais plusieurs remarques s'imposent.

Tout d'abord, comme nous l'avons déjà évoqué les pays composants notre échantillon sont très différents par leur taille respective mais également par leurs caractéristiques économiques structurelles. Le fait de traiter en données de panel ces variables pour quatre pays si différents réduit d'autant le pouvoir explicatif d'un modèle très simplifié[20]. L'utilisation qui est parfois faite (comme dans Hausmann et Gavin) de variables qualitatives comme l'état de démocratie ou l'état de dictature ou encore le nombre de révolutions ou coup d'Etat nous parait dépasser le rôle que nous assignons à ces études économétriques. Nous ne les prendrons donc pas en compte[21].

En anticipant quelque peu sur les parties suivantes de ce travail, les coefficients de détermination et les tests économétriques ne prennent pas en compte d'éventuels phénomènes cumulatifs et évolutifs dans le temps. Tel est pourtant le cas selon nous de la volatilité macro-économique qui engendre un cercle vicieux (rétroaction sur la croissance économique, sur l'activité économique du pays, les niveaux de chômage et les conditions sociales).

Après ces nécessaires précisions, intéressons-nous aux résultats des régressions à proprement parler[22].

La spécification du modèle (1) traite 97 observations et affiche un R^2 de 0,14 (R^2 ajusté de 0,11). La variable des flux de capitaux (*FLUXCAP)* est significative à 5% d'intervalle de confiance (t-stat de 2.52) et apporte ainsi une première confirmation concernant les relations entre les flux des capitaux et la volatilité du taux de croissance du PIB réel. Le coefficient positif indique donc que ces deux variables évoluent dans le même sens et donc qu'une augmentation du taux de croissance des flux de capitaux (*FLUXCAP*) explique une variation à la hausse de la volatilité du taux de croissance (*VOLPIB*).

La variable d'ouverture au Mercosur (*OUVMERCOSUR*) montre un coefficient C_2 positif (très élevé : 0,17. Voir équation testée) et significatif à 1% (t-stat de 3,97). C'est donc un résultat très important car il confirme l'hypothèse de désactivation du filet de sécurité régional du Mercosur. La variation de l'ouverture commerciale évolue dans le même sens que la volatilité macro-économique ne constituant ainsi en aucun cas une force contra-cyclique en cas de crise bien au contraire. Ce résultat se confirmera dans les autres modèles constituant donc un argument fort au sens économétrique.

La variation du taux de change (*CHANGE*) présente un signe négatif de son coefficient et est significatif au seuil de 10%. Ainsi, une variation à la

---

[20] Les résultats pour le Brésil et Paraguay pris seuls (sans l'Argentine et l'Uruguay) montreront des R^2 plus élevés. Ces modèles et l'utilisation que nous faisons de l'économétrie n'ont pas pour à se suffire à elle-même. Au contraire, nous souhaitons simplement établir des preuves statistiques (à partir de données quantitatives) de relations (sans s'interroger pour l'instant sur un sens de la causalité) entre plusieurs variables

[21] Cela n'est pas le cas des variables comme *REGIMECHANGE* qui est basé sur les séries chronologiques quantitatives des taux de change de chaque pays. Notion de processus démocratique et pas de phase de passage brusque et aussi tranchée entre démocratie et dictature. Voir [Gaudron, 2002].

[22] La construction et la disponibilité des variables sont précisées dans le tableau de la partie précédente.

hausse du taux de change (et donc un régime flexible) aura le signe opposé à celui de la volatilité du taux de croissance du PIB donc une baisse. Si nous ne pouvons pas encore conclure sur ce point, l'idée de D. Rodrik du taux de change comme absorbeur de choc est en partie confirmée.

La variable muette *DUMMYMER* (influence des années correspondant au Mercosur sur la volatilité) indique un signe négatif mais non-significatif. L'existence du Mercosur *per se* ne semble pas avoir une influence directe et univoque sur la volatilité macro-économique des pays de la zone confirmant que ce n'est pas tant le Mercosur en tant que tel mais plutôt les conditions dans lesquelles il a été instauré et la situation économique et historique de chacun des pays qui le compose qui comptent[23].

Le modèle (2) reprend les variables du modèle (1) en éliminant la variable non-significative (*DUMMYMER*) et la variable *change* pour isoler les variables *FLUXCAP* et *OUVMERCOSUR* qui sont toujours significatives (à 1% également pour *FLUXCAP* maintenant contre 5% dans le modèle précédent). Les signes demeurent inchangés et vont dans le même sens que la variation de la volatilité du taux de croissance du PIB. Ce modèle permet d'isoler ces deux variables qui expliquent 14% des variations de *VOLPIB* à elles seules.

Le modèle (3) ajoute à ces deux variables celle correspondant à la politique monétaire (VOLM1) et la variation du taux de change (*CHANGE*). Cette dernière est significative mais uniquement au seuil de 10% (t-stat de -1,87) avec un signe négatif comme précédemment. La volatilité du taux de croissance de M1 n'est pas significative mais son signe positif suggère une responsabilité de la politique monétaire dans la hausse de la volatilité. Les flux de capitaux (*FLUXCAP*) et l'ouverture régionale (*OUVMERCOSUR*) sont toujours significatifs (respectivement aux seuils de 5% et 1%). Le R^2 est quelque peu amélioré à 0,15 (R^2 ajusté de 0,12).

Le modèle (4) introduit la variable *REGIMECHANGE* ainsi que les variables *DUMMYARG*, *DUMMYBRA* et *DUMMYMER* et reprend de nouveau *FLUXCAP* et *OUVMERCOSUR*. Si ces deux dernières variables sont toujours significatives (5% et 1% respectivement) toujours de signe positif, les variables muettes indiquent des t-stat inférieurs aux valeurs critiques (en valeur absolue) et ne sont donc pas significatives. Si les dummies concernant l'Argentine, le Brésil ou les années Mercosur présentent toutes un coefficient négatif, la variable muette *REGIMECHANGE* (régime de change fixe) présente un coefficient positif laissant sous-entendre une relation positive de la fixité des régimes de change et de la volatilité macro-économique. Ne pouvant conclure sur ce point pour l'instant, nous testons dans le modèle (5) la variation des termes de l'échange (*TOT*) que Hausmann

[23] Les conditions macro-économiques, politiques, historiques pré-Mercsour expliquent pour beaucoup les résultats en terme de volatilité du Mercosur qui par ailleurs n'a pas de réelle coordination macro-économique.

et Gavin avait trouvé significative dans leur étude. Tel n'est pas le cas avec notre échantillon et sur la période considérée puisque le t-stat de *TOT* est de -0,35 et n'est donc pas significatif à aucun des seuils critiques.

Pour conclure sur ces résultats concernant l'ensemble de la période 1976-2001 pour les quatre pays de notre échantillon, notons un résultat important concernant la relation forte, positive et statistiquement significative des flux de capitaux (*FLUXCAP*) avec la volatilité du taux de croissance du PIB réel. Ce résultat révèle ainsi le caractère financiarisé et dépendant des capitaux extérieurs des régimes de croissance de ces pays. De plus, concernant le Mercosur, la variation de l'ouverture commerciale envers la zone Mercosur (*OUVMERCOSUR*) est également significativement corrélée avec un signe positif à la volatilité macro-économique confirmant le rôle du Mercosur. Ce point démontre surtout la désactivation du filet de sécurité régional (*démercosurisation*) qu'il était censé représenter en période de crise. La variation du taux de change est aussi significativement liée à la volatilité du PIB soulignant le caractère fondamental de cette question dans les considérations ayant trait au régime de croissance. Les questions de la responsabilité du régime de change fixe comme celle de la politique monétaire ne peuvent pour l'instant être tranchées et cela nous pousse à chercher des réponses en divisant notre échantillon en un sous-groupe Argentine et Uruguay d'une part et un sous-groupe Brésil et Paraguay d'autre part. En effet, en suivant nos résultats concernant les différents régimes de croissance et la similitude entre ces deux couples de pays nous souhaitons tester de nouveau la volatilité du taux de croissance du PIB réel sur la même période.

Les résultats concernant le Brésil et le Paraguay[24]

Nous testons l'équation suivante :

$$VOLPIB = C_0 + C_1 FLUXCAP + C_2 OUVMERCOSUR + C_3 REGIMECHANGE + C_4 TOT + C_5 CHANGE + C_6 VOLM1 + C_7 INTERET + C_8 FINANCE + C_9 TXOUV + C_{10} INTERET + C_{11} OUVRDM + C_{12} BALCOURANTE + C_{13} RSERVES + C_{14} IDE$$

Les résultats sont reportés dans le tableau ci-dessous.

[24] Le Paraguay ne peut à l'évidence prétendre aux même résultats économiques mais sa proximité avec le Brésil en terme des caractéristiques de son régime de croissance (Voir partie précédente) nous permet de disposer d'un nombre d'observations plus important pour les régressions rendant les résultats plus stables et exploitables. Pour l'interprétation nous insisterons sur le Brésil. Cette remarque vaudra pour l'Uruguay lors des régressions avec l'Argentine dans la section suivante.

Tableau 15 : Résultats des régressions (Brésil et Paraguay)

variable Dépendante VOLPIB	Modèle 1	Modèle 2	Modèle3	Modèle 4	Modèle 5	Modèle 6	Modèle 7	Modèle 8	Modèle 9
C	-0.0226 (-0.47)	-0.0204 (-0.37)	-0.0126 (-0.20)	-0.0141 (-0.23)	0.0478 (0.85)	0.0020 (0.03)	-0.0204 (-0.37)	0.0624 (0.8880)	0.0382 (0.46)
REGIME CHANGE	0.3795*** (1.80)	0.3144 (1.54)	0.3476*** (1.76)	0.3537*** (1.78)		0.2838 (1.44)	0.3144 (1.54)		0.1779 (1.32)
VOLM1	-0.1412*** (-1.98)	-0.1219*** (1.55)	-0.1106*** (-1.99)	-0.1064** (-2.05)		-0.0972*** (-1.72)	-0.1219 (-1.92)		-0.0521 (-1.59)
FLUXCAP									-0.0037 (-0.77)
BALCOURANTE						0.0021 (0.60)			
IDE	-0.0908* (-3.03)		-0.0769** (-2.57)	-0.0847* (-2.88)	-0.0791* (-3.03)				-0.1218** (-2.15)
RESERVES	0.1490 (1.34)	0.1522 (1.55)					0.1522 (1.55)		
OUVMERCOSUR					0.1885* (6.50)				0.1807* (7.15)
OUVRDM		-0.3067* (-2.97)				-0.2710* (-2.91)	-0.3067* (-2.97)	-0.3026* (-3.32)	
TOT			-0.2845 (-0.77)			-0.4538 (-1.22)			
INTERET	0.4258* (3.02)	0.5100* (3.37)	0.3679** (2.66)	0.3654* (2.69)		0.4451* (3.35)	0.5100* (3.37)	0.3298* (3.95)	
VOLFBCF									-0.1322 (-1.32)
R^2	0.27	0.27	0.26	0.26	0.29	0.27	0.27	0.13	0.38
N	40	40	40	40	62	40	40	40	51
Durbin-Watson	1.63	1.58	1.68	1.64	2.13	1.67	1.58	1.53	2.23

Source: Calculs de l'auteur avec le logiciel Eviews. Notes: valeurs corrigées de l'hétéroscédaticité par la matrice de White.* significatif à 1%, ** significatif à 5%, *** significatif à 10%. Entre parenthèses : t-stat.

En première analyse, notons que les coefficients de détermination R^2 obtenus sont largement supérieurs à ceux de l'échantillon complet puisqu'on obtient des résultats de 0,13 à 0,39 (soit entre 13% et 39 de la variable endogène expliquée). La taille de l'échantillon est suffisante (de 40 à 62 observations selon les spécifications du modèle et la disponibilité des données). Cela s'explique par la plus grande homogénéité de l'échantillon (il est vrai composé uniquement de deux pays mais ce sont deux pays proches en terme des caractéristiques de leurs régimes de croissance). Nous cherchons toujours à confirmer les relations que nous avons déjà évoquées plus haut c'est-à-dire une relation positive entre les flux de capitaux mais aussi le régime de change fixe avec la volatilité macro-économique. Concernant la variable *OUVMERCOSUR* (indicateur d'ouverture régional, indicateur de la progression du Mercosur tel qu'il existe à savoir ouvert et financiarisé), les premiers éléments mis en lumière dans le cas de l'ensemble des pays du Mercosur nous amènent à attendre une relation négative synonyme de désactivation du filet de sécurité régional. Les spécificités de la politique monétaire, de l'évolution des taux d'intérêt, de termes de l'échange, du degré de libéralisation (*OUVRDM*, indicateur de globalisation commerciale), le poids des IDE et de la formation brute de capital fixe sera également testé.

Nous souhaitons caractériser les origines de la volatilité du taux de croissance du PIB réel dans ces deux pays en s'attendant à d'éventuelles divergences des résultats obtenus dans les régressions précédentes. Nous espérons ainsi confirmer le caractère historiquement plus développementiste du Brésil (et dans une moindre mesure du Paraguay) (*IDE*, *VOLFBCF*), sa capacité à s'extraire des crises (politiques monétaires, régime de change) et sa place en tant que puissance commerciale mondiale (*OUVRDM*, *TXOUV*).

Soulignons tout d'abord des résultats similaires aux régressions effectuées sur l'ensemble des pays de la zone. L'indicateur de développement du Mercosur (*OUVMERCOSUR*) est significativement corrélé avec la volatilité macro-économique (t-stat de 6,50, 7.5 et 6.57 et donc significatif au seuil de 1% dans les trois modèles dans lesquels il est testé) et indique un signe positif que nous interprétons comme précédemment : L'ouverture commerciale vis-à-vis du Mercosur explique en partie la hausse de la volatilité. Ce résultat est important mais ne constitue pas une nouveauté par rapport aux résultats concernant l'ensemble du Mercosur.

La variable muette *REGIMECHANGE* montre le même signe (positif) mais avec un coefficient t-stat significatif à 10% (modèle 1, 2 et 4) et plus élevé proche des valeurs critiques. La rigidité du taux de change est donc une variable explicative et significative statistiquement de la volatilité à la hausse du taux de croissance du PIB réel. Cette variable tient compte de l'expérience de bande de flottement pour le Real brésilien entre 1994 et 1999. Cette expérience monétaire a donc eu une influence positive sur la volatilité macro-économique. La variation des termes de l'échange (*TOT*) indique des résultats similaires, c'est-à-dire peu significatif et négatif.

L'intérêt de ces nouvelles régressions est d'isoler le Brésil (et le Paraguay) et de mettre en lumière des différences par rapport à l'échantillon complet de pays (significativité mais surtout de signe de la relation entre les variables et la volatilité macro-économique). Tel est le cas avec la volatilité de la politique monétaire (VOLM1) qui est significative mais corrélée négativement par rapport à la volatilité du taux de croissance du PIB soulignant que la politique monétaire de ces deux pays a eu un effet contra-cyclique sur la volatilité macro-économique[25]. La variation des taux d'intérêt (*interet*) est également un indicateur de la politique monétaire et cette variable est significative au seuil de 1% dans toutes les régressions avec un coefficient très élevé. Toutes ces variables indicatrices de la volatilité de la politique monétaire (*REGIMECHANGE, interet, VOLM1, RESERVES*[26]) affirment le rôle de la politique monétaire dans l'explication de la volatilité

[25] Une étude spécifique et précise en données mensuelles pourrait évaluer le délai des actions de politiques monétaires sur l'économie réelle. Le manque de données rend difficile cette étude.

[26] La variation des taux de croissance des réserves internationales accumulées ne montre pas de signe significatif mais proche des valeurs seuils.

macro-économique. Ces résultats suggèrent également que les résultats de la politique monétaire au Brésil n'ont pas toujours été si négatifs que cela confirmant ainsi l'hypothèse que nous formulions lorsque nous étudiions les caractéristiques des différents régimes de croissance des pays de la zone. Ce résultat va à l'encontre de l'explication traditionnelle concernant le rôle pro-cyclique de la politique monétaire dans les crises et la forte volatilité. Sans constituer un résultat général, nous pouvons avancer l'hypothèse que les politiques de stabilisation hétérodoxes des années 1980 ont *relativement* mieux réussi à lutter contre l'instabilité que l'approche orthodoxe ne le prévoyait[27]. Précisons aussi que qu'il s'agit d'une hypothèse et que les résultats ont été relatifs et de courte durée. L'évolution de la volatilité et des taux de croissance moyens du PIB réel nous avait conduit à supposer une capacité du Brésil notamment à s'extraire des crises en ayant recours à une politique monétaire garantissant plus que dans d'autres pays de la zone les intérêts souverains du pays[28]. Cette hypothèse trouve ici une confirmation sur les critères statistiques. L'usage de la souveraineté monétaire à travers un politique monétaire souveraine et indépendante est un élément fondamental du traitement de la volatilité macro-économique n'en déplaise aux partisans d'une dollarisation complète des économies latino-américaines.

Une deuxième différence riche d'enseignements concerne l'absence de significativité des flux de capitaux étrangers dans le cas du Brésil et du Paraguay. La variable *FLUXCAP* qui est au cœur des autres études (Hausmann et Gavin mais aussi Rodrik) n'apparaît pas comme étant corrélée à la volatilité macro-économique puisque aucun *t-stat* n'atteint les valeurs critiques (maximums de -0.77 et -0.88). De plus, le coefficient est négatif indiquant que ces deux variables sont corrélées de signes opposés. Cela signifie-t-il pour autant une indépendance par rapport aux capitaux étrangers et une absence de dépendance financière. La prise en considération des variables ayant trait aux Investissements Directs Etranges (*IDE*) et la volatilité de la Formation de Capital Brut (*FLUCAP*) peut être utile pour compléter la réflexion. La variation du ratio IDE/PIB (*IDE*) montre une relation négative et significative au seuil de 1% dans toutes les régressions effectuées indiquant qu'une hausse de ce ratio explique la variation dans le sens opposé de la volatilité macro-économique (soit une réduction). La deuxième partie de la décennie 1990 (après 1995) a connu une entrée d'IDE

[27] Cruzado en 1986, Bresser-Pereira en 1987 et Verao en 1987. Voir Chapitre 3, Section 1. Cette hypothèse trouve un écho dans les propos de J. Marques-Pereira (2003, p. 40) : «Ce moment où s'opère le basculement à un régime stabilisé des prix mérite une analyse retraçant le fil théorique et les diverses façons par lesquelles celui-ci a répondu, dans chaque pays, aux contraintes de crédibilité et de légitimité des autorités monétaires. Le Brésil fait sans doute figure, à cet égard, d'idéal type d'une *préférence nationale de structures économiques* qui tend vers une conception keynésienne de la monnaie, à l'opposé du cas mexicain où le modèle cepalien n'a pas remis en cause l'attachement – ancien – à la stabilité des prix, ce dont témoigne d'ailleurs sa consécration sous l'appellation de *desarrollo estabilizador* (Marques-Pereira et Théret, 1999). Au Brésil, le rôle actif de la monnaie avait été pris en considération dans les premiers débats sur l'inflation».

[28] Voir Chapitre 3, Section 2

très importante au Brésil[29] et les régressions effectuées ici indiquent que cette entrée est corrélée avec une diminution de la volatilité (que l'on a explicité par ailleurs). Tant que les IDE continuent à entrer dans le pays cela a pour effet de réduire la volatilité mais cela ne nous informe pas sur la conséquence de l'arrêt brusque de l'entrée d'IDE. Pour aller plus loin il faut mettre en relation la variable IDE avec la volatilité de la formation Brut de Capital Fixe (*VOLFBCF*). Dans le modèle (9), le coefficient C_8 (Voir équation testée) de cette dernière variable indique que volatilité macro-économique et volatilité de la FBCF évoluent en sens inverse mais le t-stat n'est pas significatif (-1,32 inférieur à la valeur seuil). Nous ne pouvons donc pas de conclure sur ce point à la lumière des résultats statistiques[30].

Un dernier point concernant la variation de l'ouverture commerciale avec le Reste Du Monde (*OUVRDM*) mérite d'être souligner. En effet, alors que cette variable n'apparaissait pas comme significative dans les régressions sur l'ensemble de l'échantillon, cet indicateur de la globalisation commerciale connaît des valeurs de t-stat qui la rende significative au seuil de 1% (modèles 2, 6, 7, et 8) et dans tous les cas avec un signe négatif. Une augmentation de la variation du taux d'ouverture avec les pays hors Mercosur (globalisation hors-Mercosur) explique une réduction de la volatilité du PIB réel. Cette relation entre les deux variables nous laisse penser que la puissance commerciale brésilienne et sa place potentielle dans le commerce mondial seraient en mesure de stabiliser la volatilité macro-économique. Ceci montre également la vocation du Brésil de s'insérer dans l'économie monde au-delà de la sous région Sud-américaine. Cette remarque pourrait attiser les rêves de superpuissance du Brésil et de certains groupes d'intérêts brésiliens. Cela souligne également les capacités industrielles et commerciales énormes du Brésil et le rôle qu'il peut jouer en tant que puissance régionale et acteur mondial[31]. La diversification des partenaires commerciaux est également un élément positif pour la stabilité et la croissance qui - pour ne pas être facteur de plus d'inégalités- devra être partagée équitablement.

Tous ces résultats ont montré la singularité du couple Brésil-Paraguay même si nombres de résultats sont interprétés comme propres au Brésil. Ni la taille, ni les capacités du Paraguay ne le placent en mesure d'agir à l'égal du Brésil mais les résultats montrent la grande dépendance de pays à son gigantesque voisin brésilien.

Dans la section suivante nous nous attacherons à réaliser le même type d'étude concernant les facteurs explicatifs de la volatilité macro-économique

---

[29] Voir chapitre 1 Section 2

[30] L'hypothèse intéressante d' étudier et à tester serait celle qui ferait de l'investissement productif (estimé par la FBCF) un facteur de stabilisation de l'économie. L'investissement productif s'opposerait ainsi aux capitaux spéculatifs et de portefeuille qui entraîneraient de leur côté une volatilité du PIB accrue.

[31] Le Brésil est l'un des rares pays (avec l'Inde) à demander un siège permanent au Conseil Général des Nations-Unies. Demande sans réponse depuis plusieurs décennies. Pour une vision de l'identité internationale du Brésil et la politique extérieure du Brésil en longue période, voir [Lafer, 2002].

mais en s'intéressant maintenant à l'autre couple du Mercosur qui partage certaines caractéristiques dans le comportement de sa volatilité et de sa croissance moyenne du PIB réel[32].

Les cas de l'Argentine et l'Uruguay

Pour le couple Argentine-Uruguay (regroupement en raison des résultats trouvés dans la partie précédentes en terme de régime de croissance) nous testons la volatilité du taux de croissance du PIB réel suivant l'équation sur la période 1976-2001[33]:

$$VOLPIB = C_0 + C_1 FLUXCAP + C_2 OUVMERCOSUR + C_3 OUVRDM + C_4 FINANCE + C_5 CHANGE + C_6 VOLM1 + C_7 DUMMYARG + C_8 IDE + C_9 VOLFBCF$$

Tableau 16 : Résultats des régressions (Argentine-Uruguay)

variable Dépendante VOLPIB	Modèle 1	Modèle2	Modèle 3	Modèle 4	Modèle 5
C	0.1235 (0.75)	0.0688 (0.57)	0.0913 (1.17)	0.0461 (0.30)	-0.0267 (-0.31)
DUMMYARG	-0.1840 (-1.04)			-0.1797 (-0.94)	
VOLM1	0.0889* (3.39)	0.0957* (3.26)	0.1098* (4.82)	()	
FLUXCAP	0.0014* (4.66)	0.0019* (5.52)	0.0021* (5.84)	0.0007 (0.73)	0.0013* (4.04)
IDE				0.0023*** (1.87)	0.0031* (2.75)
OUVMERCOSUR				-0.2456 (0.41)	
OUVDRDM				0.3448 (0.69)	
CHANGE	-0.0032 (-1.42)	-0.0048*** (-1.66)		-0.0188* (-2.66)	-0.0181* (-4.15)
VOLFBCF				0.8974* (3.87)	0.7258* (4.46)
FINANCE	0.7710 (1.61)	0.3527 (0.59)			
R^2	0.12	0.09	0.09	0.16	0.12
N	45	45	45	45	45
Durbin-Watson	2.03	1.97	1.97	1.98	1.93

Source: Calcul de l'auteur avec le logiciel Eviews.Notes: * significatif à 1%; ** significatif à 5%; *** significatif à 10% . Entre parenthèses : t-stat

[32] Voir les études réalisées précédemment.

[33] Nous voulions également tester cette équation sur la période 1960-91(convertibilité) puis 1992-2002 mais cela n'est pas possible car les données ne sont pas toujours disponibles et fiables. En prenant les données du FMI (International Financial Statistics) les données sont très parcellaires. Pour l'Argentine, les données concernant la balance des comptes courants ne sont disponibles en données trimestrielles que depuis 1992. Le Brésil dispose de ces données trimestrielles depuis 1974. Le Paraguay ne dispose de ces données trimestrielles que depuis 2001 et uniquement sur cette année. L'Uruguay ne dispose même pas de données trimestrielles de cette variable. Cet exemple se retrouve dans bon nombre de séries, nous obligeant à nous contenter de séries longues annuelles et relativement fiables (avec les réserves que nous apporterons par la suite).

Les résultats reportés dans le tableau ci-dessus, porte sur 45 à 46 observations annuelles. Les coefficients de corrélation R^2 sont relativement faibles indiquant que d'autres facteurs non inclus dans cette équation comptent dans la détermination de la volatilité du PIB. Cependant, les tests de Durbin-Watson sont satisfaisants et proches de 2. L'intérêt de ces régressions sera de pouvoir les comparer avec ceux de l'ensemble de l'échantillon et du sous groupe composé du Brésil et du Paraguay.

Compte tenu des éléments que nous avons présentés plus haut, nous espérons pouvoir conclure sur les origines de la volatilité du taux de croissance du PIB réel en confirmant le caractère dépendant de flux de capitaux étrangers dans le cas de l'Argentine et de l'Uruguay. La politique monétaire (VOLM1) aurait joué un rôle pro-cyclique dans ces deux pays (contrairement au Brésil) et nous attendons un coefficient significatif et positif de cette variable. La convertibilité en Argentine porte une part de responsabilité dans la volatilité macro-économique aussi nous attendons un coefficient négatif pour la variable *CHANGE*[34]. Nous intégrons également les variables *VOLFBCF* pour tester le caractère productif de l'investissement et son éventuelle relation avec la volatilité ainsi que la variable *IDE* pour prendre en compte l'afflux d'IDE durant les années 1990. Nous considérons la variable de financiarisation (*FINANCE*) pour tester la thèse souvent développée de l'insuffisance d'instruments financiers pour pallier les crises. Nous attendons une relation positive dans les deux cas pour l'Argentine et l'Uruguay (contrairement au Brésil et au Paraguay qui ont eu une démarche plus industrialisante malgré une financiarisation importante mais qui répond à une volonté de production forte).

La première spécification du modèle (première colonne) nous informe sur la relation positive et significative au seuil de 1% de la politique monétaire et des flux de capitaux confirmant ainsi la différence entre Argentine et Brésil quant aux origines de la volatilité. Pour l'Argentine (et l'Uruguay), les flux de capitaux sont significativement corrélés à la volatilité macro-économique. Le coefficient positif signifie que les deux variables évoluent dans le même sens et qu'une hausse de la volatilité pourra s'expliquer par une hausse des flux de capitaux. La vulnérabilité financière est donc une fois de plus confirmée mais cette fois spécifiquement pour les deux pays que nous étudions.

La variable *VOLM1* qui est un indicateur de la politique monétaire du pays est également significativement corrélée au seuil de 1% avec un signe de nouveau positif confirmant qu'en Argentine et en Uruguay, les politiques monétaires ont joué un rôle significatif statistiquement dans la volatilité macro-économique. Ces politiques monétaires n'ont pas été en mesure -

---

[34] La variable *REGIMECHANGE* n'est pas présente dans cette équation non pas qu'elle ne soit pas importante mais elle n'apparaît significative dans aucune des régressions que nous avons effectuées.
La variable *CHANGE* ne s'y substitue pas entièrement mais peut être interprétée comme un indicateur de flexibilité si la variation du taux de change augmente ou de fixité du change si cette variable diminue.

comme cela a été le cas au Brésil- de jouer de façon contra-cyclique dans l'évolution de la volatilité macro-économique. La variable indicatrice du caractère plus ou moins flexible du change (*CHANGE*) n'est pas significative dans cette spécification du modèle mais l'est dans tous les autres cas à des seuils de 10% et 1% et ce avec un signe négatif. Cette relation négative entre *CHANGE* et *VOLPIB* confirme que la flexibilité du taux de change a une influence négative sur l'augmentation de la volatilité macro-économique[35]. L'*absorbeur de chocs* que constitue la variation du taux de change étant désactivé durant la période de convertibilité argentine (en partie suivie par l'Uruguay), l'économie a reçu de plein fouet les ondes de choc externe et interne mais également celles engendrées de façon endogène par ce régime de croissance. C'est une différence fondamentale qu'il faudra retenir à l'heure des propositions alternatives (et notamment celle de la dollarisation).

La financiarisation de l'économie (*FINANCE*) n'est pas significative (t-stat de 1,61 dans le modèle 1 et proche du seuil de 10%). Ce résultat montre dans ce modèle (et le modèle suivant) un coefficient positif élevé qui suggère que la financiarisation explique pour partie la volatilité macro-économique au lieu d'y pallier.

La spécification du modèle 3 nous permet d'évaluer que la politique monétaire et les flux de capitaux expliquent près de 10% de la volatilité macro-économique ce qui est tout de même conséquent.

Dans le modèle suivant, nous testons les mêmes variables que précédemment mais en y incluant les indicateurs d'ouverture régionale (*OUVMERCOSUR*) et de globalisation hors-mercosur (*OUVRDM*) ainsi que les variables *IDE* et *VOLFBCF* qui concernent l'utilisation et le niveau des investissements productifs. La variable muette *DUMMYARG* n'est jamais significative. Si les indicateurs d'ouverture (régional et extra-régional) ne sont pas significatifs, ils ont des signes opposés (positif pour *OUVRDM* et négatif pour *OUVMERCOSUR*) laissant entendre que le Mercosur pourrait jouer un rôle de stabilisateur pour ces deux pays et qu'au contraire une ouverture vis-à-vis du reste du monde plus élevée pourrait signifier une plus grande volatilité macro-économique. La différence entre le Brésil (dont le coefficient de *OUVRDM* était négatif) et l'Argentine sur ce point est riche d'enseignement mais ne fait que confirmer que l'Argentine a plus intérêt au Mercosur que le Brésil pour stabiliser sa croissance. Cela ne signifie pas que le Brésil n'ait pas intérêt à développer ses échanges avec les pays du Mercosur mais plutôt que sa position et son potentiel dépasse largement le cadre exclusif du Cône Sud-Américain. La significativité au seuil de 1% de la variation du ratio IDE/PIB (*IDE*) et son signe positif conforte également l'idée selon laquelle les investissements en Argentine et en Uruguay ont un caractère spécifique dans ces pays. En effet, ceci valide l'hypothèse selon laquelle les investissements dans ces pays ont joué un rôle catalyseur et pro-cyclique

[35] La flexibilité du change donc joue un rôle contra-cyclique.

dans la volatilité macro-économique. Cette hypothèse est encore réaffirmée si on prend en compte dans ce modèle la variable *VOLFBCF* qui est significative au seuil de 1% mais avec un signe positif. Ainsi, une volatilité importante de l'investissement productif joue un rôle dans l'augmentation de la volatilité macro-économique. Si l'investissement productif augmente cela sous-entend que les capitaux se dirigent vers des placements financiers plus liquides[36].

Au final, les différences entre Brésil et Argentine ont été confirmées statistiquement mais dans les commentaires des régressions en données de panel exposées plus haut, nous nous sommes bien gardés d'émettre une quelconque conclusion de ces résultats concernant le sens de la causalité entre les variables. Les tests de régression renseignent sur l'existence d'une relation entre deux variables mais en aucun cas sur un éventuel sens causal.

Tests de causalité entre La volatilité macro-économique et les flux de capitaux étrangers

Les tests développés par Granger en 1969 donnent une information sur le sens et l'existence d'une telle causalité[37]. Comme le précise R. Bourbonnais «la variable y_{2t} est la cause de y_{1t} si la prédictibilité de y_{1t} est améliorée lorsque l'information relative à y_{2t} est incorporée dans l'analyse. [...] Le terme de prédictibilité semble préférable au terme de causalité, en effet dire que y_t *cause* x_t signifie seulement qu'il est préférable de prédire x_t en connaissant y_t que sans le connaître» [Bourdonnais, 1998, p. 264].

Ces tests s'effectuent pays par pays.

La notion de causalité ne doit pas s'entendre de manière littérale mais bien statistique : A partir des données observées, le test calcule des valeurs attendues de cette variable et compare ensuite cette valeur estimée avec la valeur observée en appliquant un certain nombre de retard et de décalage entre les deux séries de variables.

---

[36] Nous pourrions tester cette hypothèse mais nous restons sur cette hypothèse dans l'état actuel de la réflexion.

[37] Voir Granger, C. W.J. [1969] "Investigating Causal Relations by Econometric Models and Cross-Spectral Methods," in Econometrica, N°37, p. 424–438. Cet article et les travaux qui s'y rattachent lui ont valu le prix Nobel d'économie en 2003 (avec R. Engle).

Tableau 17 : Tests de causalité Flux capitaux et Volatilité macro-économique

	Nombre de retards[38]	Nombre d'observations	FLUXCAP ==> VOLPIB	VOLPIB ==> FLUXCAP
Argentine	2	23	6.555*	0.043
Brésil	6	19	2.992 (1)	0.956
Paraguay	8	18	1844.58*	0.494
Uruguay	1	18	5.018**	0.816

Source: Calculs de l'auteur. Logiciel Eviews

Note: * significatif à 1% ; ** significatif à 5% ; *** significatif à 10%

(1) F stat proche mais inférieur au seuil de 10%

Dans les cas de l'Argentine, de l'Uruguay et du Paraguay, on trouve une causalité dans le sens «flux de capitaux causent volatilité macro-économique» significative au seuil de 1% (5% pour l'Uruguay). La causalité «volatilité macro-économique cause flux de capitaux» n'est pas significative. Nous pouvons interpréter ce résultat comme une réfutation des thèses standards qui soutiennent que si les capitaux désertent un pays, c'est en raison de la volatilité dans ce pays. En réalité, la volatilité compte bien évidemment, mais elle ne serait pas une cause première. Si la situation de volatilité macro-économique se perpétue alors il serait absurde de nier une influence de la situation macro-économie sur les flux de capitaux.

Un autre résultat intéressant est celui concernant le Brésil. Le test de Granger n'est significatif dans aucun des sens confirmant nos résultats et nos hypothèses présentées plus haut. Nous n'avions pas pu mettre en lumière une relation statistiquement significative entre flux de capitaux (*FLUXCAP*) et volatilité macro-économique (*VOLPIB*) dans les régressions présentées plus haut. D'autres facteurs expliquent mieux la volatilité macro-économique que les flux de capitaux notamment les inégalités de revenus comme nous l'étudierons dans le Chapitre 6.

Ce test fournit un élément de plus à l'analyse de l'origine de la volatilité macro-économique. A l'exception du Brésil, Il conclut qu'il est préférable de connaître l'évolution des flux de capitaux pour connaître l'évolution de la volatilité du taux de croissance du PIB réel.

[38] Le nombre de retard (nombre de périodes de la variable y_t à prendre en compte pour expliquer la variation de x_t) dans le test s'appuie sur les indices donnés dans le chapitre précédent. Nous avions souligné que l'Argentine et l'Uruguay souffraient d'une situation plus volatile, c'est pourquoi le nombre de retards est moins élevé que dans les cas du Brésil et du Paraguay.

Rappelons dans un tableau récapitulatif les résultats des trois séries de régressions effectuées dans ce chapitre:

Tableau 18: Récapitulatifs des résultats dans les différentes régressions

variable Dépendante VOLPIB	Mercosur	Brésil-Paraguay	Argentine-Uruguay
REGIMECHANGE	+	+***	
DUMMYMER	-		
DUMMYBRA	-		
DUMMYARG	-		-
VOLM1	+	-*	+*
FLUXCAP	+*	-	+*
BALCOURANTE		+	
IDE		-*	+*
RESERVES		+	
OUVMERCOSUR	+*	+*	-
OUVRDM		-*	+
TOT		-	
CHANGE	-***		-*
INTERET		+*	
FINANCE			+
VOLFBCF		-***	+*

Source: Elaboration de l'auteur.

Note: Nous ne faisons que reporter les résultats trouvés dans les régressions présentées précédemment en indiquant si les variables ont été représentatives dans l'un des modèles et le signe du coefficient.

Voici les principaux enseignements et confirmations statistiques que nous retirons de ce chapitre[39] :

Nous avons pu valider le concept de démercosurisation (grâce à la variable *OUVMERCOSUR*) et présenter des éléments statistiques solides qui

[39] Au-delà de ces résultats, notons toutefois certaines limites également de ce type d'étude appliqué au cas du Mercosur. La disponibilité des données pour les petits pays, l'homogénéité des données, la stationnarité, les fréquents changements de base ou de mode de calculs et la fiabilité rendent la tâche ardue. Dans les données FMI, CEPAL, Banque Mondiale, les nombreux changements de base et ruptures de séries montrent les précautions qu'il faut prendre avec ces chiffres et bien évidemment avec les résultats. Les résultats ne servent qu'à illustrer une analyse théorique, le fait de ne pas réussir à faire «sortir» un résultat conforme à une hypothèse n'oblige pas automatiquement à la rejeter. De plus, les contraintes des études économétriques obligent à ce que les séries utilisées respectent certaines contraintes notamment celle de stationnarité. Nous avons donc été obligés de lissé ces séries (par le calcul d'écart-type, de taux de croissance, etc.) or ce qui caractérise les séries chronologiques des pays de cette zone c 'est justement les ruptures de tendance et la dispersion. Il est donc remarquable nous ayons du stabiliser les séries pour montrer statistiquement la volatilité ! Les échantillons sur une période aussi longue ne sont presque jamais disponibles en données trimestrielles et encore moins mensuelles et cela nous empêche de procéder à des tests précis sur les périodes correspondant aux différents régimes de croissance que nous avons caractérisés dans la partie précédente.

soulignent les manques du Régionalisme Ouvert. Nous avons également confirmé statistiquement le rôle négatif sur la volatilité que peuvent avoir les flux de capitaux étrangers (*FLUXCAP*). Ces deux résultats permettent de fonder statistiquement la critique du Régionalisme Ouvert financiarisé qui existe dans le Cône Sud.

Les coefficients de corrélation (R^2) relativement faibles suggèrent l'existence de chocs exogènes importants. D'autres facteurs interviennent dans la détermination de la volatilité macro-économique. L'instabilité politique, le rapport de force entre acteurs sociaux sont ainsi difficiles à intégrer dans une étude économétrique[40]. D'autre part des facteurs cumulatifs de la volatilité et des rétroactions de la volatilité sur le niveau de l'activité économique ne sont pas pris en compte.

Néanmoins la variation de l'ouverture commerciale envers les pays du Mercosur a montré des effets stabilisateurs (faibles) mais qui invitent à trouver un autre type de régionalisme et d'intégration économique pour ces pays.

[40] Nous n'ignorons pas les développements de l'économétrie qualitative mais nous l'avons déjà indiqué que la réduction de l'ensemble des variables qualitatives à des dummies n'étaient acceptables que dans le cas où l'analyste attendrait que tous les résultats et l'analyse économique soient issus des tests économétriques. Telle n'est pas notre position.

Au début de cette deuxième partie nous nous interrogions pour savoir si la volatilité était un frein aux échanges intégrés. Les résultats des chapitres 3 et 4 suggèrent des arguments forts contre le type d'intégration régional exposé dans la première partie. Le Régionalisme Ouvert comme filet de sécurité régional et stabilisateur des économies de la zone a montré son incapacité à garantir une situation macro-économique stable. De plus, ce type d'intégration et la libéralisation des économies conduisent le Mercosur vers une stagnation ou récession dévastatrice.

La réflexion sur le régime de croissance et le régime de change du Mercosur ont mis l'accent sur les effets contraires des politiques monétaires dans les deux groupes (Brésil plutôt stabilisateur et Argentine pro-cyclique). Ce résultat apporte des arguments intéressants dans le débat sur la monnaie unique du Mercosur et surtout sur la dollarisation. Des résultats positifs pour la croissance pourraient être dérivés de la coordination d'une politique de change flexible mais crédible et orientée vers des objectifs productifs. La dollarisation supprimerait le levier important de la politique monétaire et reviendrait à abandonner aux marchés la défense de la stabilité des monnaies et de l'économie des pays du Mercosur.

L'hétérogénéité au sein du Mercosur et principalement les différences entre le Brésil et l'Argentine indiquent la nécessité d'une plus grande coordination macro-économique, monétaire et productive au sein du Mercosur afin d'orienter le Cône sud-américain vers un objectif identique de transformation productive intégrée.

La faillite du Régionalisme Ouvert pour garantir une stabilité dans la région amène à évaluer ses résultats en terme d'équité et d'homogénéité sociale dans la dernière partie de ce travail.

TROISIEME PARTIE:

REGIME DE CROISSANCE OUVERT-FINANCIARISE ET VULNERABILITE SOCIALE: LA PLACE DU TRAVAIL DANS LE MERCOSUR

Cette dernière partie du livre s'attachera à analyser les volets «équité» et «homogénéité sociale» définis au premier chapitre. Le nouveau modèle d'insertion dans l'économie mondiale (TPE et RO) devait garantir d'atteindre ces objectifs. Dans ces deux chapitres, une attention particulière sera portée au marché du travail du Mercosur. La partie précédente était consacrée à la volatilité macro-économique et aux régimes de croissance des pays du Cône Sud. Aussi, dans le chapitre 5 traiterons-nous des approches théoriques qui lient volatilité macro-économique, l'ouverture économique et le marché du travail (Section 1). Un bilan de la situation de ce marché sera ensuite présenté (section 2).

Le chapitre 6 proposera une étude du lien entre volatilité macro-économique (Section 1) et volatilité des salaires pour conclure sur la vulnérabilité sociale dans le Mercosur (Sections 2 et 3).

Cette troisième partie tirera les enseignements du traitement réservé au travail et aux conditions sociales au terme de dix années de Régionalisme Ouvert au service de la Transformation Productive avec Equité.

Chapitre 5

De la Volatilité macro-économique et l'ouverture à la détérioration du marché du travail dans le Mercosur 1991-2002

Après avoir étudié la volatilité et les caractéristiques des régimes de croissance du Mercosur, nous considérons dans ce chapitre les effets de ces régimes sur le marché du travail. La place du travail - source principale de revenus pour la majorité de la population- sera ainsi analysée selon deux approches théoriques opposées (Section 1).
Un premier bilan du marché du travail des pays du Mercosur sera dressé pour évaluer dans quelle mesure la réduction de l'hétérogénéité sociale a eu lieu et si cela a été dans le sens espéré par la TPE et le Régionalisme Ouvert.

1. La littérature théorique sur le lien régime de croissance et marché du travail

Les tentatives d'établir une relation positive entre ouverture/libéralisation d'une part et l'aggravation des conditions de travail et sociales d'autre part ouvrent un vaste débat sur lequel nous souhaitons apporter un éclairage original à partir de l'expérience du Mercosur[1]. Le travail comme source principale des revenus est au centre de ce débat et deux approches peuvent être présentées.

L'approche standard de la relation ouverture - marché du travail:

Une première section présentera les conclusions de l'approche standard à partir des travaux de S. Edwards et A. Wood. Une deuxième partie se concentrera sur l'instrumentalisation des conclusions de cette vision qu'en font dans la pratique les institutions internationales et principalement la Banque Mondiale.

[1] Voir par exemple les livres de vulgarisation de P. Krugman (*1998*) ou J. Stiglitz (2002).

L'approche standard basée sur la théorie HOS

La théorie HOS affirme que l'ouverture des pays «sous-développés» aura un effet positif sur la réduction des inégalités salariales. Cette approche considère que les pays exportent les biens intensifs en facteur abondant (travail non-qualifié) et importent les biens intensifs en facteur rare (travail qualifié). La demande de travail non-qualifié aura tendance à augmenter avec l'ouverture et l'accroissement du commerce, et ce, à un rythme plus rapide que la demande de travail qualifié. Dans le même temps la demande en travail qualifié diminue car ces biens sont maintenant importés et donc produits à l'extérieur. L'ouverture entraînera donc une tendance à la hausse des salaires du facteur travail relativement plus abondant (non-qualifié) et une baisse des salaires du facteur travail rare (travail qualifié). Les inégalités salariales se réduisent. Le modèle le plus simple comporte deux pays (un pays développé et un pays sous-développé), deux facteurs (le travail qualifié et le travail non qualifié) et deux biens (l'un intensif en main d'œuvre et l'autre intensif en biens d'équipement). Ce modèle fondateur de la théorie des avantages comparatifs reste la référence souvent implicite des débats sur les conséquences positives de l'ouverture sur la distribution salariales.

Les travaux d'A. Wood sont intéressants car ils confrontent la situation latino-américaine à la situation est - asiatique des années 1960 au début des années 1990. Les inégalités salariales ont diminué en Asie mais pas en Amérique latine. En notant que ces deux régions sont relativement mieux dotées que l'Afrique et l'Asie du Sud-Est en infrastructures et en niveau d'éducation, l'auteur fait l'hypothèse (forte) de dotations initiales similaires en Amérique latine et en Asie. Il admet néanmoins que l'Amérique latine soit mieux dotée en ressources naturelles. Cet avantage comparatif pour les ressources naturelles et les matières premières explique en partie les différences entre les deux zones. Le fait que l'Amérique latine (hors Mexique) ne réponde pas -sur cette période- aux conclusions de la théorie standard viendrait de la structure sectorielle de son insertion internationale (ressources naturelles) et dans les modalités de promotion de l'ouverture. A. Wood précise que la spécialisation en ressources naturelles et dans l'agriculture emploient une main d'œuvre très importante. Cependant, la majorité de la production primaire n'est pas aussi intensive en travail qualifié que l'industrie manufacturière. Cette explication ne satisfait pas l'auteur car l'Amérique latine n'a pas d'avantage comparatif en main d'œuvre non-qualifiée par rapport à l'Asie (dotations initiales identiques en éducation).

Deux autres explications sont donc avancées. L'entrée de la Chine et d'autres grands pays à bas revenus d'Asie aurait provoqué un transfert de l'avantage comparatif des pays à revenus moyens vers des biens intensifs en moyenne qualification. L'ouverture économique dans ces pays à revenus moyens a réduit la demande de main d'œuvre non-qualifiée entraînant également une contraction des secteurs intensifs en travail non-qualifié. Le dernier facteur concernerait le progrès technique qui, entre 1960 et 1970, était peu favorable à la main d'œuvre non-qualifiée.

Ce type d'étude enrichit la théorie standard qui raisonne à progrès technique constant. Il souligne la difficulté de construire des séries statistiques longues et homogènes de salaires[1].

Des approches orthodoxes plus récentes soutiennent que l'ouverture contribue *via* l'imitation des produits des pays développés à l'accroissement de la productivité du travail[2]. La convergence entre pays développés et pays sous-développés est alors possible.

L'ensemble de ces théories (standard et croissance endogène) soutient l'ouverture maximum mais aussi de façon récurrente la flexibilisation du marché du travail[3]. Les syndicats, les coûts de licenciements, les contrats temporaires, le salaire minimum, l'assurance chômage (quand elle existe) sont autant de réformes qui sont nécessaires pour garantir un travail pour tous (dont les pauvres) et une réduction des inégalités salariales[4].

La majorité de ces conclusions est mise en pratique par la Banque mondiale. L'ouverture commerciale totale et la flexibilisation en profondeur du marché du travail en Amérique latine doivent suffire pour garantir à tous un travail et des revenus. La politique sociale doit uniquement s'occuper des indigents.

Marché du travail, inégalités et pauvretés dans les politiques sociales de la Banque Mondiale

Les pratiques des institutions internationales ont évolué depuis les premières politiques d'ajustement structurel des années 1980. Les piètres résultats des réformes à la fin des années 1980 les ont contraints à inclure des politiques sociales aux réformes en cours[5]. Ces politiques sociales associées aux plans d'ajustement structurel de la première génération (début 1980) devaient soulager les effets négatifs (temporaires selon ces institutions) des politiques d'ajustement. Le lien entre politique macro-

[1] Voir [Wood, 1995, p. 40 et p. 47]
[2] Voir [Edwards, 1998] et les théories de la croissance endogène (Chapitre 1).
[3] Ainsi, Brisdall et Székely, (2003) critiquent la protection qui freine l'importation de produits intensifs en capital (facteur abondant dans les pays développés et rare dans les pays sous-développés). Ces auteurs libéraux de l'après Consensus de Washington sont en revanche favorables à une ouverture qui augmente la production de biens intensifs en main d'œuvre non-qualifiée ce qui permettrait aux pauvres de travailler (p. 69-70). Selon cette approche, lutter pour une baisse des protections douanières et pour l'ouverture contribue directement à améliorer les conditions de vie des personnes pauvres non-qualifiés. Celles-ci obtiennent un emploi en réponse à la forte demande de travail de la part des entreprises intensives en travail non-qualifié. Bien entendu, l'obtention d'un travail par les pauvres est en soit une garantie de sortir de la pauvreté par le travail quel qu'en soit la qualité et les conditions.
[4] Voir [Saavedra, 2003], [Williamson et Kuczynski, 2003]. A en croire ces auteurs ultra-libéraux, aucune réforme du marché du travail n'a eu lieu en Amérique latine depuis 1980. Comme nous le verrons dans la prochaine section et dans le chapitre 6, tel n'a pas été le cas.
[5] Voir [Stiglitz, 2002].

économique et politique sociale était ainsi considéré comme un palliatif et comme un processus *ex-post* aux réformes macro-économiques.

Dans la Section qui suit, nous allons distinguer une des caractéristiques de ces politiques sociales libérales qui a pour objectif de faire reculer durablement la pauvreté dans les pays sous-développés : le *ciblage*[1].

Si la Banque Mondiale accepte d'accorder des crédits pour mettre en place des politiques sociales dans les pays qui appliquent des politiques de libéralisation, celles-ci n'en sont pas moins destinées aux extrêmement pauvres et à eux seuls[2]. Ce ciblage des politiques sociales vise à pratiquer une dichotomie entre les pauvres et les indigents. Si les indigents ou extrêmement pauvres doivent être aidés par l'intermédiaire de politiques ciblées et notamment par la mise en place de «filets de sécurité», les pauvres, quant à eux, devront attendre les retombées positives de la croissance que les réformes structurelles et la libéralisation auront permis de créer. Ces filets de sécurité se présentent sous formes de mesures telles que des programmes de compensations, des fonds pour l'investissement dans le social, dans la reconversion, des programmes de travaux publics, des programmes d'aides alimentaires qui sont nécessaires afin de protéger les populations les plus vulnérables. De tels programmes peuvent être financés soit par des sources privées (fonds privés, dons d'organisations caritatives), soit par une combinaison de sources à la fois privées et publiques (partagées entre les impôts, les employés et les ouvriers) ou des sources publiques (imposition générale) [Banque Mondiale, 1997a, p.ix].

Selon la Banque Mondiale, les trois principaux groupes à cibler pour être inclus dans les programmes de filets de sécurité sont [Banque Mondiale, 1997b] :

- Les personnes capables de travailler mais dont les revenus sont faibles et irréguliers ;
- Les personnes incapables de subvenir à leurs besoins en travaillant ;
- Les personnes capables de travailler et dont les revenus pourraient être suffisants mais qui à cause de chocs comme des politiques de réformes

[1] Les deux autres grands principes des politiques sociales de la Banque Mondiale (1995a et 1997a) sont le principe de décentralisation et la logique de privatisation et les profondes mutations de l'Etat. La décentralisation a été rapidement exposée au chapitre 1, Section 1. Concernant les privatisations et les mutations de l'Etat, la Banque Mondiale va attribuer l'absence de solutions aux problèmes de pauvretés, d'inégalités et d'amélioration dans la situation sociale à l'inefficacité des politiques traditionnelles d'intervention publique. Plus généralement, c'est l'incapacité de l'Etat à traiter convenablement ces problèmes qui est mise en avant dans de nombreux rapports et analyses d'institutions internationales. Pour résoudre cette faiblesse de l'Etat, la Banque Mondiale propose un changement radical dans le rôle de l'Etat et une implication beaucoup plus grande du secteur privé dans la promotion du développement et dans la lutte contre la pauvreté. « Après des décennies durant laquelle l'intervention de l'Etat était considérée comme la panacée pour toutes les imperfections du marché» écrit la Banque Mondiale, «les événements mondiaux des années 1990 qui ont conduit à la fin de la planification centrale ont mis en lumière les imperfections de l'Etat et ont dévalorisé l'intérêt du secteur public. L'expérience suggère aujourd'hui que le secteur public et le secteur privé sont indispensables à la lutte contre la pauvreté. » [Banque Mondiale, 1997a, p.i].

[2] Voir [Valier, 2000] et [Lautier, 2003]

économiques ou de transition ne peuvent pas travailler et donc ne gagnent pas d'argent.

Si les deux premières catégories sont respectivement assimilables aux indigents et travailleurs du secteur informel et aux personnes handicapées, la dernière catégorie quant à elle pourrait s'appeler, dans la terminologie de la Banque Mondiale la population vulnérable correspondant aux personnes qui ont subit le plus durement la perte d'emploi dans le secteur formel. Telles sont les populations ciblées par l'institution financière pour bénéficier des filets de sécurité et la Banque Mondiale ne manque pas une occasion pour insister sur la nécessité de cibler ces programmes en précisant que le ciblage «est nécessaire pour des programmes soutenables et financièrement équilibrés» [Banque Mondiale, 1997b]. La maîtrise des coûts doit être parfaite puisque les programmes doivent être rigoureusement à l'équilibre. De plus, la Banque Mondiale précise que les montants des transferts pour l'assistance sociale doivent être maintenus à des niveaux modestes pour ne pas provoquer des incitations à la population qui ne serait pas vraiment celle ciblée par ces programmes.

Ces politiques ciblées vers les plus pauvres doivent n'être que de courte durée et uniquement pour leur permettre de supporter les effets négatifs que les crises économiques et les politiques d'ajustement vont avoir sur la condition de vie des populations vulnérables. «Il existe une réelle nécessité de protéger ces nouveaux pauvres et les pauvres chroniques[1] par l'introduction de programmes d'assistance sociale ou par la restructuration des programmes déjà existants et qui les rendent financièrement, politiquement et administrativement soutenables. » [Banque Mondiale, 1997b].

On notera qu'il s'agit bien de politiques d'assistance et non la garantie de droits sociaux universels. Bien plus que de trouver des solutions durables aux problèmes de pauvretés, ces politiques ciblées se proposent beaucoup plus simplement de pratiquer une gestion de la pauvreté pour qu'elle ne provoque pas trop de bouleversements dans la société.

Cet objectif des politiques sociales ciblées ne peut faire oublier que leur objectif fondamental selon les arguments de la Banque Mondiale est d'assurer une croissance solide et soutenue, car c'est au bout du compte par elle que passe une immense partie de la solution[2].

---

[1] C'est-à-dire, pour la Banque Mondiale, les pauvres structurels que des indicateurs comme les Nécessités de Base Insatisfaites tentent de la même façon d'estimer.

[2] Précisant les objectifs de ces politiques sociales libérales et le lien entre libéralisme, croissance et pauvreté du point de vue orthodoxe, J. Valier souligne de manière critique que «[...] la réduction de la pauvreté sera fondamentalement le fruit, demain, d'une croissance retrouvée grâce au libéralisme économique, mais en attendant, il est nécessaire, pour les plus pauvres, de mettre en œuvre un certain type de politique sociale. [...] Il est tout d'abord nécessaire de mettre parallèlement en œuvre, puis d'approfondir, des changements structurels, sous la forme de politiques de libéralisme économique, interne et externe. Il faut libéraliser l'ensemble de l'économie. » [Valier, 2000, p. 137]. De même [Lautier,

Cette conception est-elle en mesure de prendre en compte le lien étroit entre variables macro-économiques et variables sociales ?

La notion de ciblage est ici centrale dans l'optique libérale puisqu'elle se propose de pallier les insuffisances ou à la vulnérabilité des personnes qui travaillent mais qui ne peuvent subvenir à leurs besoins. Cette approche ne considère à aucun moment que la solution (ou une partie de celle-ci) pourrait provenir d'un Travail Décent, stable et équitable permettant de dépasser la satisfaction des besoins de base. Ainsi, au lieu de pratiquer un saupoudrage *ex-post* pour tenter de combler des salaires trop faibles, il serait nécessaire d'assurer des rémunérations à la hauteur du travail fourni et surtout des conditions de vie (subsistance, protection sociales, éducation, loisirs, épargne...) qui permettraient que les travailleurs ne soient pas complètement dépendant de programmes sociaux d'assistance lourds pour les finances de l'Etat et surtout inefficaces (contre-productifs) à l'occasion d'un projet de développement soutenable et équitable. Comme le note J. Valier, «au total, ainsi limitée à l'action contre la pauvreté extrême, la politique sociale tend à perdre son caractère universel, pour devenir un simple palliatif réservé aux exclus du marché. On peut parler d'une conception résiduelle de la politique sociale» [Valier, 2000, p. 142]

Assurer des conditions de travail dignes et équitables suppose que l'on s'intéresse au travail et à sa rémunération mais aussi à l'influence du régime de croissance et de l'insertion internationale des économies du Mercosur dans l'économie mondiale. Dans la section suivante seront abordées des approches théoriques qui mettent en avant le lien entre volatilité macro-économique, flexibilité et déréglementation d'une part et vulnérabilité sociale, volatilité des salaires.

Approche hétérodoxe

Volatilité macro-économique et organisation du travail

De nombreux auteurs ont été amenés à critiquer l'approche présentée ci-dessus[1] et à envisager une causalité entre ouverture et libéralisation d'une part et conséquences sur le marché du travail et vulnérabilité sociale d'autre

---

2003, p. 82]; «Les politiques "ciblées" en faveur des plus pauvres sont présentées comme relevant d'une préoccupation éthique dans un contexte de pénurie de ressources. Mais elles sont aussi fortement déterminées par une conception de la pauvreté proche de celle qu'avaient les "philanthropes" du milieu du 19ème siècle: éviter autant que possible les aides en numéraire pour éviter les gaspillages (par les pauvres eux-mêmes ou par les fonctionnaires corrompus); ne pas enfermer les pauvres dans l'assistance (sauf ceux qui sont radicalement "inemployables"), mais les aider à se replacer sur le marché; favoriser l'auto-organisation des pauvres.»

[1] En France malgré des approches comportant des différences, P. Salama, F. Chesnais, J; Marques-Pereira, B. Lautier; et M. Aglietta à l'étranger, N. Lustig, J. L. Ocampo, D. Rodrik et plus récemment J. Stiglitz. Voir également l'article de J. Wolfers (2003), «*Is Business cycle volatility costly? Evidence from surveys of subjective well-being*», NBER WP n°9619 qui traite de certains de ces points mais dans une approche de *business cycle*.

part. Déjà dans les années 1960-1970, l'approche structuraliste de la CEPAL dans un modèle de Centre-Périphérie insistait sur les spécificités de l'Amérique latine par rapport au modèle des pays du Centre et des modèles néo-classiques. Cette approche distingue trois différences essentielles [Tokman, 1991, p. 129] :
- L'urbanisation ;
- L'industrialisation tardive fait que la technologie est accessible après avoir été utilisée plusieurs années (voire décennies) dans le pays du Centre[1].
- Le progrès technique a lieu dans un contexte structurel très différent en raison de la croissance de la population et de la concentration des richesses[2].

L'approche historico-structurelle de la CEPAL dans les années 1960 contraste fortement avec le modèle simpliste de la théorie standard.

Depuis ces analyses, les caractéristiques nouvelles de l'économie mondiale et le développement des marchés financiers décloisonnés et déréglementés, la désintermédiation financière ont amené en Amérique latine comme dans d'autres régions du monde, une recherche de la rentabilité maximale en s'orientant vers la spéculation financière et se détournant des investissements productifs.

Ces derniers étaient (et sont en grande mesure encore aujourd'hui) jugés moins ou peu rémunérateurs au vue de l'incertitude sur la stabilité économique des pays de la région. Bien entendu, les marchés financiers sont eux aussi instables mais les investissements de portefeuille et investissements productifs n'ont pas les mêmes vitesses de réaction comme nous le verrons dans un modèle présenté par D. Rodrik. La primauté donnée à la finance au détriment du productif pour valoriser le capital agit ainsi sur le marché du travail en l'obligeant à plus de flexibilité et à de nouvelles formes de domination dans le travail. Ainsi P. Salama note que «l'organisation de la production change : les flux deviennent plus tendus et les stocks diminuent. L'organisation du travail tend alors à changer profondément : le travail prescrit est réduit, celui en équipe augmente en même temps que la polyvalence s'accroît. La précarité, le travail annualisé, l'intensification et la compétence plutôt que la qualification augmentent. » [Salama, 1998, p. 443] La finance -qui est pourtant nécessaire si elle est contrôlée et orientée vers la production- tend à devenir parasitaire en

[1] La situation de la haute technologie notamment au Brésil donne la mesure des modifications qui ont eu lieu dans l'économie mondiale. Désormais, les dernières technologies sont disponibles au Brésil mais elles sont souvent détenues par des firmes transnationales et ont un faible pouvoir de diffusion technologique Voir J. Katz et G. Stumpo. L'approche structuraliste fait référence aux lignes de production obsolètes dans les pays du Centre et qui étaient ensuite implantées en Amérique latine le cas des voitures Volkswagen au Brésil et au Mexique en étaient les symboles. Désormais, les derniers modèles automobiles Volkswagen, Renault, Peugeot ou General Motors sont produits dans ces pays.

[2] Les différences en terme de productivité et de revenus étaient considérables (hétérogénéité structurelle de A. Pinto). Voir Chapitre 1

Amérique latine dans le nouveau régime d'accumulation libéralisé et ouvert des années 1990[1].

De plus, la pression sur les investissements productifs pour qu'ils soient toujours plus rentables (à la course avec les marchés financiers et les taux d'intérêt particulièrement élevés) imprime des réorganisations des entreprises afin d'être attractives aux capitaux et d'éviter les faillites. Ces réorganisations ont dans de très nombreux cas pris la forme d'externalisation et de recours à la sous-traitance, à la flexibilité du travail (via les licenciements facilités et moins onéreux pour les entrepreneurs) ou d'une non-reconnaissance de la qualification et donc d'une précarisation du travail même qualifié[2].

Si la finance oriente l'économie vers un cercle vicieux touchant le marché du travail, le régime de croissance importe également pour comprendre les résultats atteints. Ce régime s'est à la fois révélé pauvre en création d'emploi qui -de plus- se sont révélés de mauvaise qualité mais il a permis dans le même temps l'émergence d'un secteur de haute technologique compétitif sur le plan international (Embraer dans l'industrie aéronautique). L'hétérogénéité structurelle et sociale s'est accrue[3]. La question de la qualité de la croissance et de son pouvoir de redistribution est essentielle puisqu'elle est totalement absente de la réflexion de l'approche standard. En effet, celle-ci est intéressée par une croissance élevée et si possible stable qu'elle qu'en soit les caractéristiques et les coûts sociaux à payer pour y parvenir. D'éventuels programmes ciblés et temporaires seront alors mis en place pour assister les conséquences trop néfastes et visibles de ce type de croissance.

La productivité - point essentiel sur lequel nous reviendrons- doit moins à l'élévation de l'apport de technologie et de main d'œuvre qualifiée qu'à la réduction des effectifs et l'augmentation du chômage[4].

Ces analyses sur les relations «organiques[5]» existant entre le marché financier et le marché du travail dans le cadre de ces régimes de croissance financiarisé nous amène à considérer une tentative de modélisation théorique simple développée par D. Rodrik.

De la volatilité macro-économique à l'insécurité économique : le transfert du risque. Le modèle et sa logique

Dans l'article déjà évoqué au chapitre 4, D. Rodrik reprend un de ses modèles [Rodrik, 1997] et s'attache à établir le lien entre volatilité macro-

[1] Nous avons déjà discuté de ce point au Chapitre 1 Section 2.

[2] Voir [Salama 2002, p. 13] qui souligne qu'en Amérique latine les pauvres sont ceux qui sont le plus obligés de travailler en raison de l'absence d'allocation chômage. Nous reviendrons sur ce point ultérieurement. Voir également [Salama, 1996, p. 229-247]. Voir également les travaux effectués au sein du CEPN-Paris 13 sur l'économie industrielle.

[3] Voir Chapitres 1 et 2.

[4] Voir [Frenkel, Gonzalez Rozada, 2002], [Katz, 2001] et [Katz et Stumpo, 2001]

[5] Voir [Salama, 1998].

économique (due aux flux de capitaux) d'une part et insécurité économique d'autre part.
D. Rodrik souligne que l'insécurité économique peut revêtir plusieurs formes :
- Crainte d'une réduction très importante des revenus en raison de la perte de travail;
- Volatilité des revenus des foyers.

Les flux de capitaux erratiques, l'instabilité systémique (due à l'accroissement toujours plus grand du fossé entre économie réelle et instruments de stabilisation) et la faiblesse des institutions d'expression et de représentation conduisent à la baisse de la protection de l'emploi et à la grande volatilité des ressources acquises par les foyers.

Plusieurs études[1] ont montré que ce lien a une incidence sur la distribution du risque macro-économique parmi les différents foyers du pays. En effet, les foyers dont le revenu relatif varie avec la moyenne nationale, courent un risque plus élevé en matière de revenu que les foyers dont les revenus relatifs sont anticycliques. C'est le cas des travailleurs dont les revenus augmentent plus que le revenu national moyen en période d'expansion économique mais dont leurs revenus diminuent plus que cette moyenne nationale en cas de conjoncture défavorable. Ils souffrent, selon D. Rodrik, de façon disproportionnée en cas de volatilité macro-économique. Le risque macro-économique est ainsi transféré vers le facteur de production comme le travail qui n'est pas mobile sur le plan international. En effet, le capital peut entrer et sortir en fonction de l'évolution de la productivité interne et ainsi éviter le risque stochastique de l'environnement national. Ce faisant, les flux de capitaux imposent une externalité négative sur les groupes immobiles au niveau international car ceux-ci doivent alors supporter une proportion plus élevée du risque.

Afin de pouvoir analyser de manière formelle, les liens entre la volatilité de capitaux et de la vulnérabilité sociale (notamment en ce qui concerne le marché du travail), nous allons nous baser sur le modèle de Rodrik (2001) dans lequel il considère trois hypothèses fondamentales :
- Economie de petite taille, ouverte qui exporte un seul produit avec des prix déterminés par les marchés mondiaux (*price taker*) ;
- Les rendements d'échelle sont constants pour la production de ce bien avec la fonction F(K, L) où K est le capital, mobile dans l'espace et L est immobile;
- La fonction de production est normalisée par unité de travail : $pf(k)$.

[1] Voir de nouveau [Hausmann et Gavin, 1995], [Lustig N., 1999] ou encore [Ganuza E. et Taylor L., 1998].

Le niveau de la productivité dans le secteur exportateur, *p*, est le seul facteur variable du modèle (supposé aléatoire)[1].
Le revenu des travailleurs est composé du revenu salarial (w) et d'un impôt sur le capital K (τ) qui est reversé au travailleur comme complément des salaires (sous forme d'allocation ou de droits sociaux):
Revenu: I= w+ τ k.

Le montant du capital national est fixé de manière exogène en k_0 (k, montant du capital utilisé dans le pays, peut différer de k_0 en raison des possibles entrées et sorties).

L'hypothèse essentielle est que les capitalistes doivent supporter un coût supplémentaire lorsque le capital traverse les frontières du pays (frais d'une nouvelle installation, méconnaissance du nouveau marché, rapatriement des biens finaux au pays d'origine du capital ou encore coûts pour communiquer avec un pays différent). La valeur de ce coût indiquera le degré de mobilité de capital dans l'économie. Dans le modèle, une baisse du paramètre λ signifie que la mobilité du capital est plus élevée. On peut aussi considérer de manière intuitive qu'un λ élevé correspond à une mondialisation financière faible alors qu'un λ faible signifierait un état du système économique dans lequel la mondialisation financière et la mobilité du capital ont atteint un niveau élevé.

Le système d'équation caractérisant l'économie est le suivant :

$$\begin{cases} r = pf_k(k) - \tau & (1) \\ r = r^* - \lambda\,(k_0 - k) & (2) \\ w = pf_l(k) & (3) \end{cases}$$

Les équations s'interprètent de la manière suivante :
- r étant la rentabilité du capital donnée par la valeur marginale du produit de capital une fois déduit l'impôt national (τ) (équation 1)
- La concurrence mondiale et les arbitrages exigent que cette rentabilité soit égale au niveau international (r*) de laquelle on déduit une marge proportionnelle au coût de transfert du capital à l'étranger. Une sortie de capital qui réduit le montant de capital (k_1) dans un pays aura un effet négatif sur la rentabilité que perçoivent les capitalistes nationaux : $r^* - \lambda(k_0 - k_1)$ (équation 2).
- Le salaire interne *w* est égal à la productivité marginale du travail (équation 3).

De manière intuitive, le rendement du capital fluctue de pair avec le niveau de la productivité dans le secteur exportateur.

[1] Dans [Rodrik, 1997], *p* représente le prix relatif du bien ou service exporté mais le raisonnement est identique.

Le raisonnement se fait comme suit :
Soit $k(p,\tau,\lambda)$ le niveau d'équilibre du capital employé dans le pays. Considérons, un équilibre initial dans lequel la combinaison des paramètres est telle que $k(p,\tau,\lambda) = k_0$ et donc r = r*.

Les effets de la globalisation financière et de la productivité sur le capitale t les salaires

- Les effets d'une variation de λ (indicateur de globalisation financière) sur le capital k et les salaires w:

Les variations de λ n'auront aucune incidence sur le niveau de salaire *w* ou *k* car les dérivées par rapport à λ sont nulles quand $k = k_0$. [1]

Ainsi, le capital n'a aucun avantage à entrer ou sortir de l'économie nationale et donc la variation du coût de la mobilité du capital importe peu (avec *p* constant)

- Les effets d'une variation de *p (niveau de productivité dans le secteur exportateur) sur le capital (k) et les salaires (w) :.*

[1] Avec les notations suivantes pour les dérivées premières et dérivées secondes : $f_k = \frac{\partial f}{\partial k}$ et $f_{kk} = \frac{\partial^2 f}{\partial k^2}$.

Nous reprenons la résolution mathématique (non-explicitée dans l'article de Rodrik) qui aboutit à ces résultats :
A partir de la condition d'équilibre : r=r* soit: (1)=(2),
c'est-à-dire: $r = p\, f_k(k) - \tau = r^* - \lambda\,(k_0 - k)$;
Pour obtenir le point d'équilibre on dérive l'équation ci-dessus par rapport à k soit:
$p\, f_{kk}(k)\, dk/d\lambda = -(k_0 - k) + \lambda\, dk/d\lambda$.
Expression que l'on peut réécrire:
$pf_{kk}(k)\, dk/d\lambda = (k - k_0) + \lambda\, dk/d\lambda$.
On réarrange les termes pour obtenir :
$\{pf_{kk}(k) - \lambda\}\, dk/d\lambda = k - k_0$.
La fonction *k* a donc pour expression formelle:
$k = k_0 + \{pf_{kk}(k) - \lambda\}\, dk/d\lambda$.
Enfin, on retrouve l'expression de Rodrik, soit:
$dk/d\lambda = (k - k_0) / \{pf_{kk}(k) - \lambda\}$.
Cette dernière expression s'interprète donc de la façon suivante: en $k=k_0$ (condition d'équilibre) la dérivée de k par rapport à λ (indicateur inverse de la mobilité du capital) est nulle: $dk/d\lambda = 0$.
La variation de λ n'aura aucune conséquence sur le capital.
De même pour étudier la variation des salaires (w) quand λ varie, on dérive (3) par rapport à λ. On trouve:
$dw/d\lambda = pf_{kl}(k)\, dk/d\lambda$.
En remplaçant le second terme par l'expression que l'on vient de trouver pour dk/dλ on obtient:
$dw/d\lambda = pf_{kl}(k)\, [(k - k_0) / \{pf_{kk}(k) - \lambda\}]$.
Lorsque $k=k_0$ la dérivé est donc nulle ($dw/d\lambda=0$) indiquant que la variation de λ n'entraîne pas de conséquence pour les salaires.

La baisse de p entraîne une réduction du rendement interne du capital et provoque une sortie de capitaux dont le montant est inversement proportionnel à λ. Plus la mobilité du capital est élevée (baisse de λ), plus sera important le montant du retrait des capitaux du pays en réponse à la variation de p[1]. Une baisse de p aura des effets sur la force de travail. En effet, comme le salaire dans le pays (exprimé en bien importé) est déterminé par la valeur marginale du produit du travail dans le bien exporté, la mobilité du capital accentue les fluctuations du salaire destiné à la consommation. Ainsi, plus λ est faible (mondialisation financière et mobilité du capital intenses), plus l'ampleur des fluctuations des salaires seront élevées[2]. Ce résultat est important puisque nous le mobiliserons dans le chapitre 6 Section 2.

De plus, le revenu réel des travailleurs I étant composé des revenus du travail et de l'impôt sur le capital ($I = w + \tau k$), la situation des travailleurs est encore plus difficile car une partie de leur revenu provient de l'impôt sur le capital. Ainsi, les variations de I (Revenu) résultent non seulement des fluctuations des salaires mais également de l'évolution de la base fiscale (k) à mesure que le capital va et vient à la recherche de rendements plus élevés.

Conclusions du modèle

Ce modèle nous permet de montrer que le capital impose une externalité négative aux travailleurs. De plus, lorsque le niveau de mobilité est suffisamment élevé, il devient alors impossible de compenser les pertes supportées par les travailleurs par des ajustements adéquats de l'impôt sur le capital. La mobilité du capital permet aux capitalistes d'échapper à l'impôt, ce qui laisse les travailleurs dans une situation encore plus fragile.

Ce «dilemme» entre capital et travail apparaît partout mais celui-ci se manifeste de manière particulièrement aiguë en Amérique latine où la volatilité des flux de capitaux est particulièrement significative[3].

Ce modèle établit donc le lien entre mobilité des capitaux et effets sur le marché du travail et permet à D. Rodrik d'argumenter en faveur de politiques macro-économiques agissant sur les flux de capitaux et le taux de change, qui contribue à une meilleure stabilité de l'économie réelle censée conduire à l'allégement de la domination des marchés financiers sur les instruments de politiques macro-économiques. L'auteur insiste sur la nécessité d'institutions représentatives (syndicats, partis politiques et organes législatifs) avec une

---

[1] Formellement, après quelques réarrangements des termes: $\lambda \frac{\partial k}{\partial p} = \frac{f_k}{\lambda - p f_{kk}} > 0$.

[2] De même après quelques réarrangements des expressions: $\frac{\partial w}{\partial p} = f_l + \frac{p f_{kl} f_k}{\lambda - p f_{kk}} > 0$

[3] Pays qui accordent des conditions très favorables aux capitaux étrangers, en terme d'exonération d'impôt, pas ou peu de contrôle, capitaux spéculatifs, etc.

légitimité et une sensibilité accrue. C'est en effet la cohésion sociale qu'il s'agit de maintenir face aux inégalités et aux résultats précaires et aggravés tous deux par la confiance croissante dans les forces du marché[1].
Maintenant que nous avons évoqué certains des optiques concernant le lien entre volatilité macro-économique et vulnérabilité sociale d'un point de vue théorique, il nous faut confronter ces approches hétérodoxes aux réalités des années 1990 dans le Cône Sud.

Le marché du travail, les salaires ont-ils subi les conséquences de l'ouverture des années 1990 et du Régionalisme ouvert et si oui, quel a été cet effet et quels sont les facteurs les plus importants.

Nous verrons dans la Section 2 les grandes tendances de l'évolution du marché du travail dans les différents pays après l'application des réformes des politiques d'ajustement structurel et l'instauration du Mercosur.

2. Marché du travail après les réformes et l'établissement du Mercosur en Argentine et au Brésil

Les caractéristiques du marché du travail dans les pays du Mercosur mériteraient une étude exhaustive mais nous souhaitons -à l'occasion de l'analyse sur les effets de la volatilité macro-économique sur les salaires- de dresser leur profil afin de connaître le contexte plus précis de l'évolution des revenus.

Le chômage au Brésil et en Argentine

Le taux de chômage dans le Mercosur voit surtout la très forte hausse en Argentine qui se situe au-delà des 20%. Le Brésil quant à lui maintient son niveau de chômage à des niveaux équivalents (malgré une tendance à l'augmentation) aux alentours de 6 à 7% de la population économiquement active. D'autres facteurs entrent en considération et le niveau d'informalité n'est pas pris en compte dans ces chiffres.

[1]Cette approche est d'autant plus intéressante qu'elle tranche avec la vision orthodoxe qui met tous les espoirs dans des programmes sociaux ciblés de type «safety nets» comme nous l'avons vu plus haut.

Graphique 11 :

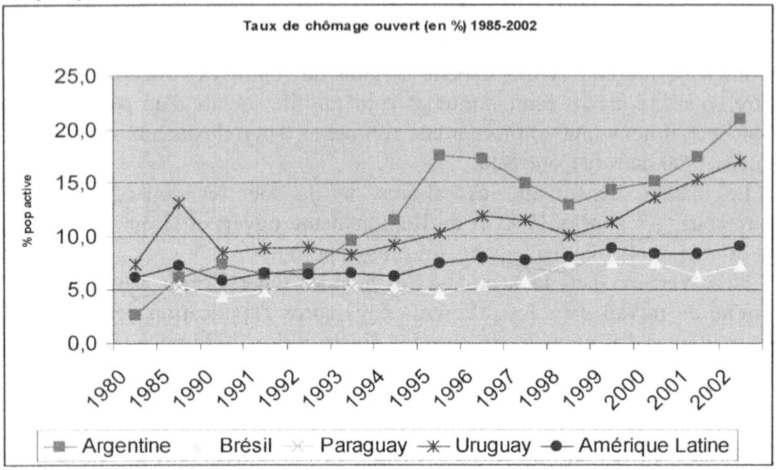

Source: Cepal, 2003

Le chômage dans le Mercosur dépend évidemment des définitions dans chaque pays et des différences notables peuvent exister. Si la comparaison des évolutions pays par pays est relativement fiable, il faut être plus prudent pour comparer les niveaux entre pays. Il ne suffira pas de se contenter d'une analyse supperficielle et purement quantitative du niveau du chômage pour conclure qu'un niveau inférieur indique une situation de plein-emploi. Le cas du Brésil avec un taux de 6% à 7% en est un exemple. Le calcul de l'IBGE (Institut brésilien de Géographie et de Statistiques) ne prend pas en compte l'ensemble des problèmes du chômage. En raison du faible montant des assurances chômage et en l'absence d'une protection sociale satisfaisante, beaucoup de travailleurs occultent leurs situations de chômage en réalisant des activités occasionnelles[1]. Le taux moyen de chômage total (ouvert + occulté) serait passé de 15% en 1994 à 20% en 2000 selon les études de PED/DIEESE. De même en Argentine, la prise en compte du sous-emploi (*subocupación*) en plus du chômage augmente de près de 10 points le niveau de chômage ainsi défini (chômage + sous-emploi).

Ces remarques étant faites, plusieurs phases se dégagent du graphique ci-dessus. Tout d'abord, les différences entre sous-groupes (Argentine et Uruguay d'une part et Brésil et Paraguay d'autre part) se confirment avec le niveau du taux de chômage.

La première phase 1990-1993 montre la stabilisation du taux de chômage en Argentine au sortir des crises hyperinflationnistes. Au contraire, on constate une augmentation au Brésil (toujours à un niveau inférieur). Le

[1] Voir [Lautier, 2003], [Salama, 2000, p. 12-13] ou encore [MTE/IPEA, 2001].

décalage des phases de régimes de croissance se retrouvent également dans l'évolution du chômage soulignant une fois de plus l'étroite relation entre volatilité macro-économique et marché du travail (sans que le sens de cette relation soit pour l'instant étudiée).

La deuxième période 1994-1998 voit une rapide dégradation en Argentine (avec des maxima à plus de 15% après l'effet Tequila en 1995 et 1996) alors que la situation du chômage se stabilise au Brésil grâce au Plan Real.

Enfin, depuis 1999 l'ensemble des pays et l'Amérique latine en générale connait une forte croissance du chômage. Seul le Brésil fait exception à cette tendance soulignant le caractère singulier du marché du travail de ce pays au sein du Mercosur.

Informalité en Argentine et au Brésil

Le niveau d'informalité dans le Cône Sud est si important que ne pas l'étudier -ne serait-ce que brièvement- serait une erreur. Tout comme la définition du chômage, celle de l'informalité est problématique lorsque l'on cherche à réaliser des comparaisons entre pays[1]. En effet, le secteur informel n'est pas homogène et de nombreux facteurs sont à prendre en compte. En plus des caractéristiques du marché du travail, le rapport à l'Etat est ici essentiel. Dans le cas de l'Argentine, les emplois informels se caractérisent par le contournement de la loi : non-paiement des charges sociales, non-déclaration ou déclaration incomplète du salaire aux organismes sociaux, paiement au noir d'une partie du salaire, etc. Les libertés prises avec les lois et l'essor des emplois informels s'expliquent d'autant plus en Argentine que les politiques libérales n'ont eu de cesse de faire reculer les prérogatives qui incombaient auparavant à l'Etat. Au Brésil, l'informalité a des origines plus en rapport avec l'histoire de la colonisation, de l'importation de main d'œuvre esclave et de la modification des rapports de production que cela a entraînée[2]. Au-delà des conditions de travail et de l'absence ou de la faible protection des travailleurs, l'informalité a également des conséquences négatives sur la structure de financement de l'assurance chômage (moins de travailleurs qui cotisent d'où moins de fonds disponibles) fragilisant ainsi l'ensemble du de la protection sociale.

Des études ont montré pour le Brésil que la pauvreté est principalement associée à l'évolution du taux de chômage alors que les inégalités dépendraient dans une marge mesure des variations de l'inflation[3].

---

[1] Pour une analyse structuraliste de l'informalité voir [Tokman, 1991]. EN 2001, ce même auteur a coordonné un travail sur informalité en Amérique latine, voir [Tokman, 2001].

[2] Voir [Salama, 2000, p. 10-11],[Lautier, 1994] et [Lautier, 2003, p. 70].

[3] L'étude de Paes de Barros et alii, (2000) a été relativement polémique car elles contredisaient les conclusions de la théorie standard sur les facteurs explicatifs de la pauvreté. La plupart des études

Les niveaux d'informalité sont présentés dans les graphiques ci-dessous en données annuelles pour le Brésil (1986-1999) et en données semestrielles pour l'Argentine (1986S1-2000S1)

Graphique 12 :

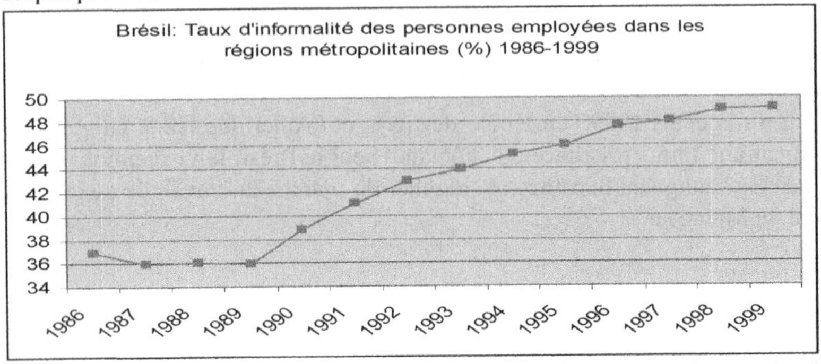

Source: [IPEA/MTE, 2001, p.75]. Note: La définition de l'informalité retenue est la proportion de travailleurs à leur propre compte (conta própia) et sans couverture administrative (*Sem Carteira*) par rapport au total de la population active.

Graphique 13:

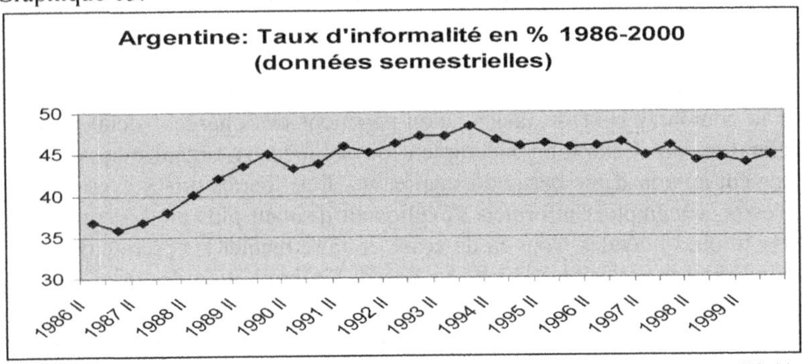

Source: CEIL-PIETTE, 2001 à partir de l'enquête des ménages de l'INDEC, miméo. Note: La définition retenue concerne le non-paiement des charges sociales et la non-déclaration (ou déclaration incomplète) du salaire aux organismes sociaux. Ces données concernent le total des agglomérations de la Province de Buenos-Aires qui concentre près de la moitié des emplois du pays.

---

statistiques montrent que le chômage affecte principalement les personnes qui ont 4 à 8 ans d'études minimums et donc pas spécifiquement les pauvres. A partir d'une étude économétrique sur la période 1982-1998, Paes de Barros, estime l'effet de l'inflation (via la taxe inflationniste) et du chômage d'autre part sur la pauvreté et les inégalités d'autre part. L'originalité de cette analyse est que le chômage a une influence plus importante dans la variation de la pauvreté que l'inflation. Une autre étude (Ramos et alii, « Desemprego, desigualdade e pobreza», MTE, conjuntura et analise n°11) en 1999 que la relation entre augmentation du chômage et pauvreté n'est pas significative. Néanmoins, comme le fait remarquer P. Salama, la définition du chômage que l'on adopte pour les calculs influe énormément dans les résultats. Voir [Salama 2000 p. 11-13].

Dans les deux pays, les niveaux d'informalité connaissent une augmentation très forte à la fin des années 1980 (1987 en Argentine et 1990 au Brésil en raison des crises hyperinflationnistes). Dans les deux pays, les niveaux d'informalité près de 50% (soit la moitié des personnes employées sont concernées). L'absence de contrat est un exemple de contournement de la loi. Ce phénomène a beaucoup augmenté en Argentine (de 21,9% en 1990 à 33% en 1996) alors que c'est une pratique généralisée au Paraguay (64,9% en 1995) et en passe de l'être au Brésil (46,3% en 1996)[1].

Tableau 19 : Amérique latine : salariés qui cotisent à la Sécurité Sociale, 1990-1998 (en %)

Pays/ Années		Secteur informel (non-paiement de cotisation à la sécurité sociale)			Secteur formel	Total
		Total	Service public	Micro-entreprises		
Amérique latine						
1990	Total	29,2	17,5	34,7	80,6	66,6
	Hommes	32,5	35,5	32,5	79,1	68,4
	Femmes	27,0	16,6	39,5	82,8	65,1
1998	Total	26,0	16,8	30,9	77,2	61,6
	Hommes	28,1	28,7	28,1	75,5	63,2
	Femmes	25,1	16,2	36,7	79,4	60,3
Argentine						
1990	Total	24,9	7,8	38,1	86,2	61,9
	Hommes	34,8	25,5	35,0	83,0	70,0
	Femmes	24,9	6,8	34,3	86,2	61,9
1998	Total	20,2	5,8	32,3	81,3	57,5
	Femmes	20,2	5,8	29,2	81,3	57,5
Brésil						
1990	Total	38,7	24,9	45,8	86,1	74,0
	Hommes	43,9	44,0	43,9	85,4	76,9
	Femmes	33,8	24,1	50,6	87,5	69,5
1998	Total	34,5	24,9	41	81,1	66,8
	Hommes	36,9	36,4	37,	79,9	69,6
	Femmes	32,6	24,1	50,5	83,1	63,1
Uruguay						
1990	Total	63,6	44,8	73	88,9	82,6.
	Hommes	70	42,1	70,2	88,5	85
	Femmes	58,8	44,8	77,8	89,7	79,1
1998	Total	57,9	39,5	63	87,2	79,4
	Hommes	63,8	25,9	64,3	86,9	82,4
	Femmes	53,8	39,8	74,3	87,6	75,8

Source: Pizarro, 2001.

[1] Voir [Pizarro, 2001]

Le tableau ci-dessus souligne un autre type de contournement de la loi (absence de paiement de la cotisation à la sécurité sociale.) Les femmes cotisent moins que les hommes pour la sécurité sociale (25,1% contre 28,1% chez les hommes dans le total du secteur informel en 1998 en Amérique latine et 60,3% contre 63,2% chez les hommes dans le secteur formel à la même année). La différence entre sexes est très élevée en Argentine dans les services domestiques du secteur informel (de 6,8% en 1990 contre 25,5% chez les hommes). Ces différences se retrouvent dans les autres pays du Mercosur (Brésil et Uruguay).

Dans la continuité de notre étude économétrique sur la volatilité macro-économique (Chapitre 3, Section 2), nous allons tester les déterminants de la variation de la volatilité du taux d'informalité. Les nouvelles variables de cette étude sont stationnaires (Tests ADF concluants, et significatifs). Il s'agit pour l'Argentine et le Brésil de la volatilité du taux de chômage ouvert (en taux de variation) (*CHOM*) et la volatilité du taux d'informalité (*INFORMAL*).

Tableau 20 :Tests de stationnarité (ADF) des variables utilisées dans l'étude économétrique

Séries	Argentine	Brésil
CHOM	-3.758**	-5.379*
INFORMAL	-4.251**	-5.644*

Source: Calculs de l'auteur. Logiciel Eviews.
Source des données : IBGE, INDEC, CEIL-PIETTE, OIT et CEPAL.
Note:
* significatif à 1%
** significatif à 5%

Avec ces tests, les variables qui étaient significatives dans la variation de la volatilité macro-économique et la volatilité du PIB elle-même (*VOLPIB*) seront testées.

Les conclusions que nous cherchons à établir avec ces tests suivront l'équation suivante:

$$INFORMAL = C_0 + C_1 CHOM + C_2 VOLPIB + C_3 VOLM1 + C_4 FLUXCAP + C_5 OUVMERCOSUR + C_6 OUVRDM$$

Nous incluons notamment dans la spécification du modèle ci-dessus la variation des flux de capitaux étrangers (*FLUXCAP*) comme facteur explicatif de l'évolution de l'informalité (*INFORMAL*) et ceci en raison de l'afflux de capitaux étrangers sous forme d'IDE de 1990 à 2001[1]. Ces capitaux ont en majorité servi à des Fusions et Acquisitions, des

[1] Voir Chapitre 1, Section 2

privatisations et ont donc une influence notable sur le marché du travail et l'informalité[1].

Nous souhaitons établir une relation significative et positive entre la volatilité du taux d'informalité et la volatilité du taux de croissance du PIB réel (*VOLPIB*) mais aussi avec le taux de croissance des flux de capitaux étrangers (*FLUXCAP*), la volatilité du taux de chômage (*CHOM*) et l'ouverture vis-à-vis du Mercosur (*OUVMERCOSUR*) et vis-à-vis du Reste du Monde (*OUVRDM*). Ainsi nous aurons des informations statistiques concernant l'influence de l'entrée de capitaux étrangers et de l'effet de l'ouverture (régionale et mondiale) sur le taux d'informalité. La variable synthétisant les poltiques monétaires (*VOLM1*) vise à intégrer l'effet de politique macro-économique (monétaire dans ce cas) sur le taux d'informalité. Les résultats sont contenus dans le tableau suivant.

Tableau 21 : Déterminant de la variation de la volatilité du taux d'informalité au Brésil et en Argentine (1990-2001).

Variable dépendante testée INFORMAL	Modèle 1	Modèle 2	Modèle 3	Modèle 4	Modèle 5
C	0.0131* (7.69)	0.0113* (7.24)	0.0157* (6.30)	0.0168* (5.91)	0.0080* (3.57)
CHOM					0.0152*** (1.95)
VOLPIB		0.0098 (1.37)	0.0134*** (1.69)	0.0155** (2.70)	0.0115** (2.33)
VOLM1	0.0038* (8.50)	0.0027** (2.61)			
FLUXCAP	-0.0001* (-16.41)	-0.0001* (-8.32)			
OUVMERCOSUR		0.0110 (1.55)			0.0409* (3.41)
OUVRDM	0.0263* (20.67)	0.0273* (20.13)	0.0208* (3.14)		0.0117 (1.27)
R^2	0.78	0.82	0.48	0.16	0.71
R^2 ajusté	0.74	0.77	0.42	0.11	0.60
N	21	21	21	21	15
Durbin-Watson	1.82	1.74	1.08	1.08	1.63

Source: Calculs de l'auteur avec le logiciel Eviews. Notes: valeurs corrigées de l'hétéroscédaticité par la matrice de White. *significatif à 1% ; ** significatif à 5% ; *** significatif à 10% ; entre parenthèses : t-stat

L'étude qui porte sur la décennie 1990 apportent des résultats importants qui ne sont pourtant que partiels en raison de la faible taille de l'échantillon[1].

[1] Ainsi la BID évoque les travaux de Feenstra et Hanson, 1996. Ces auteurs soutiennent que les flux de capitaux des pays développés vers les pays «en développement» entraînent une augmentation de la demande de travail qualifié dans les deux pays et mais augmentent également l'inégalité salariale. Voir [BID, 2002, p. 303-305] et Chapitre 6 , Section 3.

Les coefficients de détermination sont relativement satisfaisants (sauf modèle 4) et indiquent la pertinence des variables sélectionnées dans le modèle[2]. Le poids de volatilité macro-économique dans la variation de l'informalité en Argentine et au Brésil est significatif et positif. La volatilité macro-économique et celle de l'informalité varient dans le même sens et le modèle (4) indique que la volatilité du PIB réel expliquerait 16% de celle de l'informalité. La relation entre volatilité macro-économique et variation d'une variable du marché du travail souvent réfutée théoriquement dans l'approche orthodoxe trouve ici une contradiction empirique. Les populations les plus vulnérables (qui travaillent dans le secteur informel) vont être touchées (sans parler encore du sens de la causalité) par la volatilité du PIB réel.

Les coefficients de corrélation de l'ouverture (*OUVRDM* dans tous les modèles *et OUVMERCOSUR* dans le modèle 5) confirment également les hypothèses que nous faisions.. L'ouverture et l'évolution de l'informalité évolue dans le même sens et avec une relation significative entre elles. L'indicateur de globalisation (*OUVRDM*) connaît des t-stat très élevés. La politique monétaire varie également dans le même sens que l'informalité et de manière significative (soulignant ainsi l'effet des réformes structurelles sur le marché du travail et les conditions sociales). Le signe de la relation entre la variation des flux de capitaux étrangers et l'informalité est un résultat surprenant. Le signe négatif de cette relation significative au seuil de 1% indique néanmoins le caractère dépendant du marché du travail vis-à-vis des entrées de capitaux. En effet, un ralentissement de la variation d'entrée de capitaux se traduit par une variation à la hausse de l'informalité marquant ainsi la forte dépendance des économies aux flux de capitaux étrangers. Enfin, le taux de chômage varie dans le même sens que la volatilité de l'informalité (significatif mais uniquement au seuil de 10%) mais la taille de l'échantillon est trop faible pour que ce résultat soit robuste statistiquement. Nous le prendrons donc comme une indication de la relation positive entre la variation du chômage et l'informalité[3].

---

[1] Le statut des résultats de ces tests sera à considérer en fonction de la relative faible taille de l'échantillon et des données disponibles. A part dans les cas des modèles 3 et 4, les tests de Durbin-Watson (qui doivent être proches de 2) sont satisfaisants pour la majorité des modèles. Le modèle 5 ne se base que sur 15 observations et par conséquent les résultats qui en découlent sont forcément à prendre en compte avec plus de prudence que ceux des autres tests (chapitre 4). Néanmoins, il faut souligner la difficulté de trouver des séries longues et homogènes concernant l'informalité et les taux de chômage en raison des modifications fréquentes des définitions. Ces problèmes concernant la taille de l'échantillon se retrouveront dans certains des tests de causalité. Notons cependant que des tests basés sur des échantillons petits sont assez courants dans la littérature qui ne travaille pas sur les données de ménages et individuelles ou sur des pays développés (ainsi [Rodrik, 2001] dans le modèle 4 (chapitre 4, Section 2) avec un échantillon de 22 données ou encore [Hausmann et Gavin, 1995] sur la pauvreté avec 23 données).

[2] Compte tenu de la disponibilité des données, la variable du chômage (*CHOM)* pourtant très intéressante, réduit tant le nombre d'observations, que nous en la retenons que dans le modèle 5.

[3] Nous avons également effectué un test de causalité entre chômage et informalité.

Tableau 23 :Tests de causalité de Granger : chômage et informalité (1990-2001)

Comme précédemment, une série de Tests de causalité (Granger) indique le sens de la causalité entre volatilité macro-économique et informalité durant la décennie d'existence du Mercosur.

Tableau 22 :Tests de causalité de Granger : volatilité macro-économique et informalité

	Nombre de retards	Nombre d'observations	volatilité macro-économique ==> informalité	Informalité ==> volatilité macro-économique
Argentine	1	10	**OUI** 11.010*	**OUI** 6.395**
Brésil	2	8	**NON** 0.155	**NON** 0.247

Source: Calculs de l'auteur. Logiciel Eviews. Les données sont celles déjà présentées antérieurement dans cette section. Note: * significatif à 1% ** significatif à 5%

De nouveau la faible taille de l'échantillon invite à la prudence mais les résultats confirment un cercle vicieux et auto-entretenu en Argentine entre volatilité du PIB réel et informalité. Ce résultat a d'autant plus de poids et d'importance que les niveaux de volatilité macro-économique atteignent des niveaux très élevés en Argentine durant la décennie 1990 (Voir Chapitre 3 Section 1).

Pour le Brésil, la volatilité n'est pas le caractère distinctif depuis 1994 (principalement après le Plan Real mais aussi après la dévaluation de 1999). L'absence de causalité (au sens de Granger) n'est donc pas un résultat surprenant. Il confirme que les sources de l'informalité sont à chercher ailleurs et ont des origines plus structurelles (inégalités).

	Nombre de retards	Nombre d'observations	Chômage ==> informalité	Informalité ==> chômage
Argentine	1	7	NON 0.451	NON 0.086
Brésil	1	6	OUI 5.599*	NON 0.763

Source: Calculs de l'auteur. Logiciel Eviews

Note:

* significatif à 1%

De nouveau la faible taille de l'échantillon est problématique même si ces résultats donnent une indication sur la causalité chômage →informalité au Brésil qui est significative.

L'étude du chômage et de l'informalité dans le Cône Sud dans ce chapitre a mis l'accent sur les différences entre les pays du Mercosur. Les effets sur le marché du travail (informalité) de la volatilité du taux de croissance du PIB réel, d'autres variables macroconomiques (flux de capitaux étrangers, politique monétaire) et surtout de l'ouverture commerciale ont été confirmés statistiquement. Les poltiques sociales et la libéralisation des marchés sont loin d'avoir eu les effets escomptés. Les modifications du marché du travail et leur dégradation ont eu des effets sur le niveaux des salaires (voir Tableaux ci-dessous).

Tableau 24 : Relation de revenus entre Travailleurs sans et avec contrat ou entre salariés permanents et non-permanents

Pays	Année	Relation de revenus (%)		
		Total	Moins de 5 salariés	Plus de 5 salariés
Argentine	1997	68	73	69
Brésil	1996	65	64	60
	1990	69	-	-
	1979	55	53	75
Paraguay	1995	76	82	79

Source: Pizarro, 2001. Note: La définition de l'informalité retenue par l'auteur concerne la détention ou pas d'un contrat de travail d'une part et la comparaison entre salarié à durée indéterminée et durée déterminée d'autre part.

L'informalité représente un intérêt pour les employeurs et les entreprises qui bénéficient de coûts salariaux moins élevés[1]. Dans le cas de l'Argentine, le coût du travail d'un travailleur temporaire permet une économie de 43% à son employeur (chiffre pour 1996, voir tableau ci-dessous).

Tableau 25: Coût salarial moyen par heure travaillée en 1996 (secteur manufacturier en US dollars courants)

	Permanent		Coût du travail (1)	Temporaire		Coût du travail (2)	Rapport Temporaire/ Permanent (2)/(1)
	Salaire	Coût du travail autre que salaire		Salaire	Coût du travail autre que salaire		
Argentine	4.29	1.83	6.12	2.65	0.84	3.49	0.57

Source: [Pizarro, 2001, p. 31] d'après étude de l'OIT menée par Tokman et Martinez: *Flexibilisation dans les marges: la Réforme du contrat de travail* (1999). Dans ce cas, la définition de l'informalité retenue est celle qui concerne le type de contrat (à durée indéterminée/à durée déterminée).

[1] Sans prétendre que les entreprises souhaitent ou désirent recruter des travailleurs informels.

Les données pour le Brésil (IPEA/MTE, *Conjontura e analise*, 2003) confirment cette tendance puisque les travailleurs sans couverture administrative (*Sem Carteira*) touchent 25% de moins en moyenne sur la décennie 1990 que ceux qui possèdent une telle couverture. En 1992, en pleine crise hyperinflationniste, ce ratio atteignait plus de 50% au détriment des personnes sans couverture.

Ces premières indications sur le niveau des salaires vont être développées dans le chapitre suivant. La libéralisation des économies et les réformes libérales (voir indices synthétiques au chapitre 4) sont loin de confirmer, dans le cas du Mercosur, les conclusions des théories standard que nous avons brièvement exposées dans la première section de ce chapitre.

Chapitre 6

De la détérioration de Travail Décent à la volatitlité des salaires et à la vulnérabilité sociale dans le Mercosur 1991-2003

Ce chapitre conclut l'évaluation des effets de la volatilité macro-économique et de l'intégration régionale sur le marché du travail. L'accent sera mis sur les salaires à travers une étude originale inspirée de travaux de D. Rodrik (Section 1). La dégradation du Travail Décent compte pour beaucoup dans la vulnérabilité sociale que connaissent les pays du Cône Sud (Section 2). Enfin, la Section 3, étudie le marché du travail sous l'angle de l'intégration réginale.

Ce chapitre constituera un bilan critique du modèle de croissance et de développement qui devait garantir une plus grande équité.

1: La relation volatilité du PIB / volatilité des salaires

Le travail et les salaires en Argentine et au Brésil depuis le Régionalisme Ouvert

Le travail représente la source essentielle des revenus des groupes de classe moyenne ou de bas salaires dans les régions urbaines. Cet élément a été déstabilisé et attaqué par une forme de production basée sur certains pôles modernes qui nécessite peu de main d'œuvre. Ce type d'emploi dans les secteurs à haute productivité et technologie n'ont pas été générateur d'emploi en grand nombre et ce sont plutôt les secteurs à faible productivité qui ont employé la majorité de la population de ces classes sociales moyenne et pauvre.[1]Les graphiques suivants présentent l'évolution des niveaux de salaires réels moyens au Brésil et en Argentine[2].

---

[1] Voir [Katz, 2001], [Stallings et Peres, 2001], [Pizarro, 2001]

[2] Comme le constatent nombre de chercheurs spécialisés sur l'étude des niveaux de salaires dans ces pays (notamment [Wood, 1997, p. 40 et 55]) ces données sont relativement difficiles à mobiliser surtout en séries longues et homogènes. Cela est d'autant plus le cas pour des petits pays comme l'Uruguay et le Paraguay aussi nous centrerons nous sur les cas de l'Argentine et du Brésil. Les deux autres pays seront traités en fonction de la disponibilités des données. Pour le Brésil, l'étude en données mensuelles sur les deux dernières décennies sont disponibles (Ipeadata, 2003) mais ces chiffres sont des données brutes et

Les données mensuelles des salaires réel moyen dans l'industrie argentine sont calculées par la CEPAL-Buenos-Aires (Graphique suivant).

Graphique 14 :

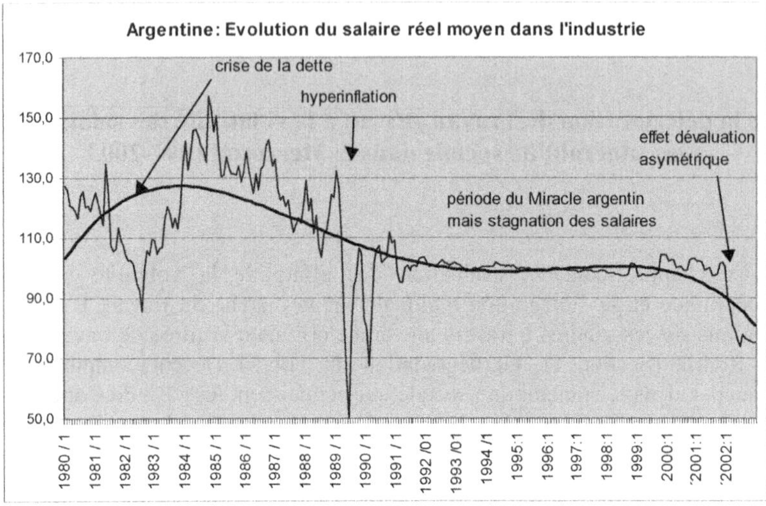

Source: CEPAL, 2003, Bureau de Buenos-Aires.
Note: Données mensuelles (1980/1: Janvier 1980). Définition du salaire réel moyen dans l'industrie d'après la CEPAL, Bureau de Buenos-Aires: «Correspond au salaire moyen normal et permanent défini comme la somme des salaires de bases (en incluant les heures supplémentaires et les primes). Valeurs avec saisonalité (mois d'été soit décembre-février). Séries non corrigées pour la stationarité. De plus, les salaires réels se définissent par le montant des salaires nominaux mensuels déflatés par la moyenne l'IPC du mois suivant comme estimateur des prix à la fin du mois ». La courbe en noir (trait gras) correspond à une courbe de moyenne sur la période.

La courbe de l'évolution des salaires réels moyens mensuels en Argentine amènent plusieurs remarques. On remarque des périodes extrêmement instables durant les crises hyperinflationnistes. L'élément qui retient notre attention est la stabilité des niveaux de salaires réels moyens à partir des plans de stabilisation macro-économique. En effet, durant la convertibilité argentine et malgré la volatilité du taux de croissance du PIB réel, les salaires argentins sont restés au même niveau. Cette remarque peut paraître positive si la période considérée était caractérisée par une croissance faible ou nulle mais durant une part importante de cet épisode de la convertibilité, l'Argentine a connu des taux de croissance très élevés et ce, à de nombreuses reprises (Voir chapitre précédent). Or les salaires n'ont absolument pas

non-désaisonnalisées. Une telle analyse amène à développer des considérations qui dépassent le cadre de ce travail, aussi nous présentons des données trimestrielles et annuelles au Brésil et en Argentine sur la décennie 1990. Dans le cas de l'Argentine, ces problèmes existent également mais nous disposons d'une série mensuelle déflatée et homogénéisée réalisée par la CEPAL-Buenos-Aires qui est éclairante.

bénéficié des périodes de forte croissance[1]. Certains économistes noteront également que les salaires n'ont pas baissé pendant les baisses du taux de croissance après l'effet Tequila notamment soulignant ainsi le caractère rigide des salaires à la baisse comme à la hausse du à l'insuffisante flexibilisation du marché du travail, du poids trop important des syndicats et des fonctionnaires.

Les phases de croissance forte du PIB en 1991-1994 puis celle de 1996-1997 mais surtout l'accroissement de la productivité ont été déconnectées de l'évolution des salaires réels soulignant ainsi une des caractéristiques fondamentales de ce régime de croissance financiarisé[2].

Le partage des fruits de la croissance de ce régime à dominante financière a été inégal et excluante.

Durant la décennie 1990, l'évolution des taux de salaires réels mais aussi de sa volatilité apporte des éléments intéressants qui confirment les trajectoires différentes du Brésil et de l'Argentine.

Graphique 15:

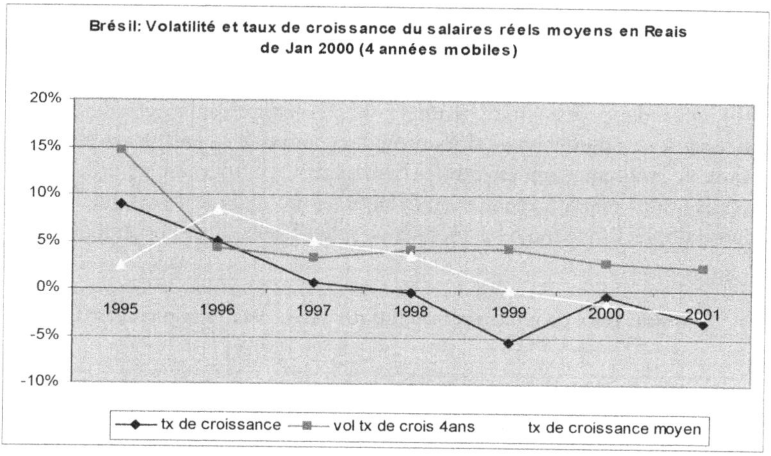

Source: IPEA-MTE, 2003. Note: Les salaires correspondent à des salaires moyens dans toutes les régions métropolitaines.

---

[1] Ce constat est également fait par [Stallings et Weller, 2001, p. 190] qui soulignent que durant les années 1990 «l'Argentine a été l'exception à la règle, car en dépit des forts taux de croissance, aucune amélioration de du niveau des salaires n'a été enregistrée».

[2] Voir Katz, Stumpo (2001), Moltimore et alii (2001), Frenkel et alii (2002).

Graphique 16:

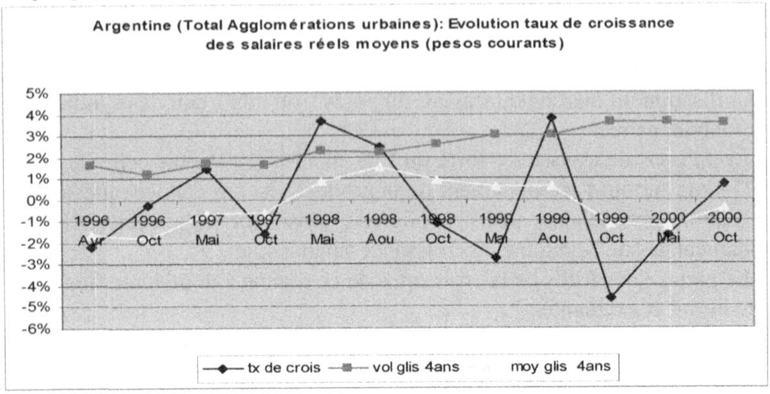

Source: INDEC, 2003. Note: Salaire moyen en pesos courants (pendant la convertibilité)

Les graphiques en données annuelles et semestrielles de la volatilité et du taux de croissance moyen des salaires réels confirment la divergence de tendances des taux de croissance du PIB réel enregistrées précédemment. Au Brésil la tendance est plutôt à une faible volatilité mais avec une faible croissance des salaires réels alors qu'en Argentine la volatilité est élevée et les taux de croissance ont été faibles ou négatifs.

Nous allons pouvoir étudier les évolutions des taux de croissance du PIB et du salaire réel moyen en les mettant en regard dans un même graphique.

Graphique 17 :

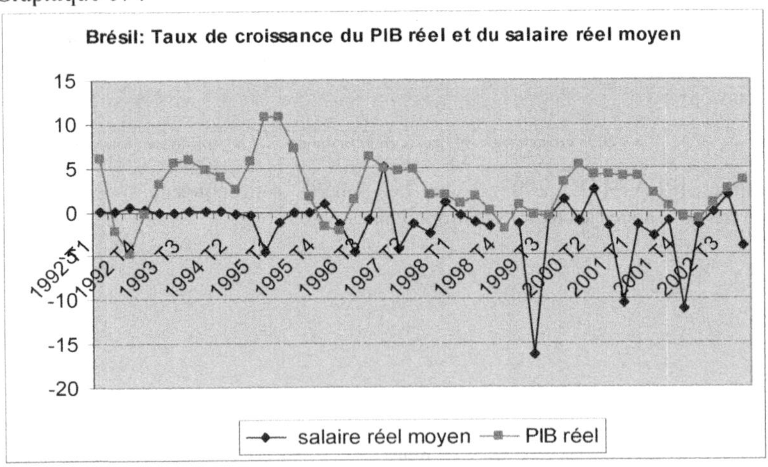

Source: Ipeadata, 2003. Salaires: même définition que précedemment.

Graphique 18 :

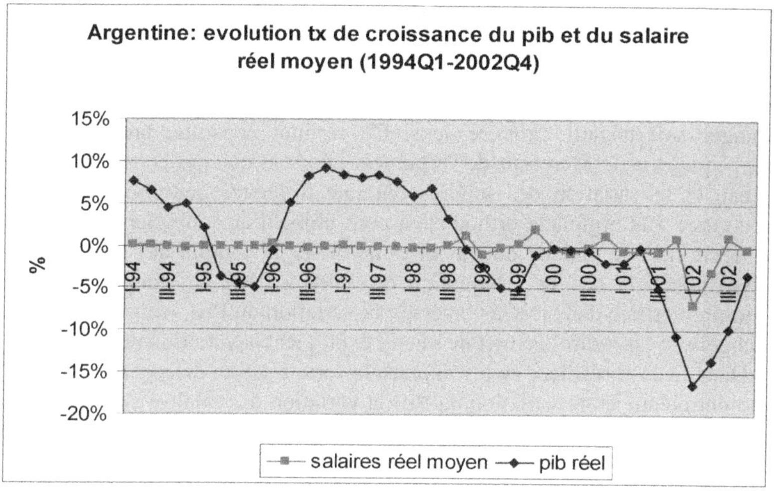

Sources: PIB: INDEC, Dirección Nacional de Cuentas Nacionales, 2003
Salaires: CEPAL, 2003, Bureau de Buenos-Aires.

Ces données seront mobilisées dans la section suivante qui visera à décomposer la volatilité du salaire réel moyen. Elles montrent des évolutions différentes en Argentine (blocage des salaires malgré croissance élevée) et au Brésil.

Avant de procéder à l'analyse de la décomposition de la volatilité des salaires proposée par D. Rodrik, la taille de l'échantillon permet de mener un test de Causalité entre le taux de croissance du PIB réel et celui des salaires (en Argentine et au Brésil).

Tableau 26 :Tests de causalité : volatilité macro-économique et Volatilité des taux de salaire réel moyen

	Nombre de retards (2)	Nombre d' observations	Txwage ==> txpib	txpib ==> Txwage
Argentine 1994Q1-2002Q4	2	34	**NON** 0.675	**OUI** 3.270**
Brésil (1) 1988M1-2002M12	4	229	**OUI** 22.533*	**OUI** 4.082*

Source: Calculs de l'auteur. Logiciel Eviews

Notes: * significatif au seuil de 1%; ** significatif au seuil de 5%;

(1) données mensuelles: IPEAdata 2003 taux de croissance à partir du PIB exprimé en prix de marché en base 100.

(2) Comme précédemment, nous fixons un retard plus court dans le cas de l'Argentine en raison du niveau plus élevé de la volatilité dans ce pays.

Notons que dans ce type de test, le niveau de la volatilité du PIB importe peu puisque l'on s'intéresse au sens de la relation entre l'évolution de ces deux variables.

En Argentine, les salaires étant bloqués sur une longue période, il est normal qu'ils n'influencent pas la variation du PIB réel et que le test de Granger soit négatif dans ce sens. Ce résultat constitue une réfutation empirique pour le Mercosur de l'argument néoclassique qui considère que le niveau et la variation des salaires ont une influence déterminante sur la croissance. Cet argument orthodoxe a pour objectif de souligner la nécessité de flexibiliser le marché du travail et de briser la rigidité des salaires à la baisse. Dans le cas de l'Argentine de 1994 à 2002, la causalité est au contraire vérifiée dans le sens inverse : la variation du PIB «cause au sens de Granger» (c'est-à-dire permet de mieux expliquer) la variation des salaires.

Dans le cas brésilien, ce test montre la forte relation de type circulaire et auto-entretenue entre variation du PIB et variation des salaires sur la période considérée.

Ces résultats donnent une première idée des liens entre variations macro-économiques et salaires.

Analyse et décomposition de la volatilité des salaires réels de D. Rodrik

La logique et l'expression de la décomposition

La décomposition proposée par D. Rodrik a pour objectif de mieux aborder l'incertitude économique issue de la volatilité des revenus de chaque ménage. Trois sources d'incertitude seront ainsi identifiées et donneront chacune lieu à des recommandations de politique économique spécifique.

Soit:

$$d \ln y_{it} \equiv d \ln y_t + (d \ln y_{it} - d \ln y_t)$$

avec

y_{it} *: les revenus des ménages ;*

y_t *: revenu national ;*

$d \ln y_{it} = \delta_{it}$ *: taux de croissance du revenu du* $i^{ème}$ *ménage ;*

$d \ln y_t = \delta_t$ *: taux de croissance du revenu du PIB .*

Soit le taux de croissance du revenu du ménage par rapport à la moyenne nationale défini par :

$$(d \ln y_{it} - d \ln y_t) = \rho_{it}$$

La volatilité de la croissance du revenu du i[ème] ménage peut ainsi se décomposer en trois termes :

$$\sigma^2_{\delta i} = \sigma^2_{\delta} + \sigma^2_{\rho_i} + 2\,\text{cov}(\rho_{it}, \delta_t);$$

avec

σ^2_{δ} : *volatilité de l'économie nationale* ;

$\sigma^2_{\rho_i}$: *volatilité des revenus relatifs du ménage* ;

$\text{cov}(\rho_{it}, \delta_t)$: covariance *entre les taux de croissance du PIB et taux de croissance des revenus relatifs de chaque ménage* .

Ce type d'analyse basée sur des données micro-économiques de salaires issues d'enquêtes individuelles est difficile à mener. Aussi, D. Rodrik se propose-t-il de passer à une étude avec des données de salaires réels moyens. Cela suppose la détermination d'un «salarié ou ménage moyen» dont on considérera la rémunération pour ensuite effectuer la décomposition proposée par l'auteur. Or, comme nous l'avons vu en étudiant le marché du travail du Mercosur, le concept même de salarié «moyen» qui plus est du secteur formel est difficile à défendre comme étant représentatif dans le pays comme le Brésil et le Paraguay mais désormais également en Argentine et en Uruguay.

Ces limites sont essentielles à souligner avant que l'on procède à ces tests avec des données de salaires réels moyens mais n'enlève en rien l'intérêt que cette étude peut représenter et les informations précieuses que celle-ci donne sur les décisions de politique économique à prendre pour être les plus efficaces.

Afin de mettre en pratique cette décomposition, D. Rodrik propose de se livrer au même exercice mais à partir d'un ménage moyen dont le salaire sera le salaire réel moyen. Ces données sont plus aisément disponibles et nous utiliserons les séries chronologiques exposées plus haut pour ces calculs. La décomposition s'écrit alors :

$$\sigma^2_{w} = \sigma^2_{\delta} + \sigma^2_{\rho} + 2\,\text{cov}(\rho, \delta),$$

avec

σ^2_{w} : volatilité du taux de croissance du salaire réel;

σ^2_{δ} : volatilité du PIB, que nous noterons %pib-macro;

σ^2_{ρ} : volatilité de la différence entre les taux de croissance du PIB et du salaire réel, noté %wpib-idiosyncrasique;

$2\,\text{cov}(\rho, \delta)$: covariance entre les taux de croissance du PIB et du salaire réel et le taux de croissance PIB, noté %cov-pro/anti cyclique par la suite.

D. Rodrik présente les résultats pour quatre pays (Chili, Mexique, Pérou, et Venezuela) en décomposant la volatilité du salaire réel moyen lors de deux sous-périodes : l'une au cours des années 1980 et l'autre au cours des premières années de la décennie 1990.

Pour chaque élément de la décomposition et pour chacune des sous-périodes, il calcule la décomposition et exprime la valeur de chacun des composants en pourcentage du total de la volatilité du salaire réel. Nous procéderons à partir de la même méthodologie en tentant de distinguer deux périodes caractéristiques des années 1990 pour les quatre pays du Mercosur.

Les données sont annuelles, la volatilité est calculée sur deux ou trois périodes (en fonction des pays et de la disponibilité des données). Pour l'Argentine et le Brésil, disposant de données trimestrielles pour les séries du taux de croissance du PIB réel et du salaire réel, celles-ci seront mobilisées pour pallier aux éventuels manques des données annuelles.

Les résultats sont synthétisés dans les graphiques ci-dessous qui indiquent pour chaque pays, et pour chaque période, la décomposition en pourcentage de la volatilité du salaire réel moyen en trois termes:

- un terme qui capte les perturbations macro-économiques (%pib-macro);
- un terme qui capte les perturbations idiosyncrasiques c'est-à-dire propres du ménage ou travailleur qui perçoit le salaire moyen (%wpib-idiosyncrasique);
- un terme qui prend en compte la covariance entre les taux de croissance du PIB et l'écart entre le taux de croissance du salaire et celui du PIB (%cov-pro/anti cyclique). Ce terme est positif si le taux de croissance du salaire réel est pro-cyclique c'est-à-dire si le salaire réel augmente plus que la moyenne en période de croissance mais ralentit plus que la moyenne également en période de ralentissement. Si ce terme est négatif alors l'évolution du taux de salaire sera contra-cyclique[1].

La somme de ces trois termes (qui expriment pour chaque période et chaque pays, le pourcentage de la volatilité totale des salaires). La somme doit donc être égale à 1 (100%)[2].

Les résultats de la décomposition de la volatilité des salaires réels

Les résultats de ces décompositions sont présentés dans les quatre graphiques suivants :

[1] Dans une analyse à partir de données individuelles, l'intérêt et la justification analytique de ce terme sont évidentes. Il permet de distinguer différents types de ménages (riche, pauvres, indigents, etc.) et de confirme les analyses de N. Lustig (1999) concernant la vulnérabilité des ménages pauvres aux chocs macro-économiques. Néanmoins, en données macro-économiques, ce terme n'indique plus que le caractère pro-cylique ou contra-cyclique de l'évolution du salaire du travailleur «moyen».

[2] Comme nous le verrons dans les conclusions, les résultats que nous présentons présentent des sommes qui dépassent parfois l'unité et qui sont l'expression non pas d'erreur de calcul mais de limites intrinsèques à ce type de décomposition et calculs.

Graphique 19 :

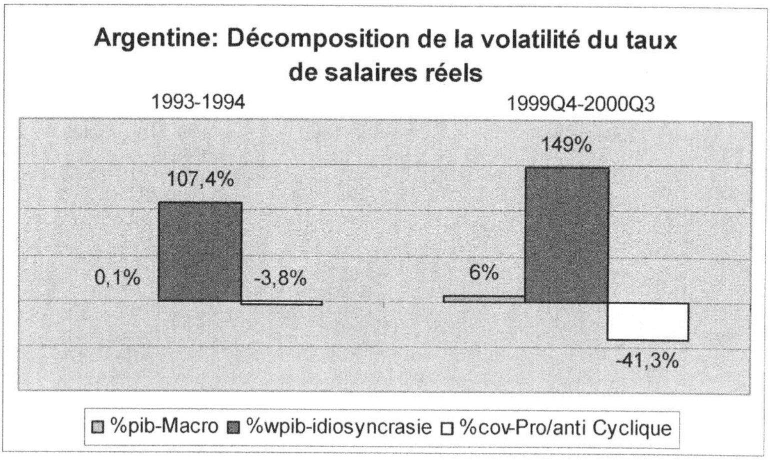

Source: Calculs de l'auteur.

La décomposition de la volatilité du taux de croissance du salaire réel moyen est problématique dans le cas de l'Argentine. En effet, comme nous l'avons déjà évoqué, les salaires ont été bloqués durant une longue période durant les années 1990. Il n'est donc pas surprenant que dans les deux sous-périodes considérées (1993-1994 et 1999Q4-2000Q3), ce soit le terme *%wpib-idiosyncrasie (*qui capte la volatilité de la différence entre le taux de salaire réel moyen et le taux de croissance du PIB réel de l'économie) qui explique le plus la volatilité du salaire réel moyen en Argentine. Le terme macro-économique *(%pib-Macro*) est quasi nul durant la période 1993-1994 (0,1%) mais augmente à 6% au cours de la période 1999-2000. Si la volatilité macro-économique importait peu durant la période du miracle argentin, elle refait son apparition au début de la longue et destructrice crise qui débute dès 1999-2000. Au cours des deux sous-périodes, le terme qui mesure la covariance entre l'écart taux de salaire et PIB d'une part et taux de croissance du PIB d'autre part est négatif (-3,8% et -41,3% respectivement). Les résultats soulignent le caractère contra-cyclique qui correspond au blocage et à la rigidité à la baisse mais aussi à la hausse des salaires réels.

La méthodologie de Rodrik nous conduit à penser que la mesure de poltique la plus efficace se situe au niveau idiosyncrasique. Nous reviendrons dans la section suivante sur les commentaires des résultats.

Graphique 20 :

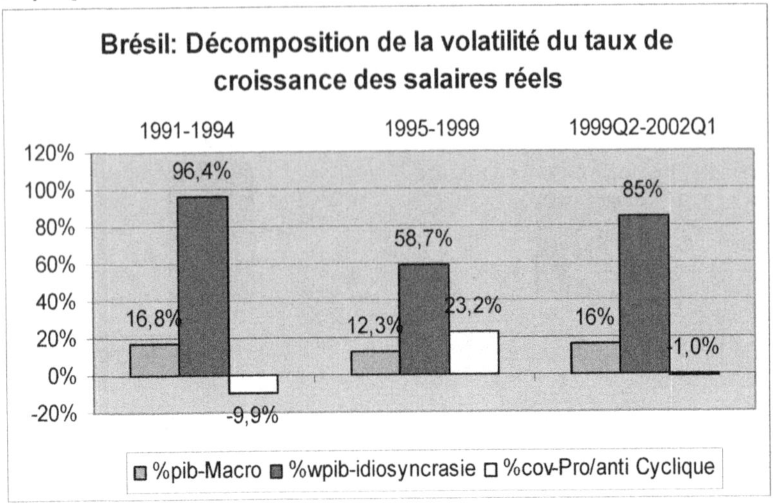

Source: Elaboration de l'auteur.

Au Brésil, trois sous-périodes peuvent être dégagées : 1991-1994 (hyperinflation), 1995-1999 (Plan real stabilisation macro-économique) et enfin 1999-2002 (en données trimestrielles). La décomposition de la volatilité du taux du salaire réel moyen indique dans les trois sous-périodes la prédominance du facteur idiosyncrasique (%wpib-idiosyncrasie). La période du Plan Real se singularise par rapport aux deux autres. En effet, la composante macro-économique de la volatilité du salaire diminue (de 16,8% à 12,3%), le terme idiosyncrasique également (de 96,4% à 58%) mais surtout le troisième terme (%cov) devient positif et indique le caractère pro-cyclique du salaire relatif (par rapport au PIB) du ménage. Le salaire a donc varié dans le même sens que le taux de croissance du PIB. On pourrait alors analyser ce résultat comme un effet de rattrapage des salaires en période de croissance économique. Néanmoins, les données dont nous disposons (en trimestrielles) et certaines analyses de la CEPAL (J. Katz), nous invitent à analyser le caractère procyclique comme une modification de la structure productive et donc du marché du travail. Le fait de mobiliser des données moyennes rend difficile l'analyse de cette modification de la structure productive sectorielle puisque l'on ne dispose que d'un seul indice de salaire moyen[1].

Les politiques les plus efficaces sont donc celles qui garantiront sous forme propres à chaque travailleur moyen une certaine stabilité du salaire du ménage par rapport à l'évolution du PIB. Les politiques macro-économiques

[1] D. Rodrik reviendra sur ce point sous forme de limite à la décomposition avec des données moyennes.

auront également des conséquences sur la volatilité du salaire réel. Le maintien de l'idiosyncrasie des ménages s'interprète selon nous comme la persistance des inégalités dans le pays et même leur consolidation.

Graphique 21:

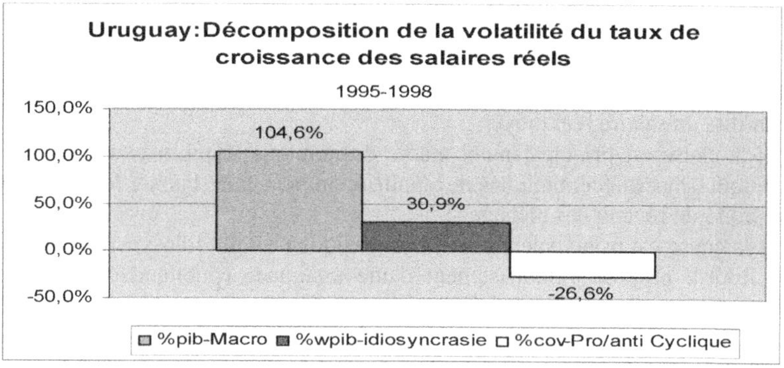

Source: Elaboration de l'auteur.

La seule phase qui a donné des résultats exploitables concerne, pour l'Uruguay, les années 1995-1998. Dans ce cas , le terme macro-économique est prédominant (104%) contre seulement 30,9% pour le temre micro-économique et -26,6% pour le terme anticyclique. Les politiques macro-économiques sont donc susceptibles d'amener des résultats plus efficaces. En l'absence d'autre période de comparaison l'intérêt est quelque peu limité.

Graphique 22 :

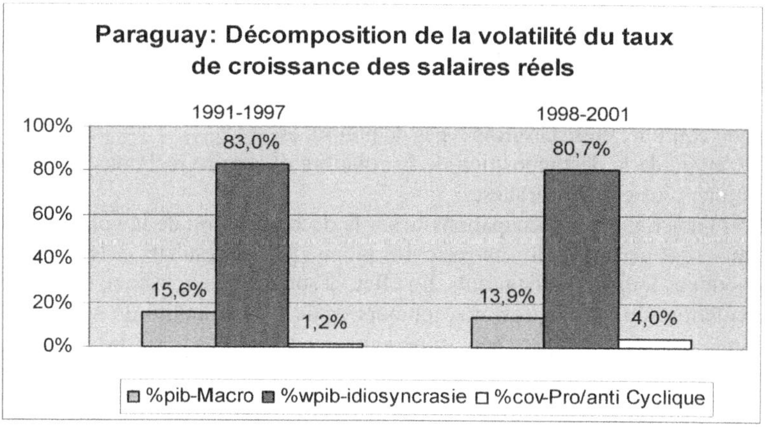

Source: Elaboration de l'auteur.

Le Paraguay connaît une décomposition relativement semblable dans la période 1991-1997 et 1998-2002. Le terme idiosyncrasique domine largement les autres et le terme de covariance est positif (pro-cyclique).

Commentaires des résultats et implications de politiques économiques:

A partir de la distinction des trois sources de la volatilité de salaires, les résultats indiquent quel type de politique sera la plus efficace pour réduire la volatilité du salaire réel moyen :

- Si la cause est principalement macro-économique (%pib-macro) alors les politiques macro-économiques de stabilisation pour faire baisser le risque de volatilité du revenu des ménages ;
- Si la cause est principalement idiosyncrasique (%wpib-idiosyncrasie) alors D. Rodrik propose l'établissement d'une assurance (publique ou privée). Selon nous, ces politiques devraient prendre la forme de luttes contre les inégalités et la vulnérabilité face aux crises. Il s'agirait d'un partage de la croissance plus équitable entre capital et travail et de politiques contra-cycliques en période de récession pour soutenir les salaires et la demande qui en découle. Nous privilégions donc une optique de demande effective et de soutien à la demande du marché interne et régional (Mercosur).
- Si le terme exprimant la covariance est la cause principale (%cov-Pro/anti cyclique) alors une politique de transfert s'avérerait, selon D. Rodrik, la plus efficace. L'identification des ménages permettrait que les mécanismes de transferts soient bien ciblés. Il importe, comme le souligne N. Lustig (1999), que ces politiques de survie des indigents et des pauvres ne soient pas soumises aux crises et bénéficient d'un statut hiérarchiquement supérieur dans les priorités des politiques publiques[1].

En réalité comme nous allons le voir, il s'agira le plus souvent de trouver le bon équilibre entre ces trois types de politiques.

L'étude de la décomposition de la volatilité du salaire réel nous amène à formuler plusieurs remarques:

Si l'objet et les préoccupations liés à la décomposition de la volatilité du salaire sont pertinents il n'en reste pas moins que les résultats et les calculs ne sont pas toujours satisfaisants. En effet, la somme des trois composants de la volatilité du salaire n'est pas toujours égale à la volatilité du salaire (la somme est parfois légèrement supérieure ou inférieure à 100%). Ceci ne modifie cependant pas les résultats et ne joue que sur la marge des trois éléments (sans affecter le sens et le signe des résultats).

D. Rodrik souligne lui-même que le fait de passer à l'analyse par le salaire moyen réel limite les interprétations du modèle et de la

[1] Sur ce sujet voir [Marques-Pereira, 2003] et [Lautier, 2003] et leur proposition de réelle séparation entre le budget social de la Nation et le budget général de la Nation.

décomposition[1]. Des analyses[2] ont par ailleurs montré que les années 1990 ont vu l'accroissement de l'hétérogénéité productive et sociale en Amérique latine (travail qualifié en hausse et travail non-qualifié également en hausse mais avec des salaires bloqués). L'analyse avec des données moyennes constitue donc une limite importante de ce type d'étude.

De plus, cet indicateur du revenu ne prend en considération que le secteur formel. Or on a vu que le secteur informel est presque «institutionnalisé[3]» dans les pays du Cône Sud. Au final, cette étude se veut un guide illustratif sur l'expérience d'un travailleur moyen[4].

Il importe d'analyser les différences entre les décompositions entre période d'un point de vue dynamique. Si le facteur macro-économique était le principal élément de la volatilité des salaires dans une première sous-période alors les modifications que cela aura sur la structure des salaires s'accumulent dans la période suivante. Ainsi, les personnes vulnérables sont les plus touchées dans la première période (hyperinflation) alors leur situation sera d'autant plus difficile après un épisode de crise. Certains économistes (N. Lustig) soutiennent l'établissement de garanties concernant les programmes de soutien en période de crise.

En conclusion de cette analyse de la décomposition de la volatilité du salaire moyen, il apparaît que le deuxième terme (%wpib-idiosyncrasie) est celui qui explique dans la plus large mesure la volatilité des salaires. Les politiques d'assurance dont par D. Rodrik comme étant les plus efficaces dans ce cas (sans toutefois les spécifier) devrait selon nous garantir que les fruits de la croissance (quand elle est présente) soient mieux distribués et notamment à ceux qui la créent c'est-à-dire les salariés. En période de récession, les politiques devraient viser à soutenir les salaires et veiller à ce qu'ils ne chutent pas trop afin de ne pas entamer encore plus la demande et la consommation. Il est clair que de telles mesures n'ont pas été prises et qu'elles supposent un changement de cap important mais selon nous nécessaire[5].

---

[1] « Le fait de baser les calculs sur le salaire moyen de toute l'économie joue contre la finalité de la méthodologie de cette décomposition puisque cela occulte la distinction entre le risque idiosyncrastique et macro-économique. L'incidence du risque entre travailleurs est supprimée. » [Rodrik, 2001, p. 17]

[2] Voir [Pizarro,2001], [Dedecca, 2001] et [Katz, 2001]

[3] Voir [Lautier, 2003]: «On revient à la question évoquée plus haut de «l'autonomie du politique». Il est illusoire d'espérer un consensus préalable de l'ensemble de la population pour mettre en œuvre ces propositions, de même que le démantèlement des politiques sociales et l'évolution de la répartition du revenu qui a fait de l'Amérique latine le continent le plus inégalitaire du monde n'ont pas non plus reposé sur le consensus. Il est évident qu'un tel ensemble de propositions ne peut être mis en œuvre que dans des circonstances politiques particulières. La faillite amorcée des politiques néo-libérales en Amérique latine en crée en partie les conditions; certains événements électoraux récents également. Il est donc temps de lancer le débat.» (p. 81).

[4] Au Brésil, le différentiel de rémunération entre secteur formel et informel (sans couverture administrative ou à son compte) s'élevait en moyenne sur la décennie 1990 à 25% environ avec de nombreuses disparités régionales et sectorielles. Voir [IPEA-MTE, 2003, p. 46-47] et [CEP, 2003] pour une distinction entre secteurs (2 digits) en Argentine.

[5] Voir [Lautier, 2003, p. 81].

Les conséquences de la détérioration du marché du travail sur l'équité sociale[1] et la vulnérabilité sociale seront l'objet de la section suivante.

2. De l'absence de Travail Décent à la Vulnérabilité sociale

La notion d'insécurité économique de D. Rodrik est étudiée de façon plus précise sous le terme de vulnérabilité sociale utilisé par la CEPAL.

En plus des conditions historiques concernant la pauvreté, la concentration des revenus et l'ouverture économique, le repli relatif de l'Etat dans les domaines de la production et du social ont entraîné une recrudescence de la vulnérabilité et de l'insécurité qui touche une grande partie de groupes sociaux et familles qui ne sont plus uniquement des foyers pauvres. C'est un phénomène qui s'étend à la classe moyenne, auparavant grandes bénéficiaires du régime d'accumulation des années 1960-70. «La vulnérabilité sociale se définit comme un phénomène social multidimensionnel qui rend compte des sentiments de risque, d'insécurité et d'absence de défense ainsi que de ressources matérielles minimums, provoqué par l'implantation d'un nouveau mode de développement qui introduit des changements de grande envergure affectant la majorité de la population» [CEPAL, 2001b, p.52]

La vulnérabilité est directement associée au montant des ressources et actifs détenus par les individus et à la capacité qu'ils ont de les dépenser dans le cadre du nouveau modèle de développement économique.

D'après l'étude de [Pizarro R., 2001] reprise dans [CEPAL, 2001b], les cinq facteurs qui déterminent le niveau des ressources et des actifs des foyers et des individus (et donc plus ou moins directement la vulnérabilité sociale) sont les suivants :

- Travail
- Le Capital Humain
- Les ressources productives
- Les relations sociales
- Les relations familiales

Travail Décent et vulnérabilité sociale dans le Mercosur

Nous avons déjà étudié le travail et les salaires dans la section précédente et les autres éléments de la vulnérabilité sociale seront discutés individuellement. En guise de conclusion sur le travail nous proposons une étude qui synthétise certains éléments concernant le travail qui ont été étudiée séparément.

---

[1] Voir [CEPAL, 2000c, p. 78-82].

L'Organisation Internationale du Travail (OIT) a -dans des travaux récents[1]- élaboré un concept et un ensemble d'indices sur le marché du travail et son évolution qu'il nous semble intéressant de mobiliser dans notre étude. L'«indice du développement du Travail Décent» [OIT, 2002, p. 45] vise ainsi à prendre en compte la situation de l'emploi et de la protection sociale des travailleurs. Cet indice est formé par sept indicateurs qui se rapportent à:

- L'emploi: taux de chômage (*U*) et d'informalité (*INFOR*)
- Les revenus: salaire industrie (*PA*), salaire minimum[2] (*SALMIN*) et brêche des revenus des hommes et des femmes (*BRECH*)
- La protection sociale des travailleurs : couverture de la sécurité sociale (*SECU*) et nombre d'heures travaillées (*HEURES*)

L'indice ainsi constitué montre une amélioration dans les conditions du Travail Décent dans un pays si les taux de chômage et d'informalité diminuent, si le pouvoir d'achat des salariés dans le secteur industriel et touchant le salaire minimum augmente et que la brêche des revenus homme-femme diminue[3]. Soit:

Encadré 5: Indice de Travail Décent

Indice Travail Décent= f(	*U*,	*INFOR*,	*PA*,	*SALMIN*,	*BRECH*,	*SECU*,	*HEURES*)
	(-)	(-)	(+)	(+)	(-)	(+)	(-)

note: les signes entre pararenthèses indiquent le signe de la relation entre l'indicateur situé au dessus et l'indice de Travail Décent.

L'OIT considère deux perspectives complémentaires en analysant l'évolution du niveau absolu du développement du Travail Décent dans chaque pays sur la période et les évolutions relatives entre chaque pays et l'ensemble des pays considérés. Les résultats sont indiqués dans les tableaux suivants correspondant à l'évolution en niveau absolu puis en niveau relatif.

[1] Voir Panorama laboral de America Latina 1999, 2000, 2001 et 2002 ainsi que l'article de B. Bedrikow dans IPEA, Mercado do Trabalho n°6, 2003.

[2] Le pouvoir d'achat des salariés industriels est estimé en utilisant comme référence la quantité de mois nécessaires pour acquérir un véhicule de base. Pour le salaire minimum la référence est le nombre de kilos de pain qui peuvent être achetés par le montant d'un salaire minimum.

[3] L'augmentation de la couverture de protection sociale et l'ajustement du nombre d'heures travaillées avec la législation nationale et l'évolution de la réalité du travail de chaque pays entrent également en considération.

Tableau 27 : Evolution du niveau absolu du Travail Décent suivant niveaux (1990 et 2000)

Niveau relatif de progrès du travail 1990*	Pays	Variation 1990-2000
Supérieur	**Brésil** Osta Rica Méxique	- + -
Moyen-élevé	**Argentine** Chili Panama **Uruguay**	- + + -
Moyen	Equateur Venezuela	- -
Moyen-bas	Colombie Honduras Pérou Bolivie	+ + = =
Bas	El Salvador **Paraguay**	+ +

Source: [OIT, 2002, p. 46]

Note: *Pour mesurer le niveau relatif du progrès du travail en 1990, les indicateurs suivants ont été mobilisés: taux de chômage urbain, pourcentage du secteur informel sur le total des emplis non-agricole, le pouvoir d'achat des salaires industriels et minimums et la productivité.

Les pays sont classés en fonction de l'indice de Travail Décent en vigueur au début des années 1990 - date à laquelle certains pays connaissaient des épisodes d'hyperinflation qui ont beaucoup touchés les niveaux de salaires et les conditions de travail. Cette date constitue un point bas dans tous les pays qui sortaient à peine des épisodes hyperinflationnistes et de la décennie perdue. Le référentiel «1990» est une situation de l'emploi très grave. Une amélioration des conditions ne voudra pas automatiquement indiquer une bonne conjoncture. Par contre, une détérioration signifiera une situation très alarmante.

Tableau 28 : Evolution du niveau relatif de Travail Décent (1990 et 2000)

1990 2000	Elevé	Moyen-élévé	Moyen	Moyen-bas	Bas
Elevé	Costa Rica Méxique	Chili Panama			
Moyen-élévé	**Brésil**				
Moyen		**Argentine** **Uruguay**	Venezuela		El Salvador
Moyen-bas				Colombie Honduras Pérou	
Bas			Equateur		Bolivie **Paraguay**

Source: [OIT, 2002, p. 47]

Tous les pays du Mercosur (à l'exception du Paraguay) ont connu une détérioration de l'indice absolu de Travail Décent depuis la création de la zone. Dans le cas de l'Argentine, il semble que ce soit l'augmentation du chômage et de l'informalité mais aussi la réduction du pouvoir d'achat réel des salaires industriels et minimums et la moindre couverture sociale qui en soient responsables. Le Brésil connaît les mêmes facteurs explicatifs mais les salaires industriels en termes réels ne se détériorent pas tant. La situation de l'Uruguay s'explique selon l'OIT par le moindre pouvoir d'achat des salaires alors que l'indice s'améliore au Paraguay en raison de la réduction de la brèche entre homme et femme et de la diminution du nombre d'heures travaillées.

Le niveau relatif de développement du Travail Décent s'obtient en comparant la position de chaque pays par rapport à l'ensemble des autres pays durant la période 1990-2000. La première ligne correspond à 1990 et la première colonne à 2000. Ainsi, les pays situés sur la diagonale (en grisée dans le tableau) ont maintenu en 2000 le même niveau de développement du Travail Décent qu'en 1990. Les pays qui se situent au-dessus de cette diagonale ont connu une amélioration relative alors que ceux qui se situent en dessous ont connu une détérioration de cet indice de Travail Décent.

En Amérique latine seuls trois pays on connu une amélioration du niveau relatif du Travail Décent sur la décennie 1990 (El Salvador, Chili, Panama). Les pays du Mercosur (Brésil, Argentine et Uruguay) connaissent une détérioration de cet indice alors que le Paragauy conserve la même position relative entre 1990 et 2000. Ces résultats même s'ils sont nécessairement issus d'un indicateur très large, indiquent néanmoins une forte tendance à la dégradation des conditions de travail dans le Mercosur au cours de ses dix années d'existence.

La déterioration du marché du travail dans le Cône Sud ne constituent que des signaux qui doivent tempérer certaines conclusions de l'approche standard. La causalité qu'il retienne (la rigidité du marché du travail -salaire, coût de licenciement- entraînerait une rétissance des entrepreneurs à l'embauche) est pour le moins discutable. Les conséquences d'une dégradation du Travail Décent et d'un déficit de protection du niveau des salaires en période de crise comptent pour beaucoup dans la dégradation des conditions sociales des pays du Mercosur. La prochaine section traite de ces questions.

La situation des inégalités et de la pauvreté dans le Mercosur et les analyses des institutions internationales

La situation des inégalités et de la pauvreté dans le Mercosur

L'Amérique latine se distingue du reste du monde avec une distribution des revenus plus inégalitaire. Sur la période 1970-1980, l'Argentine l'inégalité n'a cessé de se détériorer alors qu'au Brésil les inégalités se sont aggravées durant les années 1980 mais sont restées constantes durant les années 1970 [Morley, 2001, p. 17]. Les niveaux de pauvreté et les inégalités seront donnés par l'intermédiaire d'indicateurs usuels (la ligne de pauvreté, la ligne d'Indigence[1] et l'indice de Gini[2]).

Les données présentées dans les graphiques suivants se contentent des chiffres globaux mais les disparités régionales, entre hommes et femmes, entre blancs et noirs ou indiens (surtout au Brésil et au Paraguay) dessinent une carte très hétérogène au sein des pays[3]. Au Brésil, le Nord et Nord-Est sont plus pauvres que les autres régions et concentrent les conditions sociales inégales et difficiles (Voir IPEA, 2003).

Les noirs et indiens sont également plus touchés que les blancs en terme de pauvreté et de travail informel. En Argentine, ce sont les provinces du Nord (jouxtant le Paraguay comme Formosa, Chaco, Jujuy...) qui connaissent les niveaux de pauvreté et d'indigence les plus élevés du pays.

Graphique 23 :

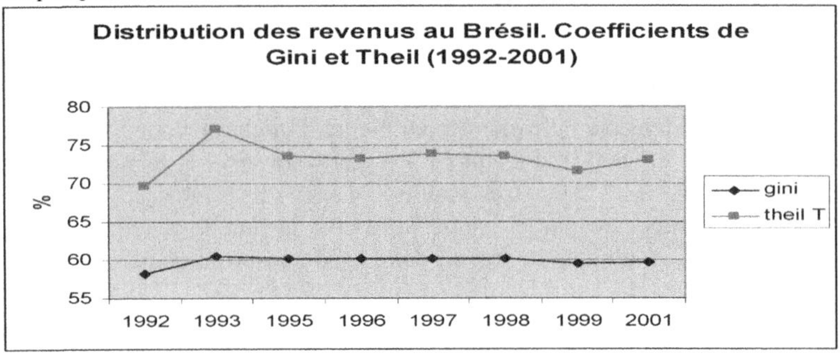

Source: [IPEA, 2003]

---

[1] Ces indicateurs reviennent, dans l'approche statistique classique, à déterminer des seuils de revenu. Calculés par la méthode dite des revenus, la ligne de pauvreté représente le montant de revenu qui permet à chaque foyer de satisfaire les besoins de base de tous ses membres. La ligne de pauvreté en Argentine est déterminée par une estimation du coût d'un panier d'aliments de base qui permettent de couvrir les besoins nutritionnels de la population et qui prend en compte les habitudes alimentaires, la disponibilité effective des aliments dans le pays et les prix relatifs de ceux-ci. On a ajouté à la valeur de ce panier une estimation de la somme nécessaire pour satisfaire l'ensemble de leurs nécessités non alimentaires de base. La ligne d'indigence argentine correspond au coût de ce panier d'aliments de base et les indigents sont les personnes (ou extrêmement pauvres) qui résident dans les foyers dont les revenus sont si bas que même en les dépensant uniquement pour acheter ces aliments, ils ne pourraient pas satisfaire de manière adéquate les besoins nutritionnels de tous ses membres.

[2] C'est-à-dire l'indicateur des inégalités le plus répandu. Plus cet indicateur se rapproche de 1, plus les inégalités sont élevées et plus il est proche de 0, plus la distribution des revenus est égalitaire. D'autres indices existent (FGT, brèche de pauvreté, Theil, etc.) mais il ne s'agit pas ici traiter de la question du meilleur indicateur mais uniquement de dresser un tableau de la situation en terme d'inégalité des revenus.

[3] Voir Chadarevian C.D; (2003) « Vies inégales, morts inégales, analyse du profil des victimes d'homicides dans la ville de Sao Paulo», miméo.

Graphique 24 :

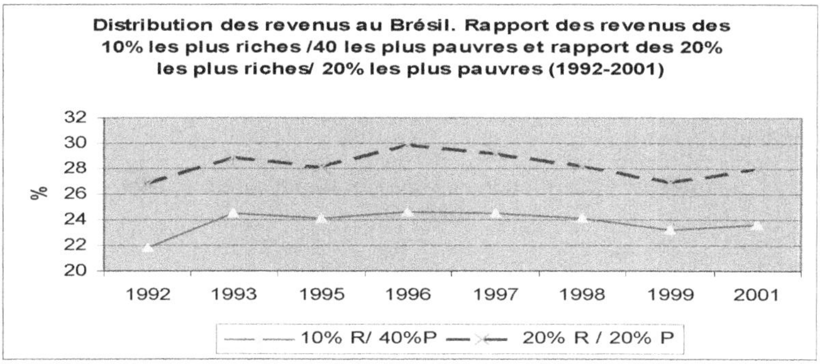

Source: [IPEA, 2003]

Graphique 25 :

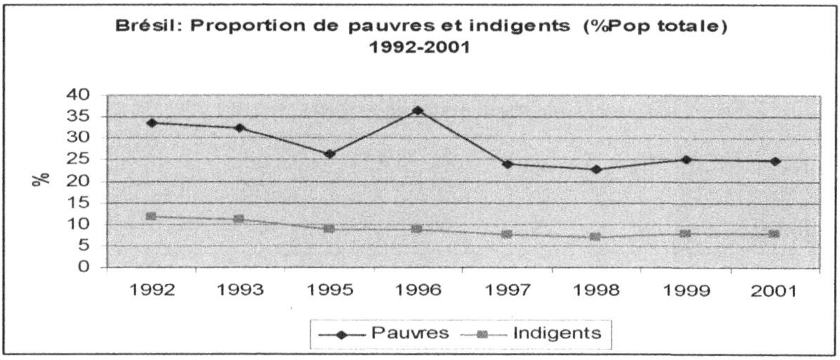

Source: [IPEA, 2003]

Tous les graphiques concernant les inégalités et la distribution des revenus (coefficient de Gini ou rapport des revenus des 10% les plus riches sur les revenus des 40 % les plus pauvres) indiquent tous qu'après la période d'hyperinflation et de troubles macro-économiques, la hausse des indicateurs a certes été ralentie (et même renversée) mais ils sont encore au niveau du début des années 1990 ou même au-dessus (distribution). On est alors en droit de donner un avis plus que réservé sur l'effet des réformes économiques libérales sur les conditions de distribution des revenus[1]. La situation de la pauvreté et de l'indigence après avoir connu un maximum en 1996, ont décru mais la tendance actuelle montre une augmentation faible mais stable. Les réformes économiques ont donc également faillies sur ce point. En 2002,

[1] Ceci est d'autant plus important que les inégalités sont une des causes fondamentales qui freine la réduction de la pauvreté (même en période de croissance du PIB importante). Voir les travaux de N. Lustig (1999), M. Dias David (2001) et depuis peu de la BID (2002).

près de 55 millions de brésiliens sont pauvres soit une population équivalente à celle de la France. Le Brésil d'avant les reformes était déjà un des pays les plus inégalitaires du monde mais la situation de l'Argentine est remarquable sur ce point.

Graphique 26 :

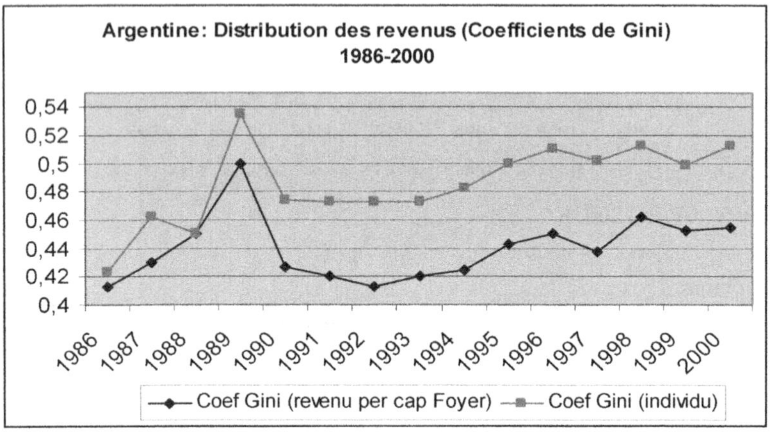

Source: [Altimir, Beccaria et alii, 2002, p.57]

Graphique 27 :

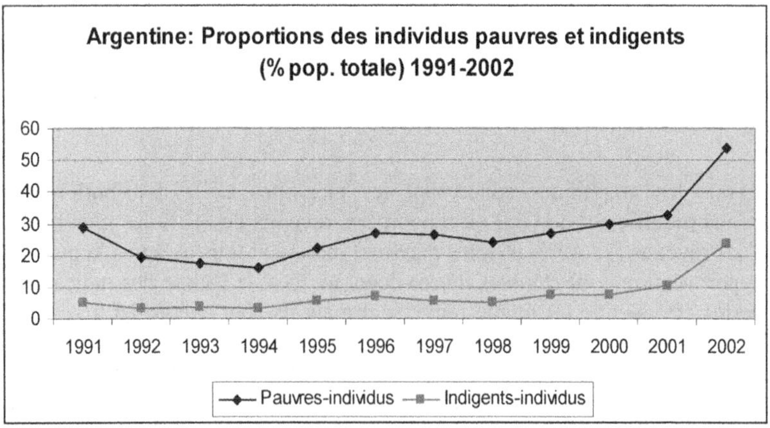

Source: INDEC, 2002. Les chiffres de 2002 sont issus de [Fiszbein et alii, 2003] revista de la Cepal n°79.

Durant l'année 2002, ce sont près de 5,2 millions d'individus qui sont passés en-dessous de la ligne de pauvreté en Argentine amenant le nombre de pauvres à 19 millions de personnes (chiffres INDEC).

Graphique 28 :

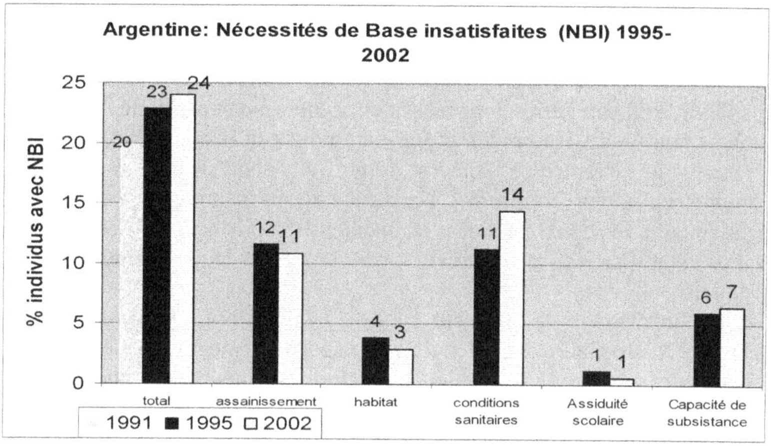

Source: [PNUD, 2002] d'après EPH (Encuesta para hogares: Enquête de foyers) de l' INDEC, 2002.

Le tableau de la situation dressé par ces graphiques sur les conditions sociales, la pauvreté, l'inégalite et les Nécessités de bases insatisfaites[1] est alarmant et l'exception argentine au sein de l'Amérique latine est en passe de cesser d'exister.

Alors que les NBI touchaient 19,9% de la population en 1991, la situation s'est considérablement aggravée depuis 2000-2001 et finit de caractériser la gravité de la situation sociale en Argentine.

Les institutions internationales et le débat sur les inégalités

De nombreuses études se concentrent sur la relation entre les réformes (libérales en Amérique latine) et la pauvreté et les inégalités. La Banque Mondiale et la BID produisent nombres analyses sur ce sujet. Les conséquences des réformes sur le chômage sont expliquées par les rigidités sur le marché du travail. Ils reprennent l'argument orthodoxe et insistant sur la nécessaire flexibilisation du marché du travail (abaisser les coûts de licenciement, réduire les obligations légales de l'employeur vis-à-vis du salarié). Ainsi, le rapport de la BID sur le progrès économique et social 2002 précise que le degré de rigidité des marchés d'Amérique latine est au centre des débats. L'analyse de Heckman et Pagés (2000) citée dans le rapport

[1] «Les N.B.I. définissent la pauvreté structurelle.(...) les N.B.I. comprennent l'eau, le drainage, l'électricité, l'habitat, le niveau d'éducation des enfants, l'assistance scolaire des mineurs, le temps disponible et le mobilier du foyer. Si l'une des caractéristiques définies n'est pas satisfaite, l'individu (ou le ménage) est considéré comme pauvre» [P. Salama et J. Valier, 1994].

indique que «les dispositions légales concernant le contrat de travail et les licenciements sont plus strictes en Amérique latine que dans les pays développés. » [BID, 2002, p. 304]. Quand on connaît les politiques actuelles de flexibilisation du marché du travail en Europe notamment, on peut douter de la validité d'une telle comparaison et surtout la logique qui consiste à être plus flexible que les autres pour réussir et gagner en compétitivité.

Dans leur étude, Hausmann et Gavin, étudient la relation entre volatilité et pauvreté durant les années 1980 et obtiennent des résultats économétriques qui confirment l'existence d'une relation significative et négative entre les deux variables. De même, ils confirment l'existence d'une relation significative et négative entre volatilité macro-économique et inégalités.

Dans un ouvrage de 2003 sur l'«*après Consensus de Washington*», un travail de N. Brisdall et M. Székely traite spécifiquement de cette question. Les conclusions soulignent que les réformes (ouverture, libéralisation financière, marché du travail, etc.) n'ont pas eu d'impact négatif sur la pauvreté et les inégalités même si elles n'ont pas non plus amélioré la situation[1]. Les auteurs reconnaissent que les filets de sécurité ne constituent pas un mécanisme suffisant pour protéger les populations vulnérables. Les solutions proposées pour les pauvres visent «à accroître les compétences et les opportunités de les valoriser au maximum en mettant leur futur économique entre leurs mains. » [Brisdall et alii, 2003, p. 70-71]. L'accès au crédit (microfinance et banques des pauvres) et l'approfondissement des réformes du marché du travail devraient compléter les mesures à prendre. Après ce demi-aveu d'échec des programmes d'ajustement structurel de la part des institutions qui les avaient mises en place, on était en droit d'attendre des solutions plus ambitieuses autres que le simple appel à une reprise en main des pauvres eux-mêmes pour augmenter leurs compétences sur le marché du travail[2].

Malgré un titre prometteur d'un changement de politique, cette conclusion ne fait qu'affirmer l'approche que se font ces institutions des pauvres : il n'appartient qu'à eux, et eux seuls, de sortir de l'indigence ou de la pauvreté. Le concept d'*empowerment* (participation) est donc la solution qui risque de

---

[1] L'échantillon comprend 17 pays sur la période 1970-1999. On regrettera que l'échantillon soit si hétérogène mélangeant les pays du Cône Sud et à ceux d'Amérique Centrale par exemple. Ce choix est problématique si on considère qu'il existe deux modèles de développement fondamentalement différents : L'un dans le Cône sud (Argentine, Brésil, Chili, Colombie, Pérou) basé sur les activités liées aux matières premières, intensifs en ressources naturelles et en facteur capital mais utilisant relativement peu de travail et l'autre au nord de l'Amérique latine (Mexique et Amérique centrale) basé sur l'industrie des maquiladoras, intensif en travail non-qualifié. Voir [Katz et Stumpo, 2001, p. 135-136]. De plus la période considérée ne prend pas en compte la dégradation actuelle (depuis 1999).

[2] L'analyse de [Hausmann et Gavin, 1995] présentée dans le chapitre précédent souligne également que le niveau d'éducation a un rôle important dans l'effet de la croissance sur la pauvreté (rétroaction positive).

se heurter aux même réalités et aux mêmes limites que les filets de sécurité sociale il y a une dizaine d'années[1].

Le recours et l'établissement de règles permettant le développement d'un Travail Décent dans le Cône Sud ne sont pas même évoqués. Les discussions sur la qualité de la croissance et celle des emplois créés sont renvoyées à d'autres débats et n'ont pas leurs places, dans l'optique libérale, dans les débats sur la pauvreté et les inégalités dont les causes sont toujours ou presque dues aux pauvres eux-mêmes. La section suivante présente ces débats.

Pauvreté et vulnérabilité aux crises

L'approche de N. Lustig (1999 et 2002) est plus riche car elle s'interroge sur le sens de la causalité entre pauvreté et croissance et des effets des crises sur les pauvres. Elle s'interroge notamment sur la place des filets de sécurité sociaux dans les pays d'Amérique latine et sur leur efficacité[2]. Ces filets de sécurité permettent :

- de réduire l'impact des crises sur les pauvres
- de protéger le Capital Humain
- de protéger les intérêts et de compenser les effets négatifs sur les populations vulnérables des ajustements
- de faciliter l'application d'une stabilisation et des réformes d'un point de vue politique[3]

Si les effets des politiques macro-économiques sur les plus vulnérables (mais aussi de plus en plus sur la classe moyenne) sont soulignés (Tableau 3), il n'en reste pas moins que ces politiques défavorables à un développement équitable et à une réduction des inégalités sont considérées comme un mal nécessaire afin d'atteindre l'objectif ultime qu'est la croissance et cela quel qu'en soit le coût[4].

---

[1] Après avoir survécus dans la pauvreté et l'indigence en attendant la croissance, les pauvres et indigents doivent maintenant se prendre en main afin d'améliorer leurs compétences et réussir sur le marché du travail. C'est par le marché et à l'initiative individuelle de ceux qui sont pourtant les plus vulnérables qu'il appartient de se faire une place dans la société.

[2] Comme le souligne cet auteur, « Hysteresis caused by the impact of crises on poor people's assets and their imperfect ability to protect themselves from aggregate shocks are two reasons why publicly funded safety nets should be part of the socially policy response to a crisis» [Lustig, 1999, p.2].

[3] « Distributive conflicts can provoke stalemates, deepen economic crises, or even cause political collapses» [Lustig, 1999, p.15].

[4] Pour une critique de ces politiques sociales voir [Valier, 2000] et [Salama et Valier, 1994].

Tableau 29 : Pauvreté et crises

	Pré-crise		Crise			Post-crise			PNB per capita Post-crise	
	Année	%	Année	%	Δ	Année	%	Δ	Par rapport à l'année de la crise	Par rapport à l'avant-crise
Argentine	1980	10,1	1985	20,6	+	1987	25,2	+	+	-
Argentine	1987	25,2	1989	34,6	+	1990	35,0	+	+	-
Argentine	1993	16,9	1995	24,8	+	1997	26,3	+	+	+
Brésil	1989	27,9	1990	28,9	+	n.d.	n.d.	n.d.	n.d.	n.d.
Uruguay	1981	11,0	1982	n.d.	n.d.	1986	15,0	+	-	-

Source: N. Lustig, 1999.
Notes : Argentine : Gran Buenos-Aires (GBA) ; Brésil : Zones métropolitaines

Ce tableau élaboré par N. Lustig montre que les crises ont un effet sur le nombre de pauvres et qu'après la crise, la part des pauvres se trouve avoir franchi un palier qu'ils sont très peu nombreux à franchir de nouveau dans l'autre sens[1]. La pauvreté et les pauvres sont particulièrement touchés et vulnérables aux crises. N. Lustig soutient également l'idée selon laquelle les politiques sociales visant à aider les plus vulnérables (les pauvres et indigents) devraient bénéficier d'un statut hiérarchiquement supérieur qui leur permettraient de ne pas subir des réductions drastiques dans leur budget à la première faiblesse de l'économie. Ces programmes (notamment les *Safety Nets*) seraient alors garantis de ne pas disparaître lors des plans d'austérité souvent dictés par les grandes institutions financières internationales contre une promesse de prêt [N. Lustig, 1999, p.14]. Dans un récent travail (2002), N. Lustig confirme cette approche. Certains des arguments paraissent convainquants[2], le marché du travail est totalement absent de l'analyse. En dernière instance, c'est le micro-crédit et l'accès à la propriété qui doit subvenir aux besoins des pauvres[3].

Les sections suivantes examinent les autres facteurs de la vulnérabilité sociale en Amérique latine selon la définition de la CEPAL.

Les autres facteurs de la vulnérabilité sociale en Amérique latine selon la définition de la CEPAL

Le Capital Humain

Présentons rapidement le constat élaboré par la Cepal. Ce facteur a connu une dégradation durant les années 1980-1990 en raison de l'ouverture

[1] Pour le cas de l'Argentine au début des années 1990, voir [Minujin et Lopez, 1995].
[2] Le rôle des investissements, la réduction des inégalités pour faire baisser la pauvreté, la montée de la violence en temps de crise et les critiques méthodologiques de la Banque Mondiale (ligne de pauvreté et pondération supérieure des pauvres dans les conditions).
[3] Voir [Lustig et alii, 2002, p. 11-12]

et de la déréglementation et de phénomène de déstructuration de l'appareil productif qui en a résulté. L'éducation et le système de santé (qui font parties intégrantes du concept de Capital Humain), on observe que seul le secteur privé a bénéficié d'une amélioration, laissant l'enseignement et le système de santé public fortement se détériorer. La CEPAL souligne que «les nouvelles institutions et les politiques propres aux modalités du modèle de développement actuel, ont favorisé la prolifération de l'éducation privée et, dans les faits, l'enseignement public s'est dégradé provoquant une augmentation de la vulnérabilité des élèves des classes moyenne et pauvre de la société qui intégreront dans le futur le marché du travail» [CEPAL, 2001a, p. 53].

Les graphiques suivants dépeignent le niveau d'éducation moyen par sexe dans la population économiquement active depuis 1980.

Graphiques 29; 30; 31; 32:

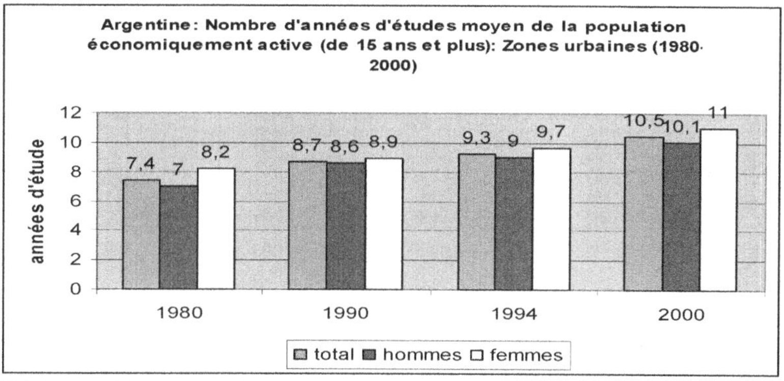

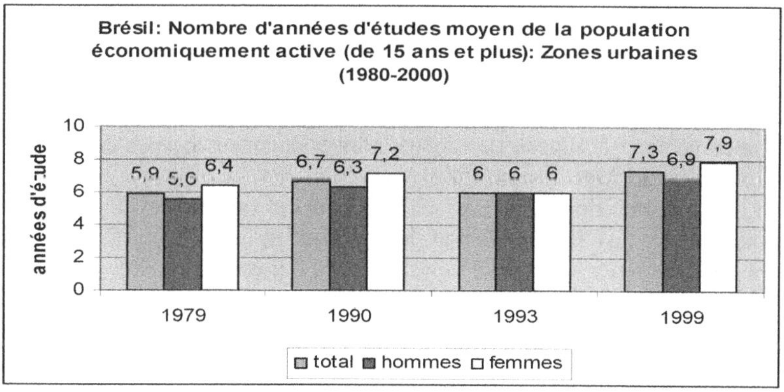

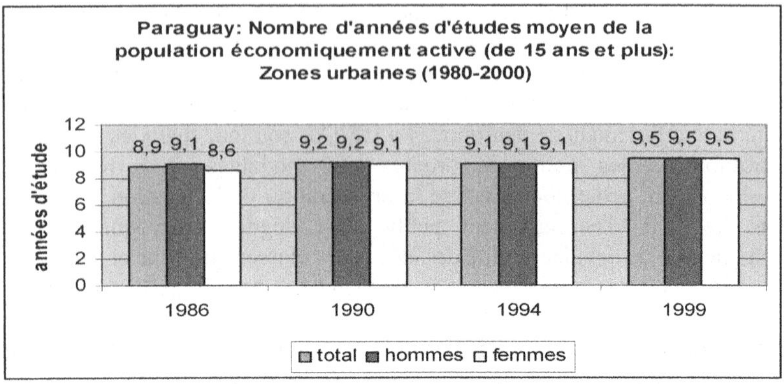

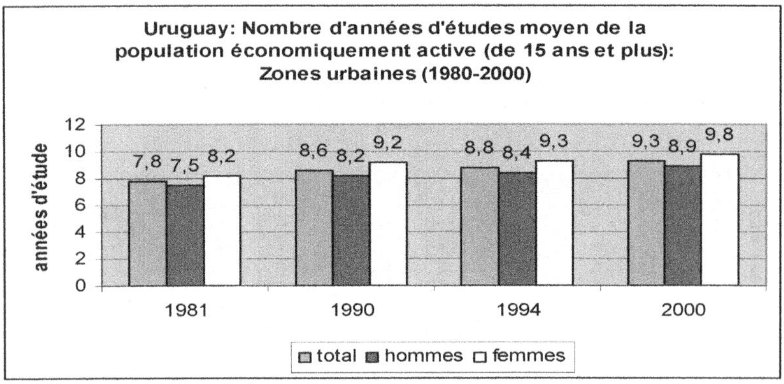

Source: [CEPAL, 2003d]

Outre les problèmes de qualité et des conditions d'éducation entre pays, on constate que l'Argentine conserve la première place dans le Mercosur en terme de nombre d'années moyen dans la population active (10,5 années en 2000, proche des niveaux des pays du Centre). Le Brésil est nettement distancé puisque le niveau de scolarisation n'atteint même pas en 1999 le niveau qu'avait l'Argentine en 1980.

La croissance du niveau de scolarisation est très faible et quand on connaît les besoins de formation et de scolarisation dans ces pays, on est en droit de s'interroger sur les politiques sociales qui étaient censées améliorer le niveau d'éducation dans ces pays. La distinction entre sexe qui est depuis quelques années systématiquement réalisée par la CEPAL montre une légère avance des femmes en terme de scolarisation même si la différence n'est pas très importante[1]. La distribution géographique du niveau d'éducation est également importante même si nous ne faisions que l'évoquer.

Les graphiques suivants indiquent le taux de chômage en fonction du nombre d'années d'études des travailleurs. L'intérêt de ces graphiques est de pouvoir confirmer ou infirmer l'idée d'une relation positive entre niveau d'étude et relative protection contre le chômage. On s'attend donc à ce que la toile symbolisant le niveau de chômage d'une classe de travailleurs très scolarisée (13 ans et plus) se trouve le plus proche du centre du graphique en étoile à des niveaux inférieurs au total du pays.

La *toile* des travailleurs les moins éduqués (entre 0 et 5 ans) devrait se situer à l'extérieur du diagramme à des niveaux supérieurs à celui du total du pays.

Graphique 33 :

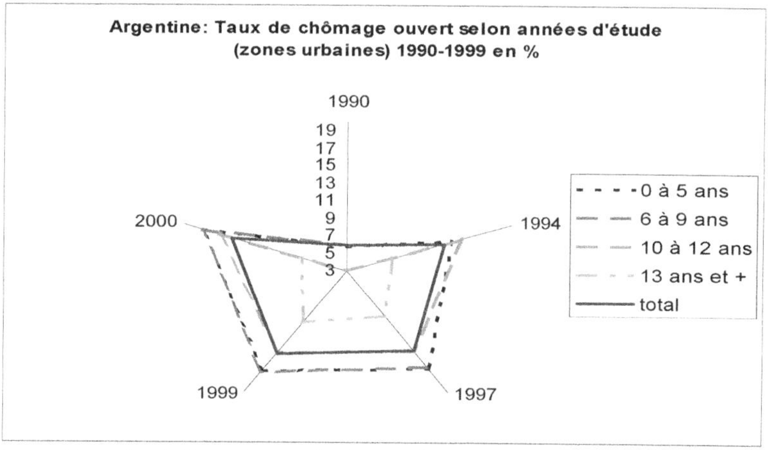

Source: Elaboration de l'auteur à partir de données [CEPAL, 2003] Panorama social de America Latina 2001-2002. Notes: données pour le Grand Buenos-Aires. Note de lecture du graphique (et suivants): La courbe correspondant au total du taux de chômage est en trait plein, la courbe du groupe le moins éduqué (0 à 5ans) est en trait pointillé, le groupe le plus éduqué (13 ans et plus) est en traits alternés pointillé et long.

Dans le cas de l'Argentine, ce résultat (plus le niveau d'éducation est élevé, plus le taux de chômage est faible) est confirmé puisque les deux groupes qui ont suivis entre 0 et 9 ans d'étude connaissent des niveaux supérieurs au total (trait plein). Le groupe le plus éduqué (13 ans et plus en traits continus et pointillés altenés) se place au centre du diagramme indiquant un niveau faible.

[1] Ces données ne concernent que les personnes économiquement actives du secteur formel. La situation dans l'informel, surtout pour les femmes est tout autre. Voir CEPAL, (2000) *The equity gap* p. 78 et chiffres dans CEPAL (2003) *Panorama Social de America Latina, 2001-2002.*

Graphique 34 :

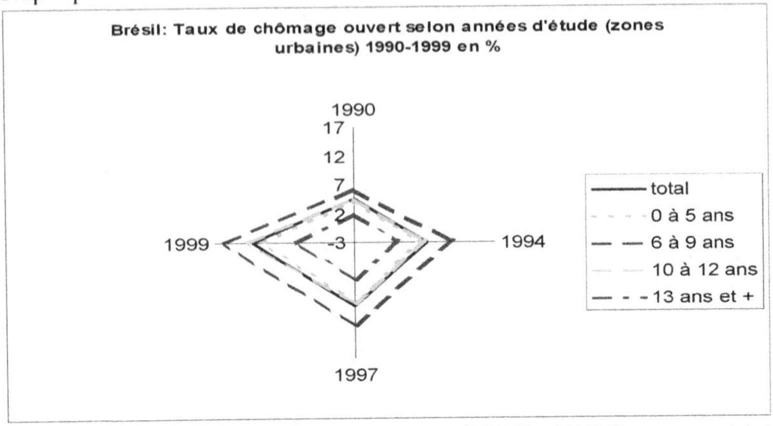

Source: Elaboration de l'auteur à partir de données [CEPAL, 2003] Panorama social de America Latina 2001-2002.

Au Brésil, si le taux de chômage du groupe le plus éduqué est bien le plus faible, le groupe le moins éduqué (0 à 5 ans) connaît des taux de chômage inférieur aux groupes de niveaux d'éducation supérieur (6 à 9 ans et 10 à 12 ans). Ce résultat confirme la spécificité et le dualisme du marché du travail brésilien. Comme le note P. Salama «plus on est pauvre [nous ajoutons et sans éducation], moins on a la possibilité de ne pas travailler» [Salama, 2000, p. 13][1]. Ce résultat se retrouve dans le cas de l'Uruguay alors qu'exceptionnellement le Paraguay suit l'exemple argentin.

Graphiques 35 et 36:

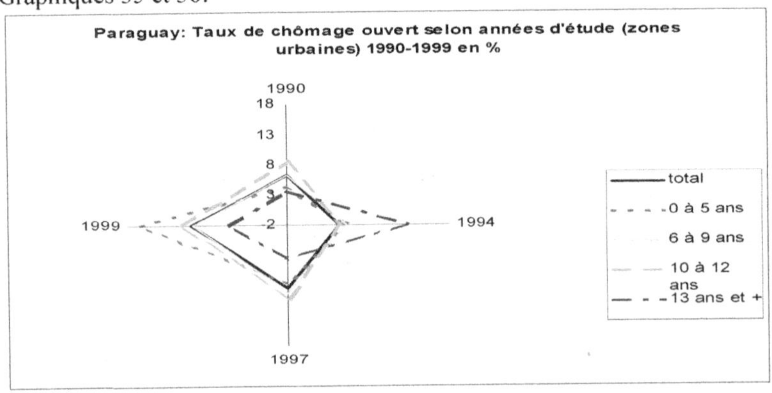

[1] L'absence d'assurance chômage pour les pauvres et les moins éduqués les oblige à travailler quelles que soient les conditions.

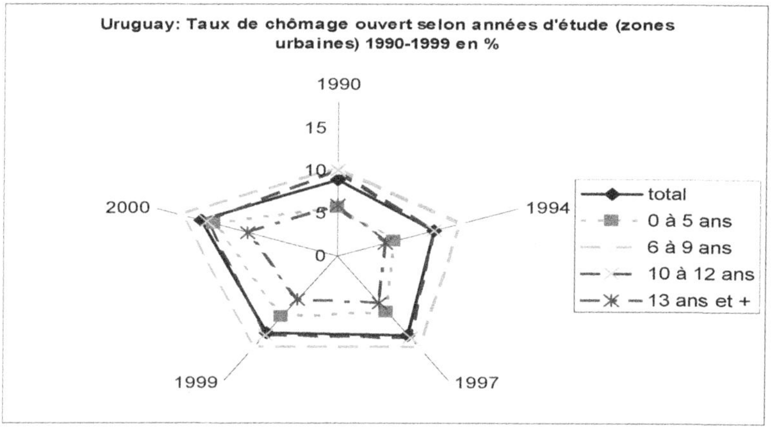

Source: Elaboration de l'auteur à partir de données [CEPAL, 2003] Panorama social de America Latina 2001-2002. Note: données Paraguay: Asunción.

Au-delà du niveau de chômage, le niveau d'éducation a également des conséquences sur le niveau de rémunérations des travailleurs via la *prime à la qualification*[1]. Celle-ci est calculée en comparant les salaires des travailleurs à niveau de qualification différents. L'enquête distingue trois types de comparaisons :
- entre éducation secondaire (12 années) et primaire (7 et 8 années en fonction les pays) : les résultats montrent une prime à la qualification du secondaire sur le primaire d'environ 35% en Argentine (en baisse au cours des années 1990), de près de 100% au Brésil (également en baisse) et de 60% en Uruguay[2].
- entre supérieure (11 années) et secondaire : les résultats indiquent que la prime à la qualification atteint environ 70% en Argentine, 130% au Brésil (en augmentation) et 80% en Uruguay.
- entre supérieure et primaire : la prime à la qualification atteint 130% en Argentine, près de 400% au Brésil et 200% en Uruguay.

Les résultats en Argentine et en Uruguay sont similaires. La prime à la qualification est relativement moins élevée que celle des autres pays. Le niveau de l'éducation dans ces pays est proche de celui de pays industrialisés, et une forte majorité de la population est éduquée. LA prime à la qualification est plus faible qu'au Brésil ou les inégalités et l'analphabétisme sont très importants.

[1] Voir [BID, 2002, p. 295-301]. L'échantillon choisi dans l'étude de la BID est le travailleur homme de entre 30 et 50 ans dans les zones urbaines ayant travaillé au moins cinq heures dans la semaine de l'enquête

[2] C'est à dire que le salarié argentin ayant un niveau d'éducation secondaire gagne 35% de plus qu'un salarié de niveau d'éducation primaire. Etc.

Ces résultats mettent en lumière la brèche salariale en fonction du niveau d'éducation et soulignent l'hétérogénéité du marché du travail dans ces pays.

Même si la BID réfute une relation entre ces résultats et la pression issue de l'ouverture commerciale des pays du Mercosur, il nous semble que l'ensemble des éléments que nous avons apporté dans cette section atteste de la pression sur l'augmentation de l'inégalité salariale consécutive à la libéralisation et les reformes structurelles.

Les ressources productives

L'ouverture externe et le nouveau modèle de développement ont entraîné une dégradation importante des secteurs de faible productivité. Les travailleurs indépendants, les artisans, les petites entreprises familiales ou micro entreprises se voient affaiblis par un modèle de développement qui privilégie les grandes unités de production, limite les politiques publique de protections et de subventions et, dans le même temps, introduit des produits et des services qui remplacent ceux qui étaient produits par ces petites ou moyennes entreprises[1].

Les relations sociales

Selon la CEPAL, le modèle de développement actuel modifie les formes traditionnelles d'organisation, de participation sociale et de représentation politique. Les groupes sociaux ont partiellement été désintégrés par l'ouverture au monde, la privatisation de la vie économique, la diminution du rôle de l'Etat comme instance de protection de la vie sociale et l'affaiblissement des organisations syndicales. Le «marché» ne peut, c'est une des leçons essentielles, assurer à lui seul toutes ces tâches.

Une des conséquences de la détérioration des relations sociales (pauvreté, inégalités) est l'instabilité politique et les problèmes de légitimité. Les études d'économistes sur ce thème privilégient principalement une approche estimant les retombées de l'agitation sociale sur la croissance[2]. Les luttes contre la pauvreté et les inégalités sont donc un moyen de freiner le mécontentement social et les troubles sociaux qui désorganisent les activités économiques. Les institutions internationales privilégient le recours au marché pour calmer ces tensions sociales et leurs origines (pauvreté et surtout inégalité) profitant pour faire l'amalgame entre les échecs des

[1] Voir [Pizarro, 2001], [Dedecca, 2001], [Katz et Stumpo, 2002] et [CEPAL, 2000c]. Nous reviendrons sur ce point en conclusion générale

[2] Voir notamment Banque Mondiale : *Public Spending and the Poor : Theory and Evidence*, Washington DC [1995] ; *Poverty Reduction and the World Bank : Progress and Challenges in the 90s*, Washington DC[1996] ; *The Role of Government and the Private Sector in Fighting Poverty*, World Bank Technical Paper n° 346, Washington DC [1997].

politiques sociales gouvernementales et l'incapacité de tout type d'action de l'Etat[1].

A partir de ce même constat, certains auteurs comme D. Rodrik ou N. Lustig s'attachent à défendre les institutions d'expression de la population et à la participation (voir le concept *d'empowerment* cité plus haut).

La polarisation sociale qui résulte de l'exclusion sociale, de l'inégalité et surtout de l'absence de recours conduit à la violence familiale qui se diffuse dans la société tout entière[2].

Les crises économiques en Argentine (fin 2001) et les troubles sociaux et politiques qui ont suivi (nombreux morts et cinq présidents en quelques mois seulement entre fin 2001 et 2002) sont une expression de la dégradation des relations sociales et de l'explosion du lien social.

Les relations familiales

Dans les familles et groupes sociaux pauvres, les relations familiales qui permettent de compléter les faibles revenus individuels, servent aussi à une stratégie de survie. La vulnérabilité actuelle et la réalité sociale poussent ces familles pauvres à augmenter la proportion de personnes (notamment les enfants) générant un revenu. Elle entraîne une instabilité des unions et alimente la violence domestique, contribuant ainsi à dégrader les relations familiales en général.
Au-delà du cercle familial, c'est toute la société qui est soumise à plus de violence. Le graphique ci-dessous indique le niveau des homicides volontaires commis par tranche de 100000 personnes.

Graphique 37 :

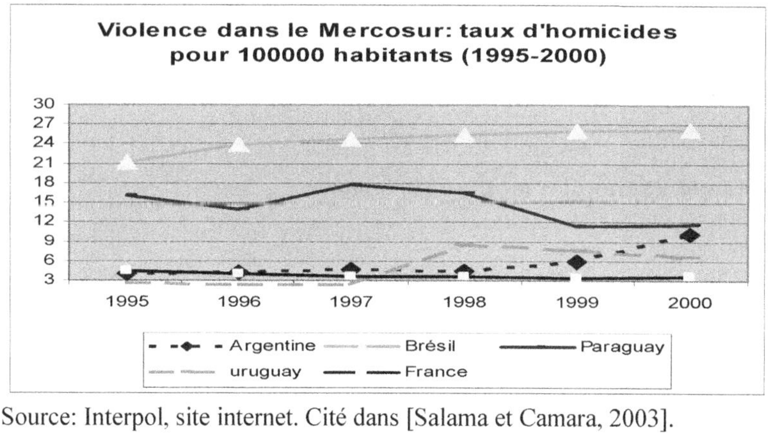

Source: Interpol, site internet. Cité dans [Salama et Camara, 2003].

[1] Voir [Salama et Valier, 1994].
[2] Voir [CEPAL, 2001] et [Salama et Camara, 2003].

Nous indiquons le niveau des homicides en France afin de pouvoir procéder à une comparaison et ainsi remarquer que l'Argentine et l'Uruguay avaient des niveaux comparables de 1995 à 1997. A partir de 1998, le niveau de violence augmente et l'Uruguay mais surtout l'Argentine se rapprochent du taux paraguayen. Le Brésil connaît un niveau de violence très supérieure aux autres pays et ce avec une tendance à la hausse. De nouveau la dichotomie entre Argentine et Uruguay d'une part et Brésil et Paraguay d'autre part apparaît. Malheureusement, leurs taux d'homicides tendent à se rapprocher des niveaux paraguayen et surtout brésilien.

Selon des études[1] citées par N. Lustig, la violence domestique et les crimes sont prépondérants dans les populations pauvres et marginalisées d'Amérique latine. Selon cet auteur, la violence engendrerait des coûts qui se chiffrent dans certaines analyses à 10% du PIB[2].

N. Lustig comme P. Salama et M. Camara soulignent dans deux articles que d'autres facteurs sont essentiels à considérer pour comprendre la violence en Amérique latine.

Le lien pauvreté et violence n'est pas toujours vérifié, cependant si les inégalités et la pauvreté dépassent un certain seuil alors la violence peut exploser (cas de l'Argentine) [3]. Quand les individus ont le sentiment que les institutions ou les représentants légaux/institutionnels ne rendent pas une justice équitable alors le recours au traitement de la justice personnelle et la mafia (et donc la violence) est souvent la réponse.

Comme le note [Salama, 2001], «les effets de la vulnérabilité macro-économique sur la pauvreté sont majeurs, non seulement parce que l'inflation ayant disparu, la seule manière de réduire la masse salariale serait de diminuer l'emploi plutôt que les salaires réels mais parce qu'avec la crise, se développe des activités de survie. L'informel, plus important, tend à s'informaliser davantage en même temps qu'augmente le travail à temps partiel, dont les revenus sont en deçà de ceux correspondant à la ligne de pauvreté, et une très forte précarité tend à s'instituer»

3. Marché du travail et intégration régionale

L'intégration régionale a été peu mobilisée et évoquée dans les dernières sections de ce travail, montrant la faible place du Mercosur (en tant qu'ensemble régionale) dans les questions concernant le marché du travail. Plus exactement, le Régionalisme Ouvert et les réformes libérales mises en place depuis les années 1990 ont rendu le Mercosur (en tant que nouvel

[1] Voir Kelly (2000), et Londoño et Guerrero (2000).
[2] Dont les pertes de capital physique et humain, de nouveaux investissements, les coûts des soins et de la sécurité aux biens (quand elles en ont) et aux personnes. Voir [Lustig et alii, 2002, p. 17]
[3] Voir [Salama et Camara, 2003]

acteur économique et politique) incapable de mener des actions déterminantes sur ce terrain. Les politiques des gouvernements des pays de la zone ne peuvent pas être dédouanées des actions qu'ils ont pris (les gouvernements Menem mais aussi De la Rua en Argentine et Color de Melo et F. H. Cardoso au Brésil). Le type de Régionalisme Ouvert et financiarisé n'a cependant pas permis de contrecarrer ces tendances à la dégradation des conditions de travail.

La BID dans son dernier rapport (2002) évoque les relations entre régionalisme et marché du travail (chômage, brèche salariale, etc.). L'ouverture et l'intégration régionale pourraient favoriser l'accroissement des inégalités salariales (via l'importation de technologie moderne nécessitant une main d'œuvre plus qualifiée et l'augmentation du commerce intra-sectoriel). Les conditions favorables offertes aux capitaux étrangers (IDE) dans les pays du Cône Sud devraient entraîner des flux de technologie et des conséquences sur le marché du travail et notamment l'augmentation des inégalités salariales et l'accroissement de l'hétérogénéité sociale et productive. Toutes ces questions sont évidemment essentielles mais elles ne sont que très rapidement et succinctement abordées[1]. Ces questions ne font pas l'objet de recherches particulières de la part de la BID alors qu'elles sont fondamentales.

Ainsi, nous présentons dans la section suivante certaines réflexions sur l'intégration régionale et le marché du travail[2].

Parmi les arguments déjà connus, notons la nécessaire fléxibilisation du marché du travail pour une meilleure compétitivité des entreprises dans le commerce internationale (exprimé par le représentant des entrepreneurs brésiliens) qui s'oppose à la critique des réformes du marché du travail (et du SEP, Système Public de l'emploi au Brésil) ainsi que la forte dépendance de réformes macro-économiques (taux d'intérêt, augmentation de la dette, croissance faible) de la part des représentants syndicaux[3].

La vision du gouvernement F. H. Cardoso exprimée par le coordinateur Général pour l'emploi du Ministère du travail et de l'emploi, R. N. Costanzi, est très intéressante car elle propose de discuter des politiques publiques de l'emploi dans le cadre de l'intégration régionale. L'auteur rappelle les différentes raisons qui poussent des Nations à s'intégrer économiquement au sein d'une zone unique :

---

[1] En une seule et unique page (p. 304) sur un rapport de près de 300 pages.

[2] Cette partie se base sur les travaux de l'Observatoire du marché du travail du Mercosur, groupe de travail dépendant du GMC (Groupe du Marché Commun) institution du Mercosur créée lors du Traité d'Asunción en1991 (Voir Chapitre 1, Section 2). L'ensemble de ces travaux a été publié au Brésil par le Ministère du Travail (MTE) en 2001. Le document et les auteurs expriment l'importance du marché du travail dans un contexte d'intégration économique et confrontent plusieurs points de vue (gouvernement, entrepreneurs, syndicalistes et économistes). Voir également [Di Filippo et Franco, 2001, p. 129-144]. Les auteurs relèvent l'inexistence de politiques sociales unifiées et la nécessité de «*mercosuriser*» ce champ de l'action publique(P. 132-133).

[3] Voir le texte de la CNI (Confédération Nationale de l'industrie) pour la vision des entreprises et le texte des représentants syndicaux. Voir [MTE/IPEA, 2001, p. 30-41].

- intermédiaire à une plus grande ouverture commerciale,
- favoriser le commerce intra-zone au détriment du commerce extra-zone,
- développement régional au-delà des économies nationales,
- une forme d'intégration dans l'économie mondiale en bénéficiant des économies d'échelle.

L'auteur indique que les choix du Brésil ont privilégié les deux derniers motifs exposés ci-dessus (développement régional et économies d'échelle) correspondant au modèle du Régionalisme Ouvert que nous avons présenté dans le chapitre 2. Il relève un paradoxe issu de la théorie des avantages comparatifs qui considère que l'ouverture du Mercosur entraînerait une spécialisation dans les secteurs intensifs en main d'œuvre non-qualifiée. Or, note-t-il, l'économie brésilienne a connu une augmentation de la modernisation technologique de ses entreprises et une augmentation de la demande de main d'œuvre qualifiée (pour les secteurs comme la téléphonie, l'aviation ou l'automobile). Il s'agit ainsi de traiter les effets contradictoires de l'ouverture et de l'intégration dans le cadre d'un nouveau positionnement dans la division internationale du travail. En effet, le Mercosur n'est ni une région intensive en capitaux (comme les pays du Centre) ni en travail intensif (comme certains pays d'Asie) mais plutôt dans une situation intermédiaire instable.

Les effets de l'intégration régionale sur le marché du travail sont difficiles à isoler des politiques de stabilisation et des reformes du marché du travail mais R. Costanzi distingue trois effets positifs et un effet négatif.

Les effets positifs[1] de l'intégration régionale sur le marché du travail sont [Costanzi, 2001, p. 25] :
- économie d'échelle et augmentation de l'efficacité et de la compétitivité internationale ;
- hausse de l'attractivité pour le capital étranger (effet taille de marché)
- augmentation de la compétitivité grâce à l'existence de complémentarités des structures productives nationales entre elles.

L'effet négatif de l'intégration sur le marché du travail est la possibilité d'un processus de concentration dans certains secteurs. Cette tendance à la concentration (due à l'importance des économies d'échelle et de la hausse de l'IDE) pourrait fragiliser la situation des petites et moyennes entreprises (PME) qui représentent pourtant la part la plus importante de l'emploi total[2].

Si l'on s'en tient à ces quatre effets (trois positifs dont un seul direct et un négatif) il faut pouvoir déterminer lequel des deux effets directs l'emporte sur l'autre. La réponse à cette question est évidemment fort difficile à quantifier et nécessite un examen très attentif et exhaustif. Forts des

---

[1] De ces trois effets positifs notons que seul le dernier est un effet direct. Les deux premiers sont des effets indirects issus de la théorie économie standard.
[2] Voir [di Filippo et Franco, 2001, p. 41].

enseignements tirés de ce travail, nous pouvons dire que l'effet positif (meilleure complémentarité productive entre les pays) s'est principalement uniquement appliqué au domaine de l'industrie automobile contrôlé par les firmes transnationales. Dans nombre d'autres secteurs (textile, chaussure, sucre, lait) les pays se sont plutôt livrés (avec l'appui de leurs gouvernements respectifs) à des querelles et des conflits qui ont abouti à fragiliser le Mercosur et bloquer tout effort de complémentarité productive[1].

De l'autre côté, l'effet négatif (concertation et effet destructeur sur les PME pourtant principales sources d'emplois) a été très fort. L'entrée massive des IDE durant la décennie 1990 a principalement été orientée vers les fusions-Acquisitions d'entreprises nationales et à conduit à une concentration des activités contrôlées par des entreprises et des capitaux étrangers hors-zone (Européens et nord-américains principalement). De très nombres études sur ce point indiquent que l'effet négatif a été très important[2] .

Au final si nous confrontons les deux effets, il ressort de notre analyse que l'effet négatif de l'intégration sur le marché du travail a surpassé les bénéfices potentiels de l'effet positif mettant en lumière les insuffisances et les manques d'une position intermédiaire et instable entre libéralisme, ouverture et développement régional équitable.

La conclusion de R. Costanzi est optimiste. Il propose que les éventuelles difficultés et lenteurs quant à l'amélioration du marché du travail soient résolues par l'adaptation du marché du travail (via une plus grande flexibilité, une meilleure allocation des ressources) aux transformations issues du Régionalisme Ouvert[3]. Ainsi, l'auteur conclut en écrivant : « Dans ce contexte, la principale préoccupation des politiques publiques pour l'emploi dans le Mercosur doit viser à adapter les transformations imposées par le Régionalisme Ouvert, de manière à maximiser les effets positifs de celui-ci sur le marché du travail de la région» [Costanzi, 2001, p. 30]. Au contraire, nous pensons que ce qu'il faut mettre en avant c'est justement le Travail Décent et qu'il s'agit de trouver et d'adapter le Mercosur et le type d'insertion dans l'économie mondiale à cet objectif hiérarchiquement supérieur.

Des avis plus critiques présentés dans ce même document permettent de relativiser cette vision trop optimiste des effets du Mercosur sur le marché du travail. Ainsi, C. Dedecca soutient le caractère incompatible du

---

[1] Il serait trop long de citer ici tous les conflits et les tensions que la concurrence entre pays du Mercosur a entraîné au cours de ses 10 années d'existence. Pour un point sur les conflits sectoriels voir [INTAL], Informe Mercosur n° 8 et le Chapitre 1, Section 2.

[2] Voir Basualdo E. [2000] *Concentración y centralización del capital en la Argentina durante la década del noventa*, Ed. Universidad Nacional de Quilmes, Bernal. pour l'Argentine; Gonçalves R. [1999] Globalização e desnacionalização, Ed. Paz e Terra. São Paulo. pour le Brésil ou encore Chudnovsky D. Lopez A., Laplane M., Masi F, Domingo R. et Bittencourt G., [2002], Integración e inversion extranjera directa: el caso del Mercosur, Ed; Serie RedINt, BID-INTAL.

[3] De la même manière l'auteur considère comme satisfaisante les politiques publiques pour l'emploi réalisées au Brésil (formation, modernisation du marché du travail, ré-allocation intersectorielle de l'emploi).

libéralisme avec des politiques de développement qui favorisent les conditions sociales de la région. Selon lui, «le changement des objectifs des processus récents d'intégration [Régionalisme Ouvert], dans lesquels l'aspect commercial et monétaire occupent la plus grande place, laisse peu d'espace pour une vision plus globalisante d'un processus qui privilégie le développement régional plus équilibré» [Dedecca, 2001, p. 67].

Même si nous sommes un peu plus réservés que lui quand il parle des réussites de l'Union Européenne en matière d'amélioration des conditions sociales et de travail[1], nous souscrivons à son appel pour plus d'homogénéité sociale (via la création d'emplois stables, la formation le soutien des salaires, etc.)[2]

---

[1] Voir le Mémorandum 2002 «De meilleures institutions, des règles et des moyens au service du plein emploi et du bien être social en Europe» rédigé par Les Economistes Européens pour une Politique Alternative en Europe (M. Etxezarreta, J. Grahl, J. Huffschmid, J. Mazier), [Mazier, 2002], [Mazier, 1997] et [Marques-Pereira, 1999].

[2] Dedecca note que «le travail devrait ainsi être à la tête de l'intégration régionale équitable et pas considérée comme une conséquence d'un simple processus d'intégration uniquement commerciale». [Dedecca, 2001, p. 70]

En conclusion de ce dernier chapitre, notre étude a montré que les réformes libérales et la désactivation du filet de sécurité régional qu'aurait du constituer le Mercosur ont contribué à accroître l'insécurité économique et ce, à travers la volatilité et les crises systémiques qui ponctuent la période 1991-2003.

L'étude au niveau global de la volatilité et du marché du travail (et des salaires) cache la spécificité des différents secteurs productifs et des caractéristiques de la main d'œuvre qui y travaille. Le mode d'insertion dans l'économie mondiale et les marchandises qui vont y être vendues, le caractère qualifié ou non-qualifié de la main d'œuvre qui vont les produire influencent beaucoup les performances macro-économiques mais aussi dans les conditions sociales des travailleurs dans les différents secteurs.

Au cours de cette troisième Partie, nous avons vu que dans tous les pays du Mercosur, la vulnérabilité sociale s'est accrue (Chapitre 5) montrant l'inefficacité du Mercosur à constituer un filet de sécurité régional capable de pallier la libéralisation et l'ouverture. La mise en place du Régionalisme Ouvert, exposé dans la première partie de ce travail, se trouve ainsi sérieusement limité dans ses avancées vers une transformation productive avec équité.

On peut alors conclure que si les années 1970 ont été celles de la «décennie perdue en terme politique» en raison des régimes dictatoriaux néo-libéraux et sanglants, les années 1980 celles de la «décennie perdue en terme de croissance» selon l'expression consacrée par la CEPAL, les années 1990 ont été celles de la «décennie perdue au niveau social». Comme le souligne la CEPAL, «la vulnérabilité sociale (due à la qualité de l'emploi, du capital humain, des relations sociales et de la rareté mais aussi de la perte de capital dans les micro et petites entreprises) est devenue le trait essentiel de la société latino-américaine de ce début de siècle». [CEPAL, 2001b, p.51]

Conclusion Generale

Pour une restructuration productive latino-américaine avec homogénéité sociale comme alternative à l'ALCA

Le Régionalisme Ouvert au service de la Transformation Productive avec Equité devait garantir, dans le Mercosur, une meilleure insertion dans l'économie mondiale et plus d'équité dans le marché du travail.

Les graves crises se sont répétées dans le Cône sud-américain affectant la stabilité macro-économique de la région et les conditions sociales et montrant la nécessité d'étudier les facteurs explicatifs d'une telle situation macro-économique et sociale.

Les études existantes se contentent souvent de constater la faiblesse des effets théoriques de la régionalisation dans un contexte volatile et instable sans voir dans ce mode d'insertion par les marchés un facteur d'instabilité et de la vulnérabilité sociale. D'autres études y voient une preuve de l'inefficacité et de l'inutilité d'un projet d'intégration économique latino-américain, préférant l'option d'une dissolution du Mercosur dans l'ALCA. Nous ne partageons pas cette opinion et pensons au contraire que l'intégration régionale peut constituer un mode d'insertion dans l'économie mondiale favorable aux économies des pays et à leurs populations.

Nous avons souligné la difficulté de distinguer les effets qui sont issus de la libéralisation et l'ouverture de ceux de l'intégration régionale.

Théories, insertion dans l'économie mondiale et développement

Dans la première partie de notre travail nous avons mis en lumière les liens théoriques entre les propositions de la CEPAL appliquées dans le Mercosur avec les nouvelles théories du commerce international. La théorie de la croissance endogène et la nouvelle économie géographique ont influencé les approches néo-structuralistes sur la TPE et l'intégration régionale. Nous avons souligné que le choc entre ces deux corpus théoriques n'était pas gratuit et qu'une incompatibilité entre les fins et les moyens mettait l'approche néo-structuraliste de la CEPAL en contradiction avec les préceptes hérités des fondateurs de l'approche historico-structuraliste.

Ces conclusions nous amènent à nous interroger sur l'économie du développement et son rôle dans la définition des modes d'insertion dans l'économie mondiale. Cette importante question peut être liée aux réflexions de A. Hirschman sur le thème des théories du développement. Ainsi à partir d'une classification simple autour de deux postulats fondamentaux, l'auteur distingue diverses conceptions de l'économie du développement : le rejet du principe de mono-économiste[1] et l'affirmation de celui de la réciprocité des avantages. « Rejeter le mono-économisme, c'est soutenir que les pays sous-développés, pris dans leur ensemble, présentent un certain nombre de caractères économiques communs qui les distinguent de façon bien déterminée des pays industrialisés avancés et qu'on ne saurait donc aborder l'étude des économies sous-développées sans modifier profondément, sous un certain nombre de rapports importants, les données de l'analyse économique traditionnelle [néo-classique], axée sur les pays industriels. Affirmer le principe de réciprocité des avantages c'est poser qu'il est possible de régler les rapports économiques entre les deux catégories de pays de manière qu'ils soient bénéfiques aux uns comme aux autres. » [Hirschman, 1981, p. 45].

Chaque proposition pouvant être affirmée ou niée, nous obtenons quatre positions fondamentales :

Tableau 30 : Typologie des théories du développement

		Mono-économisme	
		Affirmé	nié
Réciprocité des avantages	Affirmé	Economie orthodoxe	Economie du développement; *Néo-structuralistes de la CEPAL*
	nié	Marx ?[2]	Théories néomarxistes ; *Structuralistes de la CEPAL*

Source: [Hirschman 1981, p. 45]. Les références aux différentes écoles de la CEPAL sont ajoutées par nous.

A. Hirschman situe clairement son approche dans la catégorie de l'économie du développement et place résolument les théories structuralistes

[1] Pour une analyse critique du mono-économisme, voir [Seers, 1963].

[2] Le point d'interrogation est utilisé par A. Hirschman qui précise cependant que les idées de Marx sur les lois du mouvement entre pays capitalistes et arriérés sont complexes. La lecture des lettres de K. Marx à Véra Zassoulitch en 1881 attestent de cette complexité. Voir [Marx, 1970, p. 318-348].

de la CEPAL dans la case des théories néomarxites. Selon lui, ces théories reposent sur les deux idées suivantes [Hirschman, 1981, p.46] :

- «les rapports économiques entre Centre capitaliste et la Périphérie sous-développée ont pour caractère essentiel et permanent l'exploitation ou l'échange inégal;
- Du fait de l'exploitation continue et prolongée des pays de la Périphérie, leur structure politico-économique diffère profondément de tout ce qu'on a pu connaître les pays du Centre, si bien que le développement ne saurait passer par les mêmes étapes - il serait par exemple impossible de mener à bien sous l'égide capitaliste l'industrialisation d'un pays développé[1].»

A. Hirschman critique la *coalition* du néomarxisme et du mono-économisme (orthodoxe). Selon lui «leur victime désignée est l'économie du développement, coupable [pour les orthodoxes] d'avoir préconisé l'industrialisation avec beaucoup de chaleur et accusée à présent [par le néomarxisme au début des années 1980] de porter la responsabilité intellectuelle de toutes les conséquences fâcheuses de cette politique. Or cette double offensive de la droite et de la gauche contre une discipline encore jeune et qui n'a pas trouvé son unité ne restera pas sans effets : les coups assénés de toutes parts la laisseront comme assommée et sans voix [...]. » [Hirschman, 1981, p. 61]

Ce texte est écrit en 1981 au début de la décennie perdue et avant que les néo-structuralistes ne proposent leur approche (dix années plus tard). Le début de la décennie 1980 a vu le remplacement à la Banque Mondiale des économistes attachés au rôle de l'Etat dans l'aide au développement sous la direction de Chenery par l'équipe orthodoxe de A. Krueger[2]. Depuis 1981, l'économie du développement a été progressivement phagocytée par ce qui deviendra le Consensus de Washington (quelle que soit sa version).

Notre travail nous amène à situer les auteurs néo-structuralistes dans la case des économistes du développement (réciprocité des bénéfices issus du recours au marché et du compromis avec les nouvelles théories du commerce international). La classification nous permet de faire avancer le débat soulevé par A. Hirschman. Nos conclusions sur les résultats du Régionalisme Ouvert au service de la Transformation Productive avec Equité des néo-structuralistes de la CEPAL nous conduisent à critiquer -à la manière des structuralistes au début des années 1980- le nouveau visage de l'économie du développement sous les traits des néo-structuralistes qui ont fait trop de compromis avec l'économie orthodoxe.

L'analyse du Régionalisme Ouvert au service de la Transformation Productive avec Equité a permis de mettre en évidence deux séries de résultats que nous allons reprendre ici.

---

[1] Sur ce point voir [Salama et Tissier, 1982, p. 5-25].

[2] Voir [Rist, 1996].

Régionalisme Ouvert au service de la Transformation Productive avec Equité et volatilité macro-économique

Le Régionalisme Ouvert a été conçu comme une occasion de croissance avec équité sociale (CEPAL 1994) et un moyen de se protéger vis-à-vis des autres blocs avec ce que nous avons désigné par le concept de *filet de sécurité régional*. On aura montré que les éléments théoriques mis en œuvre pour arriver à de telles conclusions (favorables au RO) ainsi que les résultats obtenus en terme macro-économiques de croissance et de meilleure insertion dans l'économie mondiale doivent être soumis à un examen critique pour faire avancer le débat théorique.

L'étude du caractère stable ou instable dans le Cône Sud a été exposée dans le Deuxième Partie. Nous avons mis en évidence au Chapitre 3 une divergence entre le Brésil et l'Argentine depuis la création du Mercosur. En réalité, la divergence dans les trajectoires de croissance est plus ancienne et structurelle. Nos résultats montrent deux régimes de croissance différents en Argentine et au Brésil au moins depuis les années 1960 (Chapitre 3-Section 1). Nous avons également mis en évidence deux sous-groupes au sein du Mercosur : le Brésil et le Paraguay d'une part, et l'Argentine et l'Uruguay d'autre part. L'absence de synchronisation des cycles de croissance (ou de récession) sont un facteur qui joue contre l'intégration régionale et qui peut produire des effets de contagion au sein de la zone. Pourtant ces phénomènes de contagion n'ont pas prévalu dans le Mercosur durant les années 1990. Les crises à répétition des pays membres ont évidemment eu un effet sur leurs voisins et associés mais ces crises sont dans une plus large mesure dues à la fragilité structurelle des économies après les réformes libérales et l'ouverture commerciale des années 1980-1990. Le rôle du régime de change a notamment été discuté tant il a été déterminant durant les années 1990 (Chapitre 3-Section 2). Si le choix optimal d'un régime de change n'est pas l'unique élément qui détermine le succès ou l'échec dans l'insertion de ces pays dans l'économie mondiale, nous avons suggéré que la dollarisation complète et l'abandon de la souveraineté monétaire ne constituent pas une solution viable pour les pays de la zone à moins de dissoudre le Mercosur (et leurs pays respectifs) dans l'ALCA abandonnant de manière durable toute souveraineté de la politique économique et également de la légitimité politique.

Nos résultats sur les déterminants de la volatilité macro-économique se révèlent riches d'enseignements sur les différences entre le Brésil et l'Argentine (Chapitre 4). La relation positive entre volatilité macro-économique et flux de capitaux étrangers d'une part et l'ouverture commerciale au sein du Mercosur d'autre part, a été confirmée par les estimations sur l'ensemble des pays du Mercosur. Une étude distinguant les deux sous-groupes (Brésil-Paraguay et Argentine-Uruguay) fait apparaître des déterminants différents suivant les groupes de pays. La variation des flux de capitaux étrangers a une relation positive avec la volatilité macro-économique en Argentine et en Uruguay mais pas au Brésil et au Paraguay. Les effets de l'ouverture commerciale régionale et globale ont des signes opposés entre les sous-groupes tout comme les effets des politiques de change et des IDE. Ces différences soulignent une fois de plus l'hétérogénéité des pays du Mercosur et les réponses différentes de leurs économies face à la globalisation et l'intégration régionale. Le Brésil apparaît ainsi plus en mesure de maîtriser la volatilité macro-économique (par ailleurs plus faible qu'en Argentine) par sa politique monétaire, de change et le rôle des IDE dans le développement productif et industriel du pays. A l'opposé, l'Argentine est plus sujette à la vulnérabilité externe des flux de capitaux étrangers et les actions qu'elle peut entreprendre (politique monétaire, financiarisation de l'économie, régime de change) ont tendance à accélérer la volatilité macro-économique.

La relative réussite du Brésil dans la maîtrise de la volatilité macro-économique (conduisant pratiquement le pays vers une phase de stagnation depuis 1999) ne doit pas se confondre avec une réussite dans le domaine des conditions de travail et la vulnérabilité sociale, la pauvreté et les inégalités qui sont les plus élevées au monde. La *latino-américanisation* de l'Argentine (dégradation des indicateurs sociaux qui étaient au niveau des pays du Centre à des valeurs proches de celle de ces voisins latino-américains) a également été un des faits marquants de l'expérience de plus de dix années d'intégration régionale ouverte et financiarisée. Ces aspects constituent la deuxième série de résultats de notre travail.

Régionalisme Ouvert au service de la Transformation Productive avec Equité et vulnérabilité sociale

Le second objectif du Régionalisme Ouvert au service de la Transformation Productive avec Equité était théoriquement d'assurer de meilleures conditions de travail et une meilleure protection sociale grâce à la croissance soutenue et stable. Cette logique et ses fondements théoriques ont été exposés ainsi qu'une vision alternative (Chapitre 5, Section 1). Les conclusions d'un modèle en économie ouverte ont établi le transfert du risque macro-économique des flux de capitaux vers le facteur travail moins mobile géographiquement. Les effets positifs de l'ouverture proclamés par l'approche libérale trouvent, dans le cas du Cône sud-américain, une infirmation sur une base empirique.

L'étude de l'informalité et de ses facteurs explicatifs ont montré l'influence des capitaux étrangers et la dépendance notamment en Argentine (Chapitre 5, Section 2). Le caractère financiarisé du Régionalisme Ouvert du Mercosur et ses effets négatifs sur le marché du travail sont ainsi confirmés.

L'analyse de la décomposition du taux de croissance des salaires réels apporte plusieurs résultats importants malgré certaines limites dues à problèmes de disponibilités de données. Nous avons notamment montré que le principal facteur de la volatilité des salaires réels était du à la différence entre les taux de croissance du PIB et des salaires réels moyen. La distribution des fruits de la croissance et de la productivité est en panne dans le Cône Sud, remettant profondément en cause la TPE et l'ouverture des économies de la zone. Même en période de croissance du PIB et de la productivité du travail, les salaires réels n'en ont pas profité mettant en défaut les théories libérales. Les implications sur les politiques macro-économiques sont importantes mais la question de la distribution des revenus plus égalitaire répondant mieux à un principe d'homogénéité sociale (que nous préférons au concept d'équité) nous mène sur un autre débat essentiel mais vaste. Essentiel car comme le note B. Lautier «si la stabilisation macro-économique, la réduction de l'inégalité de revenus primaires et le développement interne sont des conditions nécessaires de la réduction de la pauvreté en Amérique latine, elles n'en sont pas les conditions suffisantes. Elles tracent le cadre de l'émergence d'une véritable sécurité sociale, elles n'en donnent pas le contenu» [Lautier, 2003, p. 56]. Le débat est vaste puisqu'il nécessite, pour ne pas s'en tenir à de simples politiques de lutte contre la pauvreté individuelle, la définition d'un ensemble de propositions normatives pour une protection sociale mutualiste et universelle[1]. L'absence de Travail Décent et l'accroissement de la vulnérabilité sociale que nous avons mis en évidence dans le Cône sud sont autant de facteurs qui permettent une remise en question des options libérales longtemps suivies dans ces pays. Ni les élections de Lula au Brésil et de N. Kirchner en Argentine ni l'échec du Régionalisme Ouvert au service de la TPE ne sont pourtant des gages suffisants pour une remise en cause profonde et durable de l'orientation de la politique macro-économique et sociale dans le Mercosur.

Le type d'intégration régional qui a été appliqué dans le Mercosur a laissé la part belle aux pays du Centre ; les pays du Mercosur devant se contenter d'une croissance instable, excluante, une grande vulnérabilité économique, sociale et politique.

[1] Ces propositions sont présentées notamment dans [Lautier, 2003]. Voir également [Calcagno et Calcagno, 1995, p. 212 et ss] et [Tavares et Belluzzo, 2002, p. 176]. C. Mesa-Lago (2002) traite des mythes et réalités autour de l'important thème - en Amérique latine mais également en Europe- de la réforme de retraites. Les principaux avantages des réformes libérales *via* la privatisation du système de retraites sont évalués pour un vaste échantillon de pays d'Amérique latine durant les années 1990. La quasi-totalité de ce que l'auteur nomme des mythes (liberté de choix, meilleures retraites, effets positifs sur l'épargne nationale, etc.) n'est pas confirmée empiriquement soulevant donc le débat sur ce volet de la politique sociale mutualiste et universelle.

Les enseignements des manques et limites du Régionalisme Ouvert au service de la Transformation Productive avec Equité définissent les contours d'un autre type d'intégration régional sans pour cela prétendre constituer un catalogue de recettes et de points d'un programme économique. Il s'agira d'exposer certains éléments que nous n'avons pas pu développer à l'occasion de ce travail et qui constituent autant d'axes de recherche pour le futur. Ces éléments proposent un retour à certaines idées originales de la pensée structuraliste de la CEPAL sur l'intégration latino-américaine mais en procédant aux nécessaires et nombreuses adaptations à la nouvelle configuration de l'économie mondiale.

Pour une restructuration productive latino-américaine avec homogénéité sociale comme alternative à l'ALCA

Les enseignements sur l'essoufflement de l'ISI et l'échec du Régionalisme Ouvert au service de la Transformation Productive avec Equité, ouvrent la voie à plusieurs pistes de recherche pour une intégration sans désintégration[1]. Il faut trancher le débat autour de l'oxymoron que constitue le Régionalisme Ouvert en privilégiant clairement le marché régional sans toutefois se fermer de l'économie mondiale. Il s'agit plutôt de diversifier les partenaires commerciaux et de ne pas se contenter des miettes laissées par les pays du Centre subissant les chocs externes (financiers et réels). Ces considérations étaient déjà évoquées par R. Prebisch lorsqu'il écrivait : «l'industrialisation s'est développée autour de comportements figés [ISI], le marché commun latino-américain s'impose comme un autre moyen qui permet d'allégement de la contrainte [estrangulamiento] externe et de promouvoir la viabilité de ce processus d'industrialisation. » [Prebisch, 1963, p. 107].

Nous avons déjà évoqué dans le travail l'intérêt de développer les relations avec les autres pays du sud comme la Chine, l'Inde, l'Afrique du Sud. Hausmann et Gavin (1996) avaient également fait des propositions intéressantes comme la diversification de la production et la constitution d'un fonds de stabilisation mais ce type de mesures se révèlent inopérantes dans le court terme et dès lors que surviennent des crises. Des politiques anti-cycliques sont importantes (J.A. Ocampo, R. Ffrench-Davis) mais uniquement si celles-ci sont intégrées à l'occasion d'une nouvelle division internationale du travail de l'Amérique latine (J. Katz) non plus subie mais activement décidée et appliquée à l'échelle régionale.

Pour une telle insertion dans l'économie mondiale, la politique en matière de technologie est fondamentale et doit être d'amblé définie avec pour objectif une meilleure homogénéité sociale. En particulier, elle ne doit

[1] Voir [Salama, 1999a]

sacrifier ni le marché interne ni le marché régional au profit que quelques rares secteurs exportateurs contrôlés par un nombre réduit de conglomérats nationaux ou grandes firmes multinationales. Nous rejoignons en cela l'approche de A. F. Calcagno et A. E. Calcagno (1995) :

> *«Dans un modèle de développement avec homogénéité sociale, le concept de compétitivité se confond avec celui du développement. Les étapes nécessaires pour atteindre cette compétitivité structurelle ou systémique ne sont pas différentes de celles nécessaires pour un développement soutenu. Les investissements spécifiques pour atteindre une capacité exportatrice dans certains secteurs spécifiques représentent peu comparativement à l'investissement total que doit réaliser un pays dans le cadre d'un développement intégré : routes, éducation, santé, logement, industries de base, recherche, services publics, énergie. En définitive, la compétitivité ne se limite pas au niveau des coûts et de la productivité des entreprises mais dépend également du système éducatif, de l'infrastructure technologique, des relations entre employeurs-employés [rapport salarial dans l'approche régulationniste] de l'appareil institutionnel public et privé, du système financier etc. En conséquence, un tel développement requiert une politique active et global que seul l'Etat peut mener. »* (p. 253)[1]

Les politiques d'insertion dans l'économie mondiale des années 1980-1990 ont privilégié le développement par les exportations (*desarrollo hacia afuera*) délaissant pratiquement le marché interne et les populations aux mains de grands groupes nationaux concentrés et de firmes multinationales[2] sans que l'Etat n'intervienne.

Du coté de l'offre, les Petites et Moyennes Entreprises (PME) ont été gravement affectées par le mode d'intégration régionale ouvert et financiarisé. Elles sont néanmoins des acteurs clés autant dans les liens arrières (backward linkage) qu'avants (forward linkages[3]). Dans les pays développés, les PME ont connu une croissance et une consolidation organique et sélective selon l'expression de F. Fajnzylber (1983). L'auteur structuraliste précise: «organique, car les PME se trouvent articulées comme fournisseurs de parties et pièces ou de produits de haute technologie aux grandes entreprises qui ont stimulées leur croissance et sélective car ne

[1] Voir également [Fajnzylber, 1983] et [Calcagno et Calcagno, 1995, p. 164-167].

[2] Le cas du secteur alimentaire en Argentine et au Brésil est remarquable puisque ce marché est concentré dans les mains de grandes firmes multinationales (Danone, Nestlé, Unilever, etc.) et quelques groupes nationaux. Voir [Basualdo, 1999] et [Gonçalves, 1999, p. 161 et 172].

[3] Voir [Hirschman, 1958, p. 100 et ss].

peuvent se maintenir que celles qui correspondent à ce type d'articulation, les fournisseurs de biens et services finaux ou encore celles qui opèrent dans des domaines où il n'y a pas d'avantages de production liés à la taille [économie d'échelle]. » A l'inverse, dans le cas de pays sous-développés, la croissance des PME a été inorganique et aléatoire car ce sont les entreprises publiques [avant les privatisations] mais surtout privées qui s'établissent comme entreprises de grande taille et qui transfèrent vers des inputs importés la majeure part de l'effet *structurant* et intégrateur que les PME auraient du joué». Cette rupture des chaînes productives (ou déverticalisation) a entraîné une concentration et centralisation de la production et la disparition d'un nombre considérable de PME pourtant innovatrice.

Dans le contexte de globalisation financière et d'instabilité systémique, nous pouvons nous interroger sur la capacité de soutenir et de favoriser les PME. De nouveau, l'absence ou la faiblesse de politique industrielle visant à promouvoir les PME comme promoteur d'une structure productive intégré et complémentaire donne la mesure des efforts qui sont à réaliser. C'est l'Etat qui doit prendre à sa charge cette promotion de ces PME en leur permettant d'avoir accès à un soutien financier (politique de crédit aux PME) et technique (via les centres de connaissance et de recherche et développement). La situation de pénurie dans la recherche publique, la fermeture et la délocalisation dans les pays du Centre des structures de Recherche et Développement sont autant de raisons qui font de ce point un élément essentiel de la stratégie de compétitivité structurelle.

L'activisme en matière technologique ne peut se contenter de l'apport des firmes multinationales implantées localement et de l'imitation des techniques pour fournir des technologies appropriées à un développement durable qui respecte une certaine homogénéité structurelle. Au niveau régional, les résultats en terme de science, de technologie, d'innovation et de recherches peuvent être considérables seulement si une politique conséquente s'exprime clairement. Dans les domaines du nucléaire, de la biotechnologie ou de l'informatique, des programmes d'association entre l'Argentine et le Brésil sont nécessaires afin d'acquérir une compétitivité structurelle au sens de F. Fajnzylber. Ces politiques horizontales, sectorielles et régionales d'innovation pourraient être articulées, comme le propose J. Katz, avec les politiques de compétitivité grâce à une nouvelle institution, *l'Agence de Compétitivité et d'Innovation*. Rompant avec la logique du marché dans ce domaine, cette Institution aurait pour vocation de faciliter une plus grande implication locale dans la création et la diffusion de nouvelles connaissances et de revitaliser des chaînes productives durement touchées par l'ouverture commerciale. Selon J. Katz «une nouvelle répartition entre public et privé des actions technologiques et institutionnelles est aujourd'hui nécessaire si nous [pays latino-américains] voulons nous assurer que la transition vers des économies plus ouvertes au monde et plus déréglementées soit compatible avec un meilleur rythme de création et de diffusion de nouvelles connaissances technologiques, des gains en productivité plus importants, et une plus grande équité et démocratisation de nos sociétés. » [Katz, 2000, p. 74]

Ce type d'insertion dans l'économie mondiale visant à l'homogénéité sociale à l'échelle latino-américaine souligne le rôle des institutions aussi bien politiques que monétaires. Comme le signalait C. Furtado «l'intégration économique constitue un effort visant à maximiser les économies d'échelle de production en fonction de la technique disponible, en cherchant à stimuler les économies d'agglomération ou en compensant correctement les effets négatifs qui pourraient se produire sur des collectivités spécifiques[...] Ainsi, la théorie de l'intégration constitue une étape supérieure de la théorie du développement et la politique de l'intégration prend la forme avancée d'une politique de développement. La planification de l'intégration sera, en conséquence, la forme la plus complexe de coordination des décisions économiques. En ce qui concerne les pays sous-développés, l'intégration non planifiée, amène nécessairement une aggravation des déséquilibres régionaux et une concentration géographique des revenus accrue. » [Furtado, 1968, p. 282-283].

L'importance de coordination macro-économique renvoie évidemment au rôle de l'Etat comme institution régulatrice des marchés et garante de l'homogénéité sociale. Les structuralistes latino-américains avaient déjà perçu cette idée. Ainsi, selon R. Prebisch, «il serait erroné de considérer que les instruments qui consacrent le Traité du Marché Commun [latino-américain] ne sont pas efficaces en soit. En effet, ils le sont mais ils nécessitent d'importantes décisions politiques pour que cette efficacité se traduise en faits qui résistent à la stagnation qui sévit [fin de l'ISI]» [Prebisch, 1963, p. 107].

Les recherches sur la création d'une monnaie unique au sein du Mercosur vont également dans le sens d'une affirmation de la souveraineté monétaire trop longtemps attachée et dépendante de la monnaie des Etats-Unis (notamment en Argentine). Les partisans de la dollarisation des économies latino-américaines sont toujours actifs mais une telle option signifierait purement et simplement l'abandon de la souveraineté nationale pour des avantages incertains et au bénéfice d'un groupe très réduit de personnes.

Pour autant, comme le cas de l'Union Européenne le souligne, des institutions politiques régionales fortes et une monnaie unique souveraine ne sont pas les gages d'une homogénéité sociale et structurelle. L'absence de politique sociale européenne, le niveau de chômage et le nivellement par le bas des systèmes de protection sociale en Europe en attestent.

Les remarques pour une restructuration productive latino-américaine avec homogénéité sociale définissent autant de points en faveur d'un modèle développement alternatif à l'ALCA.

Notre travail, comme toute recherche, nous a contraint à des choix méthodologiques et théoriques pour accentuer certains aspects en rapport avec notre problématique. Ainsi, notre recherche a privilégié une approche macro-économique malgré l'étude sur le contenu technologique et les origines/destinations du commerce de l'Argentine et du Brésil qui a conclu à l'accroissement de l'hétérogénéité structurelle au Brésil et l'appauvrissement technologique en Argentine. Une analyse sectorielle serait intéressante pour disposer de résultats plus désagrégés et ainsi mieux mettre en évidence l'hétérogénéité structurelle. La décomposition de la volatilité des salaires gagnerait également beaucoup à traiter des salaires par secteurs en non pas simplement un niveau de salaire moyen dans toute l'industrie ou l'économie.

De même, les stratégies des acteurs (Etat, FMN, conglomérats nationaux, syndicats) méritent une analyse spécifique tant les comportements de ceux-ci ont été déterminants dans la période considérée. L'Etat a souvent été opposé, de manière quelque peu triviale, au marché pour distinguer entre deux types de régulation alors même que c'est l'Etat qui assigne la place laissée aux marchés.

Sur le thème monétaire, les partisans de la dollarisation cachent derrière cette mesure un moyen de parvenir à la dissolution du projet d'intégration régionale (qui serait dans cette option vide de sens) et au-delà aux projets même de souveraineté nationale et de constitution de pays indépendants en tant que tels. Ils servent également des intérêts de groupes économiques nationaux et internationaux. De telles relations peuvent s'analyser en terne d'Economie Politique Internationale. La difficulté vient du fait que les partisans de la dissolution des pays membres du Mercosur dans l'ALCA, et de la dollarisation sont des économistes des pays latino-américains renvoyant à la réflexion de M. Adam sur ce point : «Le phénomène d'aliénation se présente aujourd'hui dans le Tiers Monde comme affiliation à un code de reconnaissance universel. Le fait qu'il soit accepté comme langage véhiculaire avec des partenaires prestigieux signifie que les mécanismes d'exploitation sont auto-entretenus sans le recours nécessaire à des instruments de pression extérieurs. De cette façon, il se révèle comme le stade ultime de la domination. Celui où les victimes sont les acteurs désirants de leur condition. » [M. Adam, 1980, p. 158].

Enfin, les déterminants de la divergence entre les régimes de croissance au Brésil et en Argentine sont à chercher dans l'histoire de leurs insertions dans l'économie mondiale et méritent une étude approfondie et une théorisation adéquate qui dépasse le cadre de cette recherche.

Ces limites nous conduisent à envisager à l'occasion de nos travaux futurs l'intégration d'analyses sectorielles, d'économie politique internationale et historique pour disposer d'une approche plus complète et fine sur les questions traitées dans ce travail.

BIBLIOGRAPHIE

ADAM M. [1980], «La Contre-Culture Coca-Cola, le Mirage des Objets et la Dépendance du Consommateur dans le Tiers Monde», in *L'Homme et la Société* , vol. 55-58.

AGLIETTA M [1998], *Macroéconomie Financière*, La Découverte, Paris.

AGLIETTA M., A. BRENDER, ET V. COUDERT [1990], *Globalisation financière: L'aventure obligée*, Economica, Paris.

ALTIMIR O. [1994], « Income Distribution and Poverty Through Crisis and Adjustment », *CEPAL Review*, n°52, Santiago, United Nations.

AZPIAZU D. (Coord.) [2002], *Privatizaciones y poder económico*, Ed. Universidad Nacional de Quilmes.

AZPIAZU D. et VISPO A. [1994], «Some Lessons of the Argentine Privatization System», in *CEPAL Review*, n°54, Santiago du Chili, United Nations.

BAIROCH P. [1994], *Mythes et paradoxes de l'Histoire économique*, La Découverte, Paris.

BALASSA B. [1962], *The theory of economic integration*, Londres.

BANQUE MONDIALE [2003] , Site Internet www.worldbank.org.

BANQUE MONDIALE [1997a], *The Role of Government and the Private Sector in Fighting Poverty*, World Bank Technical Paper n° 346, Washington DC.

BANQUE MONDIALE [1997b], *Safety Nets Programs and Poverty Reduction*,Washington DC.

BANQUE MONDIALE [1996] *Poverty Reduction and the World Bank : Progress and Challenges in the 90s*, Washington DC.

BANQUE MONDIALE [1995a] *Annual World Bank Conference on Development in Latin America and the Caribbean : Rio de Janeiro Conference*, Washington DC.

BANQUE MONDIALE [1995b], *Public Spending and the Poor : Theory and Evidence*, Washington DC.

BANQUE MONDIALE [1993], *Latin America and the Caribbean: a decade after the debt crisis*, Washington D. C.

BARRO R, [1991] «Economic Growth in a cross section of countries», in *Quarterly Journal of Economics*, 106, p. 481-501.

BASUALDO E. [2001] *Sistema Político y modelo de acumulación en la Argentina*, Ed. Universidad Nacional de Quilmes, Bernal.

BASUALDO E. [2000] *Concentración y centralización del capital en la Argentina durante la década del noventa*, Ed. Universidad Nacional de Quilmes.

BASUALDO E. ET M. KULFAS [2000] «Fuga de capitales y endeudamiento», in *Realidad economica* n°173, Buenos-Aires.

BAUDASSE T., T. MONTHALIEU ET J.-M. SIROËN [2002], «Les différentes formes d'intégration entre pays inégalement développés», in COMMISSARIAT GENERAL DU PLAN [2002], ouvrage cité.

BAUMANN R. (Coord.) [2001], *Mercosul: Avanços e Desafios da Integração*, IPEA-CEPAL, Brasilia.

BAUMANN R. (Coord.) [1995] *Transformação Productiva com Eqüidad: O debate no Brasil; condicionantes macroecnômicos*, Ed. IPEA-CEPAL, Brasilia.

BAUMONT C., COMBES P.-P., DERYCKE P.-H., et JAYET H. [2000], *Economie géographique: Les théories à l'epreuve des faits*, Ed. Economica, Paris.

BENAVENTE J. M. [2002], «Cuan dinamicas son las exportaciones intraregionales latinoamericanas ? », in *Serie Macroeconomia, n°12, CEPAL*, Santiago du Chili.

BEN HAMMOUDA H. [2002], «Le néostructuralisme entre critique du Consensus de Washington et fondement d'une stratégie alternative», in *Economie Appliquée*, tome LV n°1, p. 225-235.
BEN HAMMOUDA H. [2000], «Quoi de neuf chez les structuralistes?», in *Revue d'économie politique*, n°5, p. 54-74.
BERG ET BORENSZTEIN [2000], «The Pros and Cons of full dollarization», IMF WP site internet www.imf.org.
BERNAL-MEZA R. [2000] *Sistema mundial y Mercosur, Globalizacion, Regionalismo y politicas exteriores comparadas*, Ed. Grupo Editor Latinoamericano, Buenos-Aires.
BERTHOMIEU C. ET C. EHRHART [2002], «Le néostructuralisme n'est pas un néolibéralisme modéré», in *Economie Appliquée*, tome LV n°1, p.237-242.
BERTHOMIEU C. ET C. EHRHART [2000], «Le néostructuralisme comme fondement d'une stratégie de développement alternative aux recommandations néolibérales», in *Economie Appliquée* n°4, p.61-91.
BID (BANQUE INTER-AMERICAINE DE DEVELOPPEMENT) [2003], Site Internet www.iadb.org
BID, [2002], *Economic and social progress in Latin America: 2002 report*; Beyond border, the new regionalism in Latin America, Washington D.C.
BID [1995a], *Economic and social progress in Latin America: 1995 Report. Special Report, Overcoming volatility*, Washington D.C.
BID [1995b], *Latin America in Graphs, Demographic, Economic and Social Trends*, Washington DC.
BID [1994], *Rapport annuel 1994*, Washington DC.
BIELSCHOWSKY, R. ET C. MUSSI, [2002], Políticas para a retomada do crescimento; reflexões de economistas brasileiros, Ed. Ipea-Escritório da CEPAL no Brasil, Brasilia.
BIELSCHOWSKY R., [1998] «Cincuenta años del pensamiento de la CEPAL: una Reseña», in CEPAL [1998b] ouvrage cité.
BRISALL N. ET M. SZÉKELY [2003], «Bootstraps, not Band-Aid: Poverty, equity and social policy», in Williamson J. et P-P Kuczynski (Coord.) [2003], ouvrage cité.
BIRSDALL N. ET LONDOÑO J. L. [1997], «Asset Inequality Matters: an Assessment of the World Bank's Approach to Poverty Reduction », *American Economic Review*, May 1997.
BONELLI R. [2001], «Fusões e Aquisições no Mercosul», in BAUMANN R. (Coord.), [2001], ouvrage cité.
BOSCO MACHADO J. [2000], *Mercosul: Processo de integração*, Ed. Aduaneiras Ltda. , São Paulo.
BOURBONNAIS R. [1998], *Econométrie*, Dunod, Paris.
BOUZAS R. ET KEIFMAN S. [2003], «Making trade liberalization work», in WILLIAMSON J. ET P-P KUCZYNSKI (Coord.), [2003], ouvrage cité.
BOUZAS R. [2001] «El Mercosur diez años despues. Proceso de aprendizaje o *Déjà-Vu*?», in *Desarrollo Económico*, Vol. 41, n°162, Juillet-Septembre, Fondo de Cultura Económica, Buenos-Aires.
BOYER R. [1999] «Dos desafios para el siglo XXI: disciplinar las finanzas y organizar la internationalización», in Revista de la CEPAL, Santiago du Chili.
BRAUDEL F. [1963], *Grammaire des Civilisations*, Flammarion (édition 1993), Paris.
BRAUDEL F. [1985], *La Dynamique du capitalisme mondial,* Flammarion, Paris.
BRESSER PEREIRA, L. C. [2002] «Incompatibilidade distributiva e desenvolvimento auto-sustentado » in: BIELSCHOWSKY, R. ET MUSSI, C., [2002], ouvrage cité.
CABALLERO R. (2000) «Macroeconomic volatility in Latin America: A view and three case studies», Working paper 7782, NBER, Site internet http://www.nber.org/papers/w7782.
CALCAGNO A.E. ET CALCAGNO A.F. [2001], «La dolarización como problema político», in *Integración: ahora o nunca*, Ed. n°61, Janv-Avr., SELA.
CALCAGNO A.E. ET CALCAGNO A.F. [1995], *El Universo neoliberal*, Editorial Allianza, Buenos-Aires.

CALCAGNO A.F. [1997], « Convertibility and the banking system in Argentina», in *Cepal Review*, n°61, Avril, Santiago du Chili.
CALCAGNO A.F. et MANUELITO S. [2001], La convertibilidad argentina: un antecedente relevante para la dolarización de Ecuador?», in *Serie Estudios Estadisticos y prospectivos n°15* , Site internet http://www.eclac.org/.
CALCAGNO A.F. et SAINZ P. [1999], « La economía brasileña ante el Plan Real y su crisis», in *Serie Temas de conyonctura n°4*, Site internet http://www.eclac.org/.
CALVO, G., [2002], «Globalization Hazard and delayed reform in emerging markets», in *Journal of LACEA*, Vol. 2, n°2, Printemps, Brookings Institution Press, Washington D.C.
CALVO, G., [1999], «On Dollarization», www.bsos.umd.edu/econ/ciecalvo.htm.
CALVO G. ET F MISHKIN [2003], The mirage of exchange rate regimes for emerging market countries, Working paper 9808, NBER.
CALVO G., A. IZQUIERDO ET E. TALVI [2002], «Sudden Stops, the Real Exchange Rate and Fiscal Sustainability: Argentina's Lessons», présenté au Séminaire de la BID "*The Resurgence of Macro Crises: Causes and Implications for Latin America*", Fortaleza, Brazil, March.
CAMARA M. [2001], Investissements directs de l''Etranger et évolution des inégalités des revenus dans les pays emergents dans les années 1990: Une explication de la différentiation Amérique Latine/Asie du Sud-est, Thèse, Université Paris 13, 325 pages.
CAMARA M. ET P. SALAMA [2003], «Homicides en Amérique du Sud:Les pauvres sont ils dangereux?», in *Revue Tiers-Monde* n°170, PUF, Paris.
CARRERA J. ET F. STRURZENEGGER [2000] *Coordinacion de politicas macroeconomicas en el Mercosur*, Fondo de Cultura Económica, Buenos-Aires.
CARTELIER J. [1997], *La Monnaie*, Flammarion, Paris.
CASTILHO M [2001], «*Acordos e desacordos nas relações comerciais UE-Mercosul*», in BAUMANN R. (Coord.) [2001], ouvrage cité.
CAVALLO D. F. ET COTTANI J. A. [1997], « Argentina's Convertibility plan and the IMF », in *American Economic Review*, May 1997.
CEI [2001] *Mercosur 2000, Crecimiento económico y nuevas oportunidades de inversion*, site internet www.cei.org.
CEP (CENTRO DE ESTUDIOS PARA LA PRODUCCION) [1998], *Sintesis de la economia real, n°20*, nov. in Ministère de la Production argentin, Site Internet.
CEPAL [2003a] *Statistical Yearbook for Latin America and the Caribbean*, Santiago du Chili.
CEPAL [2003b] *Balance preliminar de las economias de América Latin*a 2002, http://www.eclac.org , Santiago du Chili.
CEPAL [2003c] Base de datos BADACEL, Site internet www.eclac.org.
CEPAL [2003d], *Panorama Social de Américan Latina 2001-2002*, Santiago du Chili.
CEPAL [2003e] *Panorama de la inserción internacional de América y el Caribe 2001-2002*, Santiago du Chili.
CEPAL [2001a], *Equidad, Desarrollo y Ciudadania*, Versión définitiva, Santiago du Chili.
CEPAL [2001b], *Panorama Social de Américan Latina 1999-2000*, Santiago du Chili.
CEPAL, [2001c] «*Balance preliminar de las economias de America Latina y el Caribe, 2000*», Site Internet, Santiago du Chili.
CEPAL [2000a] *Estudio economico de la CEPAL: 1999-2000*, Santiago du Chili, Site internet http://www.eclac.org.
CEPAL [2000b], Financial globalization and Emerging economies, Site internet.
CEPAL [2000c] *The equity gap : a second assessment*, Santiago du Chili.
CEPAL [1998a] *Panorama de la inserción internacional de América y el Caribe*, Santiago du Chili.
CEPAL [1998b], *Cincuenta años de pensamiento en la CEPAL, Textos seleccionados, 2 tomes.* FCE-CEPAL, Santiago du Chili.

CEPAL [1997a], *Economic survey of latin America and the Caribbean 1996-1997*, Santiago du Chili: Naciones Unidas.
CEPAL [1997b], *Satistical Yearbook for Latin America and the Carabbean, 1997*, Santiago du Chili: Naciones Unidas.
CEPAL [1994], *El regionalismo abierto en America Latina y el Caribe; la integración economica al servicio de la Transformacion Productiva con Equidad*, Libros de la CEPAL n°39, Santiago du Chili.
CEPAL [1992], *Equidad y Transformación productiva: un enfoque integrado*, Libros de la CEPAL, Santiago du Chili.
CEPAL [1990], *Transformación productiva con equidad*, Libros de la CEPAL n° 25, Santiago du Chili.
CEPAL [1989], *Transformación Ocupacional y Crisis Social en América Latina*, Santiago du Chili: Naciones Unidas.
CEPAL [1985], *La Pobreza en América Latina: Dimensiones y Políticas*, Santiago du Chili: Naciones Unidas.
CEPAL [1949], *El desarrollo económico de la América Latina y algunos de sus principales problemas*, repris dans [CEPAL, 1998b], Santiago du Chili: Naciones Unidas.
CHAMBOUX- LEROUX J Y [2000], *Approches théoriques des disparités régionales: application au cas Mexicain*, Thèse de doctorat de Sciences économiques, Université Paris 13, 610 pages.
CHESNAIS F. [1997], *La mondialisation du Capital*, Ed. Syros, 2ème édition, Paris.
CHESNAIS F. (Coord.), [1996], *La Globalisation financière: Génèse, coûts et enjeux*, La Découverte-Syros, Paris.
CHESNAIS F et D. PLIHON. (Coord.), [2000], *Les pièges de la finance mondiale*, La Découverte-Syros, Paris.
CHESNAIS F. ET J.-P. DIVES [2002], *Que se vayan todos, Le peuple d'Argentine se soulève*, Ed. Nautilus, Paris.
CHUDNOVSKY A. et LOPEZ A. [2001], *La Transnacionalización de la economía argentina*, Eudeba-CENIT, Juin, Buenos-Aires.
CNI [2001], «Politicas públicas no mercado de travalho: a visão empresarial», in MTE [2001], ouvrage cité.
COMBES P.-P. [2002] *Economic geography theory*, Leçons à la 2ème école de Printemps d'économie géographique, Université de Pau, France, Mai.
COMMISSARIAT GENERAL DU PLAN [2002], *L'intégration régionale: Une nouvelle voie pour l'organisation de l'économie mondiale?*, Ed. De Boeck .
COSTANZI NOGAMINE R. [2001], «Integração regional e políticas públicas de emprego», in MTE [2001], ouvrage cité.
DARRIGUES F. et MONTAUD J-M. [2001] «Integration eonomique et agglomération des activités industrielles dans le Mercosur», document de travail présenté au Colloque «Intégration Régionale et Développement» Aix-en-Provence, France, Mai.
DE SIERRA G. (Coord.) [2001], *Los rostros del Mercosur: El dificil camino de lo comercial a lo societal*, CLACSO-ASDI, Buenos-Aires.
DEDECCA C. [2001], «Mercosul: Limites e Perspectivas», in MTE [2001], ouvrage cité.
DELVIN R. [2000], *The free trade Area of the Americas and the Mercosur-European Union Free Trade processes: Can they learn something from each other?*, déc., occasional paper n°6, Washington D.C.
DELVIN R. ET ESTEVADEORDAL A. [2001], «What's new in the regionalism in the Americas?», Working Paper 6 INTAL-ITD-STA, www.iadb.org/intal.
DELVIN R. ET R. FFRENCH-DAVIS [1999], «Hacia una evaluación de la integración regional en America latina», in *Revista comercio Exterior*, nov., Mexico.
DESTREMEAU B. ET SALAMA P. [2002], *Mesure et démesure de la pauvreté* , PUF, Paris.

DIAS DAVID M. [2001], *Dynamique et permanence des exclusions sociales au Brésil. L'économie des pauvretés, des inégalités et de l'accumulation des richesses dans le Brésil contemporain*, thèse, Université Paris 13, 603 pages.

DI FILIPPO A. et R. Franco [2000], *Integracion regional, desarrollo y equidad*, Ed. Siglo XXI-CEPAL, Mexico.

DIXIT A. ET J. STIGLITZ,[1977], «Monopolistic competition and optimum product diversity», in *Amercian Economic Review*, 67, p.297-308.

EDWARDS S. [2000] «Capital Mobility and Economic Performance: Are Emerging Economies Different?», December, site internet http://www.anderson.ucla.edu/faculty/sebastien.edwards

EDWARDS S. [1998] *«Openness, productivity and growth: what do we really know?»*, in Economic Journal 108, March

EICHENGREEN B. [1998], *Does Mercosur need a single currency?*, NBER WP 6821, site internet.

ESTEVADEORDAL A. , J. GOTO, et R. SAEZ [2000] «The new Regionalism in the Americas: the case of Mercosur», Working paper Intal-Sta-Itd, site internet www.iadb.org/intal.

ESTEVADEORDAL A. , J. GOTO, et R. SAEZ [2001] «The new Regionalism in the Americas: the case of Mercosur», *in Journal of Economic Integration, Vol.16, n°2, Juin.*

ETHIER W. [1998] «The New Regionalism», in *Economic Journal*, 108, p.1149-1161.

FAJNZYLBER, F., [1990] «Industrialización en América Latina: de la caja negra al casillero vacio» , in *Cuadernos de la CEPAL n°60*, et repris dans CEPAL, [1998], ouvrage cité.

FAJNZYLBER F. [1983], *La industrialización trunca de América Latina*, Ed. Nueva Imagen, Mexico.

FAJNZYLBER F. (Coord.) [1980], *Industrialización e internacionalización en Américas Latina*, Ed. FCE-Trimestre económico, Mexico.

FAJNZYLBER F. [1976], «Oligopolio, empresas transnacionales y estilos de desarrollo», in FAJNZYLBER F. (Coord.) [1980], ouvrage cité.

FANELLI J.M. (COORD.) [2001] *Coordinacion de politicas macroeconomicas en el Mercosur*, Red Mercosur, Ed. Siglo XXI.

FATIMA GARCIA M. ET R. MALASSISSE, [2001], «Politicas macroeconômicas e emprego industrial no Brasil nos anos 90», in MTE[2001], ouvrage cité.

FERNANDEZ JILBERTO A. ET A. MOMMEN (éd.) [1996], *Liberalization in the Developing World, Institutional and Economic Changes in Latin Amercia, Africa and Asia*, Routledge, London et New York.

FERNANDEZ JILBERTO ET HOGENBOOM, [1996] «The politics of Open regionalism and neo liberal economic integration in Latin America (the case of Chili and Mexico*)* in FERNANDEZ JILBERTO A. ET A. MOMMEN [1996], ouvrage cité.

FERNANDEZ JILBERTO A. ET A. MOMMEN, [1996], *Globalization versus regionalization* in FERNANDEZ JILBERTO A. ET A. MOMMEN [1996], ouvrage cité.

FERRER A ET JAGUARIBE H [2001], *Argentina y Brasil en la Globalizacion: Mercosur o ALCA?*, Fondo de Cultura Económica, Buenos-Aires.

FERRER A. [1999] *Historia de la globalizacion* Tome II*: La Revolución industrial y el segundo orden mundial*, FCE, Mexico.

FERRER A. [1997a] «El Mercosur: entre el Consenso de Washington y la integración sustentable», in *Revista de Commercio Exterior*, Vol.47, Num. 5, Mexico.

FERRER A. [1997b], *Hechos y ficciones de la globalización; Argentina y el Mercosur en el sistema internacional*, Fondo de Cultura Economica, Buenos-Aires.

FERRER A. [1996] *Historia de la globalizacion*, Tome I: *Origenes del Orden economico mundial;* FCE, Mexico.

FFRENCH-DAVIS R. (sous la dir.) [2001], *Crisis financieras en paises "exitosos"*, Ed. McGraw-Hill Interamericana-CEPAL, Santiago du Chili.

FFRENCH-DAVIS R. [1999] *Macroeconomica, comercio y finanzas para reformar las reformas en America Latina*, CEPAL-Mc Graw Hill, Chili.

FFRENCH-DAVIS R. [1997], «Transformación productiva con equidad: la dimensión externa y financiera en la propuesta actual de la CEPAL», in *Estudios internacionales*, Santiago du Chili.

FFRENCH-DAVIS R. [1995], «Les Politiques d'Ajustement Structurel et leurs Effets Socio-économiques», in *Problèmes d'Amérique Latine*, n°17, La Documentation Française.

FFRENCH-DAVIS R. [1993] «Capital formation and the macroeconomic framework: a Neostructuralist approach», in SUNKEL O. [1993] ouvrage cité.

FLORIAN P. ET SALAMA P. [1971] «L'exacerbation des contradictions dans les économies semi-industrialisées», *Critiques de l'Economie Politique*, Avril-Juin 1971, n°3, 27-45.

FMI [2003], *International Financial Statistics*, Janv. 2003, CD-ROM.

FRENKEL R. ET M. GOLZALEZ ROZADA [2001], «Apertura, productividad y empleo. Argentina en los años 1990», OIT, Site internet.

FURTADO C. [2002], *Pensamento contemporâneo, entrevista*, Ed. UFRJ, Rio de Janeiro.

FURTADO C. [1999] *El Capitalismo global*, FCE, Mexico.

FURTADO C [1998], «El nuevo capitalismo », in *Revista de la CEPAL*, numéro anniversaire des 50 années de la CEPAL, Santiago du Chili.

FURTADO, C., [1979] *Formação econômica do Brasil*, Companha Editora Nacional, São Paulo.

FURTADO, C., [1976], *Le Mythe du développement économique*, Edition Anthropos, Paris.

FURTADO C. [1968] *Teoria y politica del desarrollo economico (15eme Edition, 1999), Siglo XXI.*

FURTADO C. [1966], «Desarrollo y estancamiento en América Latina: un enfoque estructuralista», repris dans PREBISCH R. ET ALII [1969], ouvrage cité.

GALEANO E. [1971], *Las venas abiertas de América Latina*, 67ème édition, Ed. Siglo XXI, Mexico.

GAMBIER CAMPOS A. ET ALII [2001], «O dilemas do sistema público de emprego no Brasil», in MTE [2001], ouvrage cité.

GANUZA E. ET TAYLOR L. [1998],« Macroeconomic policy, poverty, and equality in Latin America and the Caribbean», CEPA Working papers Series III, Working paper n° 6 Fev., Site internet: http://www.newschool.edu/cepa.

GAUDRON S. [2002], *Economie Politique de la démocratisation: une analyse en termes d'économie politique internationale appliquée à l'Amérique Latine depuis les années 1970*, Thèse, Université Paris 13, 250 pages.

GONÇALVES R. [2000], « Brasil , integração regional e cooperação internacional: novas politicas e diretrizes para escapar da inserção subordinada», in *O Brasil no cenário internacional, Cuadernos Adenauer n°2*, São Paulo.

GONÇALVES R. [1999], *Globalização et desnacionalização*, Ed. Paz e Terra, São Paulo.

GROSSMAN G. ET HELPMAN E. [1991], *Innovation and growth in the global economy*, MIT Press.

GROSSMAN G. ET HELPMAN E. [1990] «Comparative Advantage and Long-Run Growth», *in American Economic Review*, Vol. 80, n°4, September,796-815.

GUILLEN ROMO A. [2000], «La globalizacion del consenso de Washington», in *Revista Comercio Exterior*, Mexico.

GUILLEN ROMO A.[1994], « De la Pensée de le CEPAL au Néo-Libéralisme, du Néo-Libéralisme au Néo-Structuralisme, une Revue de la Littérature Sud-Américaine », *Revue Tiers Monde*, t. XXXV, n°140, PUF.

GUIMARAES E. P. [2000] «Componente Tecnológico comparativo das exportacões aõ Mercosur e aõ resto do mundo», Working paper n°765, IPEA, Brasil.

HANKE S. ET SCHULER K. [1999], «A monetary institution for Argentina: Rules for dollarization», in *Cato Journal*, Cato Institute, Wiunter, site internet.

HAUSMANN, R. ET GAVIN, M., [1996], «Securing Stability and Growth in a Shock-Prone Region : The Policy Challenge for Latin America », in HAUSMANN, R. et REISEN, R., (coord.), «Securing Stability and Growth in Latin America », OCDE, Paris.

HAUSMANN R. [1999], «Should there be five currencies, or one hundred?», in *Foreign Policy*, Carnegie Endownment for Peace, site internet.
HELPMAN E. et KRUGMAN P. [1989], *Trade policy and market structure* , MIT Press.
HIRATA H., B. LAUTIER ET P. SALAMA [1998] *Les transformations du travail (Amérique Latine et Asie)*, in Revue Tiers-Monde, t.XXXXIX, n°154, Avril-Juin.
HIRSCHMAN A. O. [1984] *L'économie comme science morale et politique*, Col. Hautes etudes, Gallimard-Le Seuil, Paris.
HIRSCHMAN A. O. [1981], «Grandeur et décadence de l'économie du développement», in HIRSCHMAN A. O. [1984] ouvrage cité.
HIRSCHMAN A. O. [1958], *The Strategy of development*, Yale University Press.
HOUNIE A., L. PITTALUGA, G. PORCILE ET F. SCATOLI [1999] «La Cepal y las nuevas téorias del crecimiento», in *Revista de la Cepal* n°68, Agosto 1999, Chili.
HUGON P. [2002], «Les économies en développement au regard des théories de la régionalisation», in *Revue Tiers Monde*, XLIII, n°169, Janvier-Mars, PUF.
HUGON P. [1999], « Le Consensus de Washington en Questions », *Revue Tiers Monde, t. XL*, n°157, PUF.
HUGON P. [1993], «L'Europe et le Tiers Monde: entre la mondialisation et la régionalisation», in *Revue Tiers Monde*, XXXIV, n°136, Octobre-Décembre, PUF.
INDEC [2003], Site Internet www.indec.mecon.ar.
INDEC [2002], «*Incidencia de la pobreza y de la indigencia en los aglomerados urbanos, Octubre 2001*», Site internet.
INTAL [2003] *Informe Mercosur n°8, periodo 2001-2002*, www.iadb.org/intal
INTAL [2002] *Informe Mercosur n°7, periodo 2000-2001*, www.iadb.org/intal
INTAL [2001] Informe mercosur, n°6, periodo 1999-2000, Buenos Aires
INTAL [2000] *Informe mercosur*, n°5, periodo 1998-1999, Buenos Aires.
IPEADATA [2003], site internet. www.ipea.org.br
IZAM M. [1997] «Evolución, análisis y perspectivas del mercado común del sur», *Documento Cepal*, Santiago du Chili.
JEDLICKI C., [1998] Intégration régionale et investissement direct étranger en Amérique latine, Cahiers des Amériques Latines, n°27.
KATZ J. [2001] *Structural reforms, productivity and technological change in Latin America*, Libros de la CEPAL n° 64, Santiago du Chili.
KATZ J. [2000] «Pasado y presente del comportamiento tecnológico de América Latina», *Serie Desarrollo productivo* n° 75, Santiago du Chili.
KATZ J. ET STUMPO G. [2001] «Regímenes competitivos sectoriales, productividad y competitividad internacional», *Serie Desarrollo productivo n° 103* de la CEPAL, Santiago du Chili.
KRUEGER A [1995] « Free Trade Agreement versus customs unions », NBER Working paper n °5084, Cambridge.
KRUEGER A. O. [1999] « Are preferential trading arrangements trade-liberlizing or protectionist?», in *Journal of Economic Perspectives*, Vol. 13, n° 4, p. 105-124.
KRUGMAN P. [1998], *La Mondialisation n'est pas coupable*, La Découverte-Série Economie, Paris.
KRUGMAN P., [1995a], *Currencies and crises*, MIT Press.
KRUGMAN P., [1995b], *Development, Geography and Economic Theory*, MIT Press.
KRUGMAN P. [1991a], «Increasing returns and economic geography», in *Journal of Political Economy*, Vol. 99, n°3, 483-99.
KRUGMAN P. [1991b], «The move towards free trade zone», in *Economic Integration and international trade*, Ed. by KOWALCZYK, MIT Press.
KRUGMAN P. [1991c], *Geography and trade*, MIT Press.
KRUGMAN P. et OBSTFELD M. [1992] *Economie Internationale*, Ed. DeBoeck University.
KRUGMAN P. et VENABLES A. [1995], «Globalisation and the inequality of nations», in *Quarterly Journal of Economics*, n°110, p.857-80.

KRUGMAN P. ET E. HELPMAN [1989], *Trade policy and market structure* , MIT Press.
KURI GAYTÁN A. [1995], «Technogical change and structuralist analysis», in *Cepal Review* n°55, Avril, Santiago du Chili.
KUWAYAMA M. [1999], «Open regionalism in Asia Pacific and Latin America: a survey of the literature», *Serie Commercio Internacional de la CEPAL n°4,* Dec., Santiago du Chili.
KUWAYAMA M. ET J. E. DURAN LIMA [2003], «La calidad de la inserción internacional de América Latina y el Caribe en el comercio mundial», in *Serie Comercio Internacional de la CEPAL* n°26, Mai, Santiago du Chili.
LAFER C. [2002], *La identidad internacional de Brasil,* FCE, Buenos-Aires.
LAUTIER B. [2003], « Une protection sociale mutualiste et universelle en Amérique Latine: la condition de l'efficacité de la lutte contre la pauvreté, in SALAMA P., MARQUES-PEREIRA J. ET LAUTIER B. , [2003] article cité.
LAUTIER B. [1994], *L'Economie Informelle dans le Tiers Monde,* Editions La Découverte, Paris.
LAUTIER B. ET SALAMA P. [1995], « De l'Histoire de la Pauvreté en Europe à la Pauvreté dans le Tiers Monde », *Revue Tiers Monde,* t.XXXVI, n°142, PUF.
LO VUOLO R. [2001] *Alternativas , La economia como cuestion social,* Ed. Grupo Editor Altamira,Buenos-Aires.
LUSTIG N. [1999], «Crises and the poor: Socially responsible macroeconomics», Presidential Address Sept., Washington DC, BID.
LUSTIG N [1998] «How rent seekers become free traders», in *International Political Economic Review.*
LUSTIG N. ET N. STERN [2000], « Une approche plus large de la lutte contre la pauvreté, Opportunités, insertion et sécurité matérielle», *Finance et Développement,* Déc. 2000, Publication du FMI, Washington D.C.
LUSTIG N., O. ARIAS et J. RIGOLINI [2002], «Reducción de la pobreza y crecimiento economico: la doble causalidad», Serie *Documents sur les bonnes conduites du département du développmeent soutenable,* BID, Washington D.C.
MARCO DEL PONT M. ET VALLE H. W. [1998], « Argentine : Chômage et Précarisation du Travail », *Revue Tiers Monde,* t. XXXIX, n° 154, PUF.
MARGHERITIS A. [1998], «Economie Politique des Privatisations», *Problèmes d'Amérique latine* n° 29, La Documentation Française.
MARQUES-PEREIRA J. [2003], «La crédibilité d'une politique anti-cyclique en Amérique Latine: Les imperfections des marchés financiers à l'aune d'un déséquilibre externe structurel», in SALAMA P. ET ALII [2003], article cité.
MARQUES-PEREIRA, J., [2001] «Inégalités, croissance économique et souveraineté monétaire au Brésil», in Revue Tiers-Monde, n° 167, juillet-septembre.
MARQUES-PEREIRA J. [2000], «Crises financières et régulation politique en Amérique Latine», Colloque GREITD: *Mondialisation économique et gouvernement des sociétés: l'Amérique latine, un laboratoire?,* Juin 2000, Paris.
MARQUES-PEREIRA J. [1999], «Souveraineté monétaire. Légitimité politique et société salariale: l'enjeu du Mercosur à la lumière de la construction européenne», in *Cahiers d'Amérique Latine n°30,* IHEAL, Paris.
MARQUES-PEREIRA, J. ET THERET, B., [2002] «Régimes politiques, médiations sociales de la régulation et dynamiques macroéconomiques , Quelques enseignements pour la théorie du développement d'une comparaison des caractères nationaux distinctifs du Brésil et du Mexique à l'époque des régimes d'industrialisation par substitution des importations» , in *L'année de la régulation, n°5, 2001-2002,* Presses de Sciences Po.
MARX K. [1970] *Sur les sociétés précapitalistes,* Editions sociales, Paris.
MAZIER J. [1997], «L'europe: enlisement ou transition vers un nouveau régime de croissance?, in *L'année de la régulation,* Vol. 1, La Découverte, Paris.

MAZIER J., ET ALII [2002], «Mémorandum 2002: De meilleures institutions, des règles et des moyens au service du plein emploi et du bien être social en Europe, rédigé par Les Economistes Européens pour une Politique Alternative en Europe» , Site internet.

MEIER G. [1976], *Leading issues in economic develoment*, Oxford Press, 3ème éd., New-York.

MESA LAGO C. [2002],« Myth and reality of pension reform: The Latin American evidence», in *World Development*, Vol. 30, n°8, p. 1309-1321, Grande-Bretagne.

MESA LAGO C. [1997], «Les Défits Actuels de la Sécurité Sociale en Amérique Latine», in *Problèmes d'Amérique Latine*, n°2.540, La Documentation Française.

MICHALET C. A [1999] *La Séduction des Nations: ou comment attirer les investissements*, Economica.

MICHALET C.-A. [1976], *Le capitalisme mondial*, Ed. PUF, Paris

MICHALET C.-A. ET ALII [1983], *Nationalisation et internationalisation; stratégies des multinationales françaises dans la crise*, Coll. Economie critique, Ed. La Décourverte/Maspero, Paris.

MINISTERIO DE ECONMIA DE LA REPUBLICA ARGENTINA [2003], *Tributos vigentes en la Republica Argentina a nivel regional* (Actualisation du 30 Sept. 2003), in Dirección nacional de investigaciones y análisis fiscal, Site internet www.mecon.gov.ar

MINUJIN A. ET N. LOPEZ [1995], «Au sujet des Pauvres et des Vulnérables: le Cas Argentin », in *Revue Tiers Monde*, t.XXXVI, n°142, PUF.

MORLEY S. R. MACHADO ET S. PETTINATO [1999], «Indexes of structural reform in Latin Amercia», *Serie Reformas Economicas*, Cepal, n° 12, Santiago du Chili.

MORTIMORE M., VERGARA S. ET KATZ J. [2001] « La competitividad internacional y desarrollo nacional : implicancias para la política de Inversión Extranjera Directa (IED) en América Latina», *Serie productivo n°107*, Santiago du Chili.

MTE (MINISTERIO DO TRAVALHO E EMPREGO) [2001], *Observatório do Mercado de Travalho do Mercosul, Boletim da Seção Brasileira*, Ano 1, n°1, Juin, MTE, Brasilia.

MUNDELL R [1957] «International Trade and Factor Mobility», in *American Economic Review*, vol. 47.

NAKATANI P., L. J. PESSOA DE MENDONÇA ET A. MORANDI [2000], «Estado e moeda nacional na América Latina: as tendências para a dolarização», UFES, miméo.

NAKATANI P. [2002] «A crise na América Latina e as perspectivas da ALCA», UFES, miméo.

OCAMPO J. A. ET L. TAYLOR [1998] «Trade Liberalisation in developing economies: Modest benefits but problems with productivity growth, macro prices, income distribution», in *Economic Journal*.

OCAMPO, J.A., [2003], «Latin America's growth frustrations: the macro and mesoeconomic links», WP in Séminaire: «Management of volatility, financial liberalization and growth in Emerging countries», CEPAL, Avril.

OCAMPO, J.A., [2000], «Developing Anti-Cyclical Policies in a Globalized World», *Temas de conyunctura, n°13*, CEPAL, Santiago du Chili.

O'CONNELL A. [2003], «Vulnérabilidad externa, un tema prebischiano», *Serie Estudios estadísticos y prospectivos de la CEPAL.*,Santiago du Chili.

O'CONNELL A. [2001], «Los desafios del Mercosur ante la devaluación de la moneda brasileña», *Serie Estudios estadísticos y prospectivos de la CEPAL n°10*, Fév., Santiago du Chili.

OIT [1999-2003], *Panaroma laboral de América Latina*, Site internet www.ilo.org.

PALADINO M., RODRIGUEZ LARRETA H. ET AMBASZ D. [1999], *Tecnología y competitividad en el Mercosur, Reflexiones para desarrollar e implementar una agenda pendiente*, Ediciones Macchi, Buenos-Aires.

PALMA G. [2003], «The 1999 Brazilian financial crisis: how to create a financial crisis by trying to avoid one», miméo.

PETITJEAN M. [2000], «Les effets de la globalisation sur les inégalités régionales: quelques apports fondamentaux de l'économie géographique», in *Revue Tiers Monde*, XLI, n°164, Octobre-Décembre, PUF.

PERROUX F. [1955] «Notes sur la notion de « pôle de croissance»», in *Economie Appliquée*, Vol. 1-2, 1955

PIANI G. et KUME H. [2000] « Fluxos bilaterais de comércio e blocos regionais: Uma aplicação do modelo gravitacional», Texto para discussão n° 749, IPEA, Juillet.

PINTO A. [1976], «Notas sobre los estilos de desarrollo en América Latina», in *Revista de la CEPAL n°1* et repris dans CEPAL [1998], ouvrage cité.

PINTO A. [1970], «Naturaleza e implicaciones de la *heterogeneidad estructural* de la América Latina», in *Trimestre económico*, Vol; 37 (1), n°145 et repris dans CEPAL [1998], ouvrage cité.

PINTO A. [1965], «La concentración del progreso técnico y de sus frutos en el desarrollo latinoaméricano», in PREBISCH R. ET ALII [1969], ouvrage cité.

PIZARRO R. [2001] «La vulnerabilidad social y sus desafios: una mirada desde América Latina», *Serie Estudios estadisticos y prospectivos n°6*, División de estadistica y Proyecciones Economicas de la CEPAL, Fev., Santiago du Chili.

PIZZARO R. [1999], Comparative Analysis of regionalism in Latin America and Asia Pacific , *Serie de la CEPAL*, Santiago du Chili.

PLAN FENIX [2001] Hacia el Plan Fénix, Diagnostico y propuestas, in *Enoikos*, Année IX, n°19, Facultad de Ciencias Economicas de la UBA, Buenos-Aires.

PNUD [1999], *Rapport Mondial sur le Développement Humain 1998: quelles priorités?*, Nations Unies.

PORCILE MEIRELLES J. G. ET CURADO M.L., [2001], «Emprego, crescimiento e balanço de pagamentos numa persectiva de longo prazo», in MTE [2001], ouvrage cité.

PREBISCH R. [1963], *Hacia una dinámica del desarrollo latinoamericano*, FCE, Mexico.

PREBISCH R. [1961] *«Reflexiones sobre la integración económica latinoamericana»*, in *Revista Comercio Exterior*, 50ème anniversaire, Mexico.

PREBISCH R., M. DA CONCEIÇÕ TAVARES, C. FURTADO, A. PINTO, O. SUNKEL ET ALII [1969], *América Latina, Ensayos de interpretación económica*, Editorial Universitaria S.A., Chili.

PROTOCOLO DE OURO PRETO [1994] Site internet: www.mercosur.org

PUGA D. ET A. VENABLES [1999] «Agglomeration and economic development: Import substitution vs trade liberalisation» , in *Economic Journal* 109,Avril.

RAINELLI M. [1997], *La nouvelle Théorie du Commerce International*; La Découverte, Paris.

RAPOPORT M. [2002] *Tiempos de crisis, vientos de cambio: Argentina y el poder global*, Ed. Grupo Editorial Norma, Buenos-Aires.

RAPOPORT M. [2000] *Historia económica, politica y social de la Argentina (1880-2000)*, Ed. Macchi, Buenos-Aires.

RAPOPORT M. [1998], «Mercosur : la construction historique d'un espace régional», in *Cahiers des Amériques Latines* n°27, IHEAL, Paris. 1998

RAWLS J. [1971], *Théorie de la justice*, Ed. Le Seuil (1987), Paris.

REYNOLDS [1997] «Open regionalism: lessons from Latin America for East Asia», WP n°241, University of Notre-Dame.

RIST G. [1996] *Le Développement, histoire d'une croyance occidentale*, Presses de la Fondation Nationale de Sciences Politiques, Collection Références inédites, Paris.

RODRIGUES BARRETO JUNIOR E. [2000], *Change et l'intégration économique régionale des reflexions pour le Mercosul*, Thèse de doctorat, Université Paris 13, 620 pages.

RODRIGUEZ O. [1989], *La Téoria del Subdesarrollo de la CEPAL*, Siglo Veintiuno ed., Naciones Unidas.

RODRIGUEZ F. ET RODRIK D. [1999] «Trade policy and economic growth: a skeptic's guide to the cross-national evidence», *National Bureau of Economic Research* n°7981, Site Internet.

RODRIK D. [2003] «Growth strategies», Working-paper: Site Internet: http://www.ksg.harvard.edu/rodrik/

RODRIK D [2002], «Depois do neoliberalismo, o quê?», in *Desenvolvimento e globalização*, BNDES, p. 277-298, Rio de Janeiro.

RODRIK D. [2001], «Por que hay tanta inseguridad económica en América Latina?», *Revista de la CEPAL n°73*, Avril, Santiago du Chili.

RODRIK D. [2000a], *Can integration into the world economy substitute for a development strategy?, in* Conseil d'Analyse Economique/Banque Mondiale (Annual Bank Conference on Development Economics), Juin, Paris.

RODRIK D. [2000b], «Croissance ou lutte contre la pauvreté: un débat futile», in *Finance et Développement*, Déc., FMI publications, Washington D.C.

RODRIK D. [1997], *Has globalization gone too far?*, Ed. Institute for international economics (IIE), Washington D.C.

ROJAS-SUAREZ L. [2003], «Monetary policy and exchange rates: Guiding principles for sustainable regime», in WILLIAMSON J. ET P-P KUCZYNSKI (Coord.), [2003], ouvrage cité.

ROLLINAT R. [1997], «*Théories de l'intégration monétaire et mécanismes de l'unification des monnaies: une comparaison Europe/Amérique latine*,» miméo.

ROMER P M, LUIS A RIVERA-BATIZ [1991] « Economic Integration and Endogenous Growth », in *Quartely Journal of Economy*, Mai p 531-556.

ROMER P. [1990], «Endogenous technical Change», in *Journal of Political Economy*, Vol. 98 (5) October, Part 2, p. 71-102.

ROSENTHAL G. [1990], «Regional integration in the 1990s», in *CEPAL Review* n° 50, Août, Santiago du Chili.

SAAVEDRA J. [2003] «Labor markets in the 1990s», in WILLIAMSON J. ET P-P KUCZYNSKI (Coord.), [2003], ouvrage cité.

SALAMA P. [2003], Pauvreté: la lutte contre les deux "v", volatilité et vulnérabilité, in Salama P. et Alii [2003], article cité.

SALAMA P. [2002] *Rapport économique sur la situation en Argentine pour la FIDH*, Site Internet de la FIDH.

SALAMA P. [2001a], «Des nouveaux paradoxes de la libéralisation en Amérique Latine», *in Problèmes d'Amérique Latine* n° 41, Avril-Juin, La Documentation Française, Paris.

SALAMA P. [2001b] «La Pauvreté dans les turbulences macro-économiques», préface à l'édition espagnole de [SALAMA ET DESTREMEAU], [2002], ouvrage cité.

SALAMA, P., [2000a], «Du productif au financier et du financier au productif en Asie et en Amérique latine», in *Conseil d'Analyse Economique, Développement*, La documentation française, Paris.

SALAMA P. [2000b], «Dollarisation: la dimension économique», *in Revue d'économie politique n°5*,Paris.

SALAMA P. [1999a], *Riqueza y pobreza en América Latina; la fragilidad de las nuevas políticas económicas*, Ed. FCE-Universidad de Guadalajara, Mexico.

SALAMA P. [1999b], «Globalisation, inégalités territoriales et salariales», in *Revue Tiers-Monde* t. XXXIX, n° 154, PUF, Paris.

SALAMA P. [1998], « Des Nouvelles causes de la Pauvreté en Amérique Latine », *Problèmes d'Amérique Latine* n°29, La Documentation Française.

SALAMA P. [1996], « La financiarisation excluante: les leçons des économies latino-américaines», in CHESNAIS F. (Coord.), [1996], ouvrage cité.

SALAMA P. [1995], «Intégration sans désintégration», in Problèmes d'Amérique Latine et repris dans SALAMA P. [1999a], ouvrage cité.

SALAMA P. [1989], *La Dollarisation*, Ed. La Découverte, Paris.

SALAMA P., J. MARQUES-PEREIRA ET B. LAUTIER [2003], «*Régime de croissance, vulnérabilité financière et protection sociale en Amérique latine*», série Financiamiento del Desarrollo n°141. CEPAL, Santiago du Chili..

SALAMA P. ET J.VALIER [1994], *Pauvretés et Inégalités dans le Tiers Monde*, Paris, Ed. La Découverte, Paris.

SALAMA P. ET J. VALIER [1991], *L'Amérique Latine dans la crise*, Nathan, Paris.

SALAMA P. ET J.VALIER [1990], *L'Economie Gangrénée, Essai sur l'Hyperinflation*, éd. La Découverte, Paris.

SALAMA P. ET P. TISSIER [1982], *L'industrialisation dans le sous-développement*, PCM, Maspéro, Paris.

SALGADO G. [1990],« Integración latinoaméricana y apertura externa», in *Revista de la Cepal* n°42, Déc., Santiago du Chili.

SALUDJIAN A. [2005-1], « De los ciclos económicos a la volatilidad macroeconómica : el aporte de M. Kalecki », miméo, 19 pages. Présenté au 5ème Coloquio Latino-Americano de Economistas Politicos, UNAM-SEP-EDI, México.

SALUDJIAN A. [2005-2], «Del Mercosur al ALCA : Críticas al modelo liberal de Nuevo Regionalismo de la BID», in *Problemas del Desarrollo, Revista Latinoamericana de Economía*, vol. 36 n° 141, Avril-Juin, pp. 9-25, UNAM-IIE, México. Disponible sur: http://www.ejournal.unam.mx/problemas_des/pde141/PDE14102.pdf

SALUDJIAN A. [2005-3], «De la Volatilité des Salaires à la Croissance Excluante dans le Mercosur 1991-2003: une Etude Statistique», in *Cadernos PROLAM/USP*, Vol. 02, Ano 3, Ano 2004, ed. Universidade de São Paulo, pp. 29-46. Disponible sur la page internet www.usp.br/prolam/downloads/2004_2_2.pdf.

SALUDJIAN A. [2005-4], «Critiques du Régionalisme Ouvert à partir de l'économie géographique appliquée au Mercosur », in *Journal of Latin American Geography JLAG*, Vol. 4-2, pp. 77-96, University of Texas Press, Etats-Unis d'Amériques.

SALUDJIAN A. [2005-5], «Le modèle de croissance excluante et l'insécurité économique dans le Mercosur depuis 1990», in *Revue Tiers Monde n°184 Oct.-Déc., pp. 883-905*, Ed. PUF, Paris.

SALUDJIAN A. [2005-6], «Las Teorías de la Cepal y la inserción mundial de América Latina. Una confrontación entre estructuralismo y neoestructuralismo", in *Revista Ciclos en la Historia, la Economía y la Sociedad*, Année XV, Vol XV, N°29, 1er semestre, pp. 91-111, Ed. Imago Mundi, Buenos-Aires.

SALUDJIAN A., [2004-1], «Trajectoires de Croissance et Volatilité Macro-économique dans le Mercosur: Quelques Eléments d'Analyse Empirique», in *Revue Tiers-Monde* n°179, Juillet-Sept., pp. 595-615, Ed. PUF, Paris.

SALUDJIAN A., [2004-2], «Trajectoires de Croissance et Volatilité Macro-économique dans le Mercosur: Quelques Eléments d'Analyse Empirique» in *Problemas del Desarrollo, Revista Latinoamericana de Economía*, Vol. 35 n°139 Oct-Déc., UNAM-IIE, México, pp. 71-91. Disponible sur la page Internet: http://www.ejournal.unam.mx/problemas_des/pde139/PDE13904.pdf.

SALUDJIAN A., [2004-4], «Trajetórias de Crescimento e Volatilidade Macroeconômica no Mercosul: Alguns Elementos de Análise Empírica», in *Revista da Sociedade Brasileira de Economia Política* n° 14, Juin 2004, pp.48-70, Rio de Janeiro, traduit en portugais.

SALUDJIAN, A. [2003-1], De la volatilité macro-économique à la vulnérabilité sociale, le cas du Mercosul: Une critique du Régionalisme Ouvert. *Thèse de doctorat*. Université de Paris 13, 333 pages.

SALUDJIAN A., [2003-2], «Geografia Econômica: Vantagens e limites fundados no processo de integração» (en anglais, traduit en portugais), in *Revista Brasileira de Comércio Exterior*, Editions FUNCEX, n°75, Année XVII, Avril-Juin, pp. 34-49. Disponible sur la page: http://www.funcex.com/bases/75-MERCOSUL- ALEX%20S.pdf.

SALUDJIAN A., G. ALMEIDA ET F. SALLES (2005), « Relatorio n°1 para o Observatorio Internacional da Dívida (OID): A dívida externa brasileira», miméo, Universidade Federal do Espirito Santo, Vitória, Brésil.Disponible sur la page http://www.oid-ido.org.

SCHUMPETER J. [1934], The Theory of Economic Development, Cambridge University Press.

SCHVARZER J. [2001],« La longue agonie de la convertibilité», in *Problèmes d'Amérique Latine* n° 42, Juillet-Sept., La Documentation Française, Paris.

SCHVARZER J. [1996], «Argentine: le Plan de Convertibilité , de l'Expansion à la Crise», in *Problèmes d'Amérique Latine* n°20, La Documentation Française.

SCHVARZER J., [1993], «La restructuration de l'économie argentine (1989-1992)», Problèmes d'Amérique Latine,trimestriel n°8- Janvier-Mars.

SEERS D. [1963] «The limitations of the special case», in *Bulletin of Oxford Institute of Economics and Statistics,* Vol. 25, n°2, May, repris dans MEIER G. [1976], ouvrage cité.

SEKIA E. [1999], «De la théorie de la polarisation aux technopôles. Actualité de François Perroux et critique de la théorie de la localisation», in *Economie Appliquée*, tome LII n°1,

SELA (2000) *Inversions directas en América Latina y el Caribe, 2000,* Site internet http://lanic.utexas.edu/project/sela

SIROËN J.-M. [2000], La régionalisation de l'économie mondiale, La Découverte, Paris.

SIROËN J.-M. [1988], «La théorie de l'échange international en concurrence monopolistique, une comparaison des modèles», in *Revue Economique*, Vol. 39 n°3, Mai.

SIROËN [1995] «Les nouvelles approches théoriques du commerce international», in *Cahier français* n°272, Juillet-Sept.

SOLOW R. [1957], «Technical change and the aggregate production function», *Review of Economics and Statistics*, August, Vol.39, 312-20

SOLOW R. [1956] «A contribution to the theory of economic growth», in *Q.J.E.* 70, February, 65-94

STALLINGS B. ET PERES W. [2000] *Crecimiento, empleo y equidad. El impacto de las reformas económicas en América Latina y el Caribe*, FCE-CEPAL, Santiago du Chili.

STIGLITZ J. [2002] *La grande désillusion,* Ed. Fayard, Paris.

STIGLITZ J. [2000a] «Vers un nouveau paradigme pour le développement», in *Revue d'économie Politique*, n°5, 6-39.

STIGLITZ J. [2000b] *Principes d'économie moderne*, Ed. DeBoeck Université.

SUNKEL, O., [1993] *Development from Within: Toward a Neostructuralist Approach for Latin America*, Lynne Riener, Boulder, Londres et New-York.

SUNKEL O. ET G. ZULETA [1990], « Neoestructuralismo versus neoliberalismo en los años 1990», in *Revista de la CEPAL* n° 42, p. 35-53, Santiago du Chili.

SUNKEL O. ET P. PAZ [1970], *El Subdesarrollo latinoaméricano y la teoría del desarrollo*, Ed. Siglo XXI, Mexico.

TAVARES M. DA CONCEIAO ET GOMES [1998], «La CEPAL y la integración economica de America Latina», in *Revista de la CEPAL*, numéro anniversaire des 50 années de la CEPAL, Santiago du Chili.

TAVARES M. DA CONCEIAO [1964] «El proceso de sustitución de importaciones como modelo de desarrollo reciente en América Latina, repris dans PREBISCH R. ET ALII [1969], ouvrage cité.

TAVARES, M. DA CONCEIÇÃO ET BELLUZO L.G. DE MELO, [2002], «Desenvolvimento no Brasil – Relembrando um velho tema», in: BIELSCHOWSKY, R. ET MUSSI, C., [2002] ouvrage cité.

TAYLOR L. et EATWELL J. (1998) «International capital markets and the future of economic policy», CEPA Working papers Series III, Working paper n° 9 Sept., site internet: http://www.newschool.edu/cepa.

TAYLOR, L. [1979], *Modelos macroécnomicos para países en desarrollo*, FCE, Mexico.

TERRA M.-I. ET GIGLIOTTI A. [1995], «Mercosur: Localización de la producción, un modelo de geografía económica», in *Revista de Economia del Banco Central de Uruguay*, Vol. 2 n°1, Segunda Epoca, May.

TOKMAN V. E. (Coord.) [2001] *De la informalidad a la modernidad,* Santiago du Chile: OIT,. 258p.

UNCTAD [2003], *World Investment Report 2003, FDI policies for development: national and international perspectives*, Genève.

UNCTAD [2001] *World Investment Report 2000, Cross-Border Mergers and Acquisitions and Development*, Genève.
VALIER J. [2000] «Pauvretés, inégalités et politiques sociales dans le Tiers-Monde depuis la fin des années quatre-vingt», in *Conseil d'Analyse Economique Rapport n°25*, 3ème trimestre, La Documentation Française, Paris.
VARSAVSKY O. [1974], *Estilos tecnologicos; Porpuesta para la selección de tecnologias bajo racionalidad socialista*, Coll. Ciencia, desarrollo e ideologia, Ed. Ediciones periferia, Buenos-Aires.
VENTURA-DIAS V. ; ET ALII [1999], *Trade reforms and trade patterns in Latin America*, Serie de la CEPAL, Santiago du Chili.
VINER J. [1950], *The Custum Union Issue*, Ed. Carnagie Endowment for international peace, New York.
WILLIAMSON J. ET P-P KUCZYNSKI (Coord.), [2003], *After the Washington Consensus, Restarting Growth and Reform in Latin America*, Ed. Institute for International Economics. Washington D.C. mars.
WILLIAMSON J. [2003], «Our agenda and the Washington Consensus», in WILLIAMSON J. ET P-P KUCZYNSKI (Coord.), ouvrage cité.
WOOD A. [1997], «Openness and wage inequality in developing countries: the latin america challenge to east asian conventional wisdom», in *World Bank Economic Review* Vol. 11, n°1, Washington D.C..
ZEETANO CHAHAD J.P., [2001], «Politicas de emprego, mercado de travalho e integração regional:algumas diretrizes para o Mercosul», in MTE [2001], ouvrage cité.

ANNEXES

Annexe A (Chapitre 1)

Annexe B (Chapitre 2)

Annexe A (Chapitre 1):

Graphique B-1:

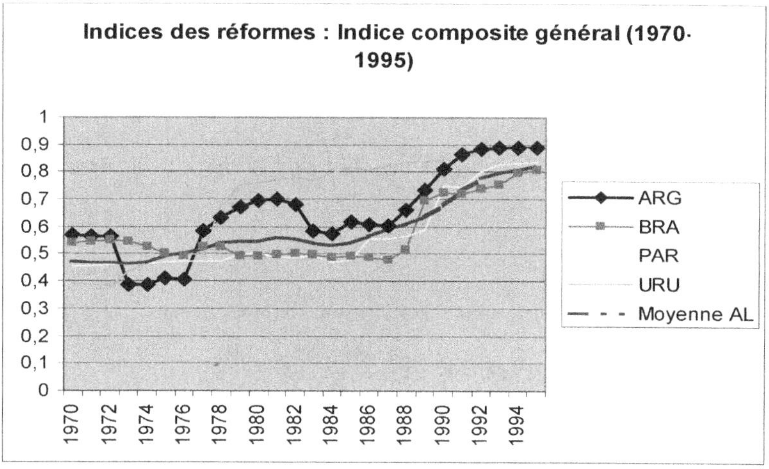

Source: Morley et alii, 1999

Graphique B-2 :

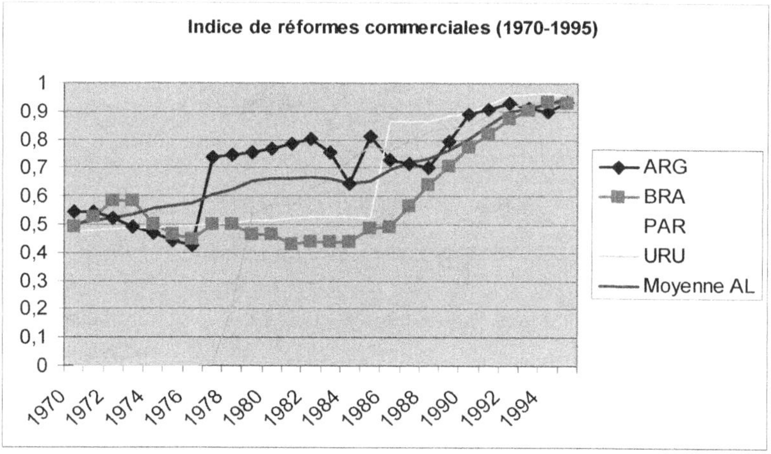

Source: Morley et alii, 1999

Graphique B-3 :

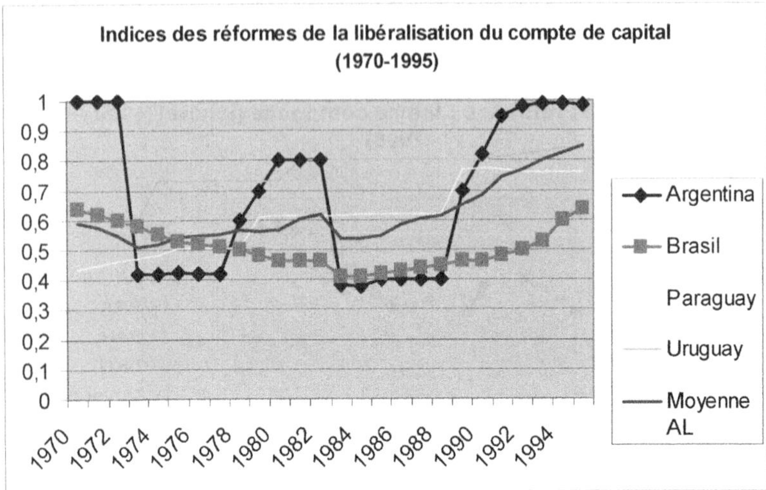

Source: Morley et alii, 1999

Graphique B-4 :

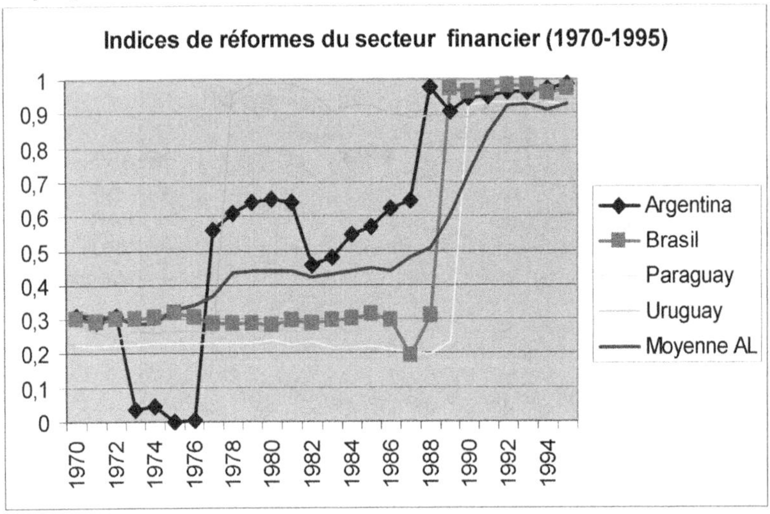

Source: Morley et alii, 1999

Graphique B-5 :

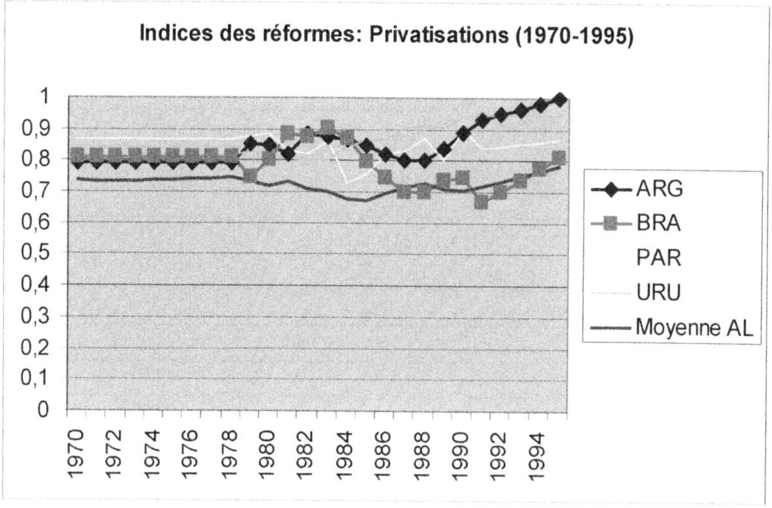

Source: Morley et alii, 1999

Graphique B-6 :

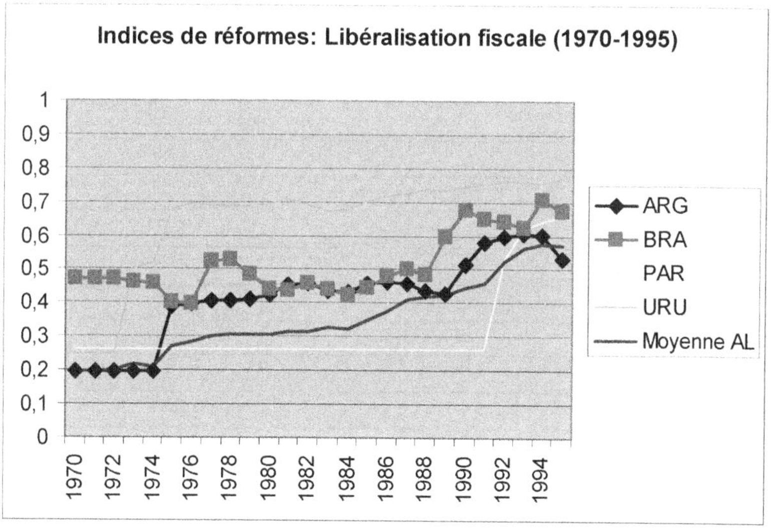

Source: Morley et alii, 1999

Tableau B-1: Accords d'intégration régionale/Unions douanières

Accords d'intégration régionale/Unions douanières	Date de la signature
Marché Commun Centre-Américain (MCCA)	1960
Communauté Andine (CA)	1969
Communauté des Caraïbes (CARICOM)	1973
Marché Commun du Cône Sud (Mercosur)	1991
Chili-Venezuela	1993
Colombie-Chili	1994
Costa Rica-Méxique	1994
Groupe des trois (G-3)	1994
Bolivie-Méxique	1994
Chili-Mercosur	1996
Chili-Mercosur	1996
Méxique-Nicaragua	1997
Chili-Pérou	1998
MCCA-République Dominicaine	1998
Chili-MCCA	1999
Chili-Méxique	1999
Méxique-Triangle nord centre-américain	2000
CARICOM-République Dominicaine	2000
Costa Rica-Trinidad et Tobago	2002
El Salvador-Panama	2002
Pérou-Mercosur	2003
Elargissement du Mercosur au Venezuela	2005
Accords nord-sud	
Méxique-NAFTA	1992
Chili-Canada	1996
Méxique-Union Européenne	1999
Méxique-Israel	2000
Costa Rica-Canada	2001
Chili-Union Européenne	2002

Source: [BID, 2002], actualisation de l'auteur.

Tableau B-2 : négociations en cours :

NEGOCIATIONS EN COURS
Accords de libre-commerce entre pays d'Amérique latine
Mercosur-CA
Costa Rica-Panama
Méxique-Panama
Méxique-Pérou
Méxique-Equateur
Méxique-Tinidad et Tobago
Venezuela-Mercosur
Accords nord-sud
ALCA
Mercosur-Union Européenne
Chili-Etats-Unis
CARICOM-Union Européenne
Centre-Amérique (4)- Canada
MCCA-Etats-unis
Uruguay-Etats-Unis
Méxique-Japon
Chili-Corée du Sud
Autres
Brésil-Chine
Brésil-Russie

Source: [BID, 2002, 30].

Graphique B-8 :

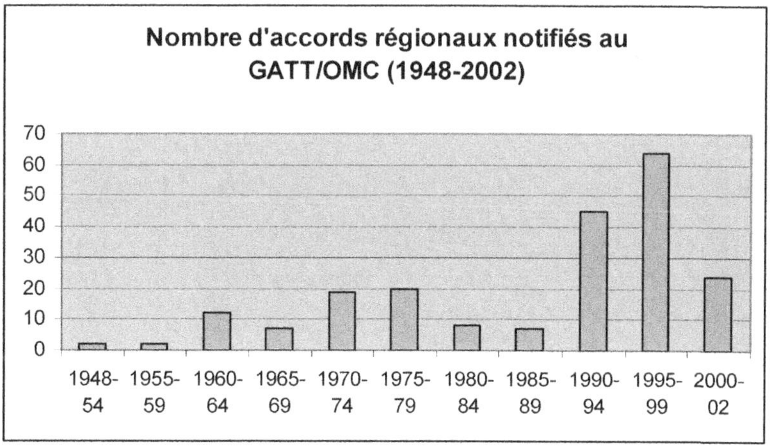

Source: [BID, 2002, p. 29]

Graphique B-9 :

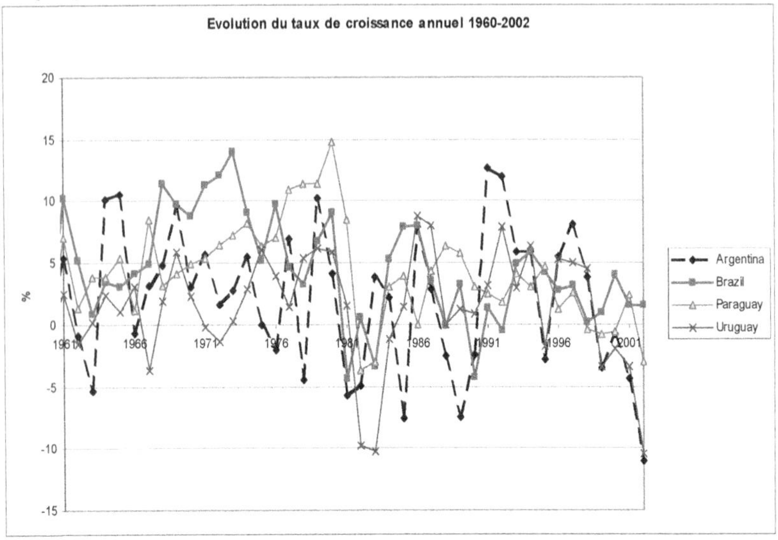

Source: FMI et CEPAL

Graphique B-10
:

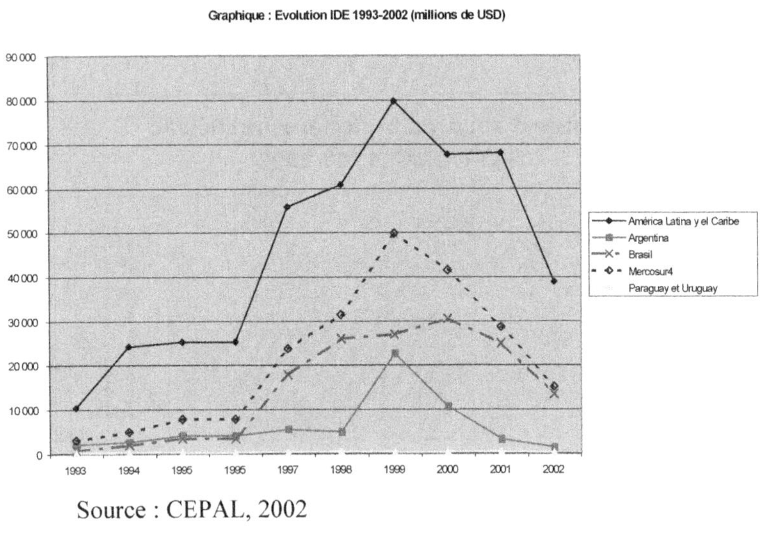

Source : CEPAL, 2002

Graphique B-11:

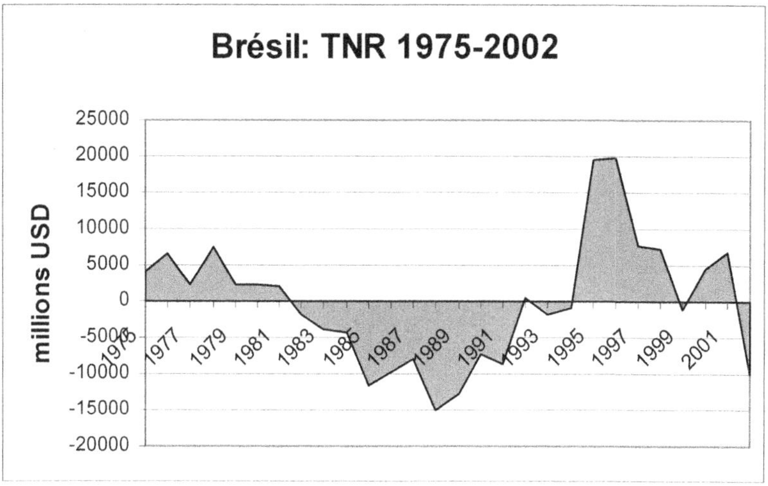

Graphique B-12 :

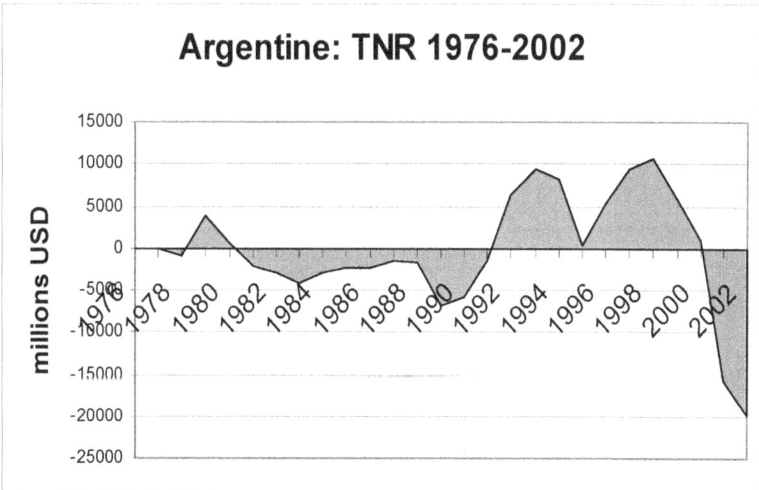

Source: Elaboration de l'auteur d'après données CEPAL, plusieurs années.
Mode de calcul Transfert Net de ressources (TNR): [balance capital+Balance finance+Errors and Omissions] + [Balance of income account] + [IMF loans and credit + exceptional financing]
Les chiffres négatifs correspondent à des transferts nets de ressources vers l'exterieur.

Graphique B-13 :

Graphique : Commerce intra-zone 1980-2000 (en % du commerce total)

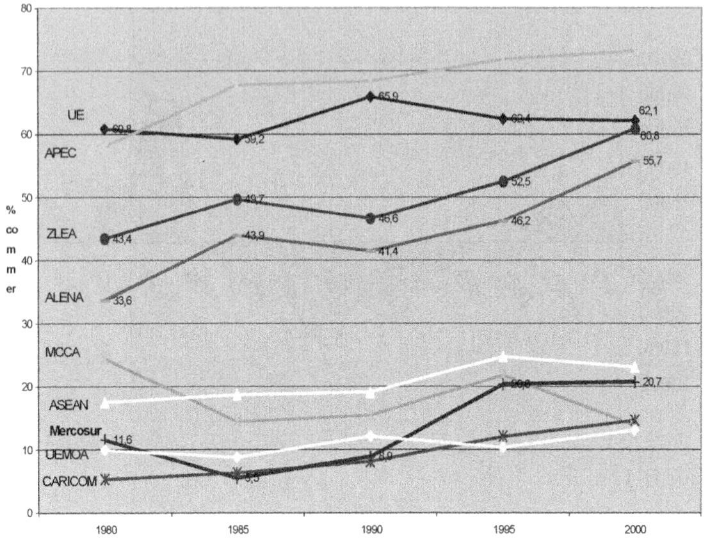

Source, CNUCED, 2002

Graphique B-14 :

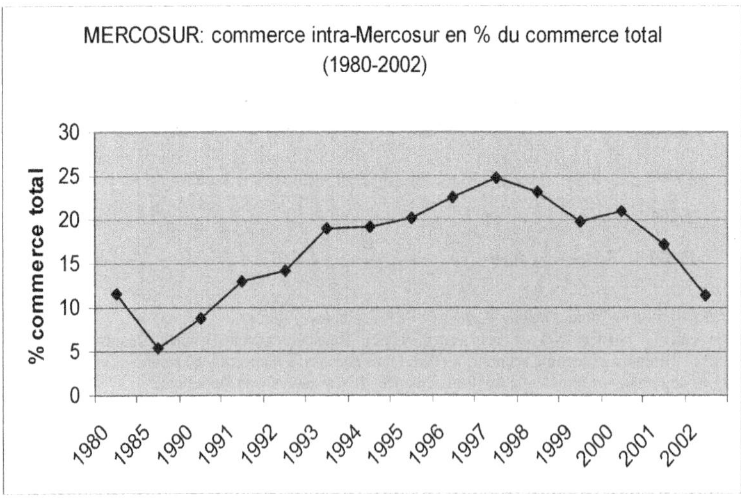

Source: CEPAL, INTAL-BID

Tableau B-3 CLASSIFICATION PAR CATEGORIE DE PRODUITS DCII/II

Catégorie	Exemples de produits	CUCI a/
A. PRODUITS PRIMAIRES		
	Fruits frais, viande, riz, cacao, thé, café, bois, charbon, pétrole brut, gaz, minéraux	001, 011, 022, 025, 034, 036, 041, 042, 043, 044, 045, 054, 057, 071, 072, 074, 075, 081, 091, 121, 211, 212, 222, 223, 232, 244, 245, 246, 261, 263, 268, 271, 273, 274, 277, 278, 281, 286, 287, 289,
B. BIENS INDUSTRIELS		
Basés sur ressources naturelles	Préparations à base de fruits et viandes,	291, 292, 322, 333, 341.
	boissons, produits du bois, huiles végétales, métaux de base (sauf acier), dérivés du pétrole, ciment, pierres précieuses, verre.	012, 014, 023, 024, 035, 037, 046, 047, 048, 056, 061, 062, 073, 098, 111, 112, 122, 233, 247, 248, 251, 264, 265, 269, 423, 424, 431, 621, 625, 628, 633, 634, 635, 641, 282, 288, 323, 334, 335, 411, 511, 514, 515, 516, 522, 523, 531, 532, 551, 592, 661, 662, 663, 664, 667, 681, 682, 683, 684, 685, 686, 687, 688, 689.
Technologie basse	Textile, habillement, chaussures, objet de cuir, sacs de voyage, céramique, structures simples de métal, meubles, bijoux, jouets, produits en plastique	611, 612, 613, 651, 652, 654, 655, 656, 657, 658, 659, 831, 842, 843, 844, 845, 846, 847, 847, 851, 642, 665, 666, 671, 674, 675, 676, 677, 679, 691, 692, 693, 694, 695, 696, 697, 699, 821, 893, 894, 895, 897, 898, 899.
Technologie moyenne	Véhicules de passagers et ses composants,	781, 782, 783, 784, 785, 266, 267, 512,
	véhicules commerciaux, motocyclettes et ses composants, fibres synthétiques, produits chimiques, peintures, fertilisants, plastiques, fer et acier, tuyaux et tubes, machines et moteurs, machines industrielles, bombes, navires, et horlogerie.	513, 533, 553, 554, 562, 572, 582, 583, 584, 585, 591, 598, 653, 671, 672, 678, 786, 791, 882, 711, 713, 714, 721, 722, 723, 724, 725, 726, 727, 728, 736, 737, 741, 742, 743, 744, 745, 749, 762, 763, 772, 773, 775, 793, 812, 872, 873, 884, 885, 951.
Technologie élevée	Machines de traitements de données, de télécommunication, équipements de télévision et transistors, turbines, équipements générateur d'énergie, articles pharmaceutiques, avions, instruments optiques de précision et appareils photographiques.	716, 718, 751, 752, 759, 761, 764, 771, 774, 776, 778, 524, 541, 712, 792, 871, 874, 881.
C. AUTRES TRANSACTIONS		
	Electricité, pellicules cinématographiques, imprimés, transactions spéciales, or, monnaies, animaux de compagnie, œuvres d'art.	351, 883, 892, 896, 911, 931, 941, 961, 971.

Source: CEPAL, 2003 d'après Sanjaya Lall, (2000) 'The technological structure and performance of developing country manufactured exports, 1985-98', Oxford development studies, 28(3), 337-69.
a/ CUCI = Clasificación Uniforme para el Comercio Internacional, version 2 (STIC en anglais)

Graphique B-19 :

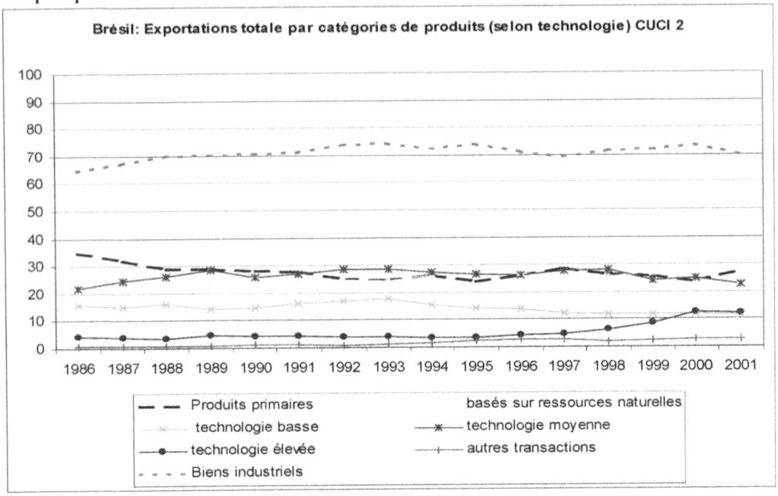

Source: CEPAL, 2003

Graphique B-20 :

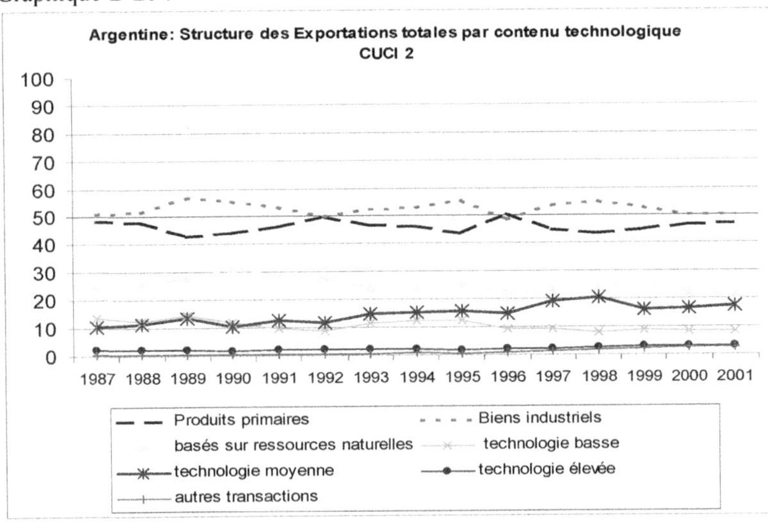

Source: CEPAL, 2003

Graphique B-21 :

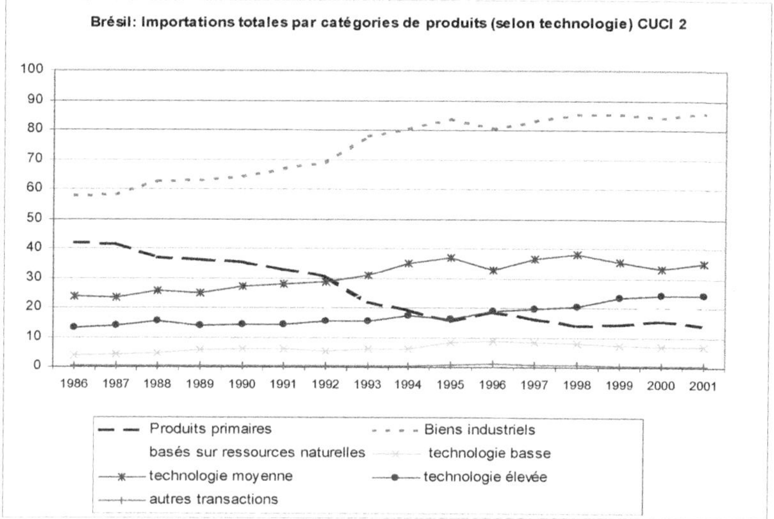

Source: CEPAL, 2003

Graphique B-22 :

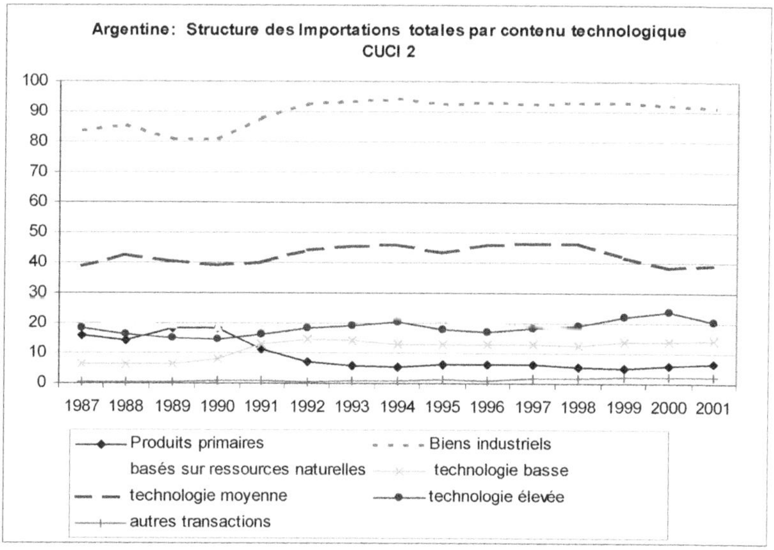

Source: CEPAL, 2003

Graphique B-23

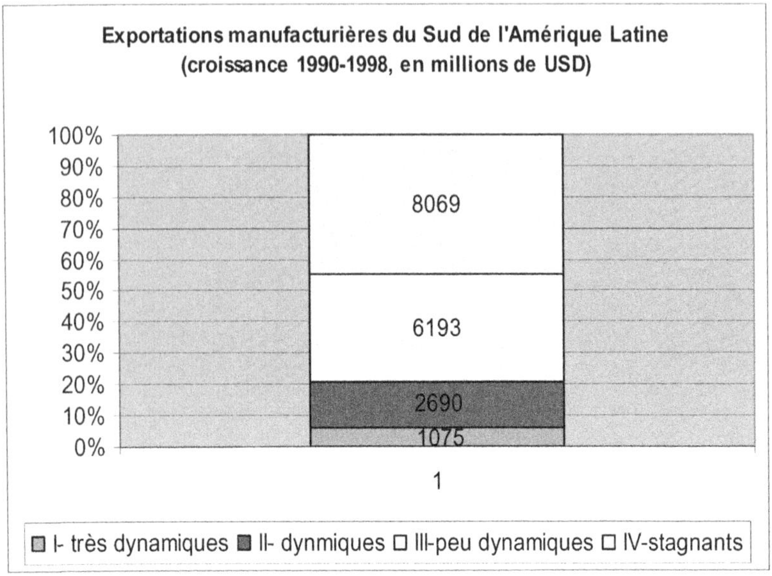

Source: Benavente, 2002

Graphique B-24 :

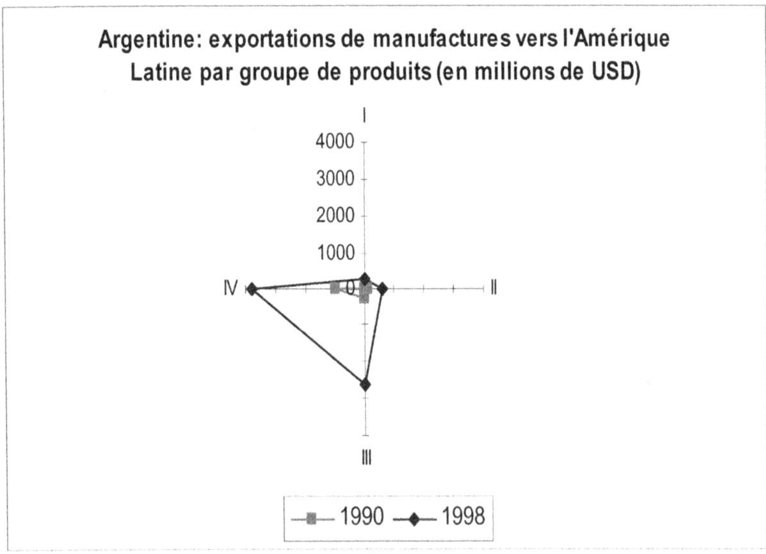

Source: Benavente, 2002

Graphique B-25 :

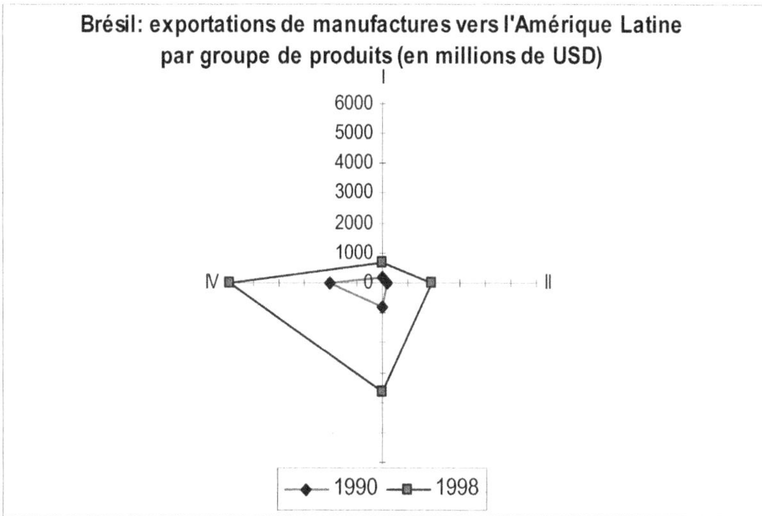

Source: Benavente, 2002

Graphique B-26

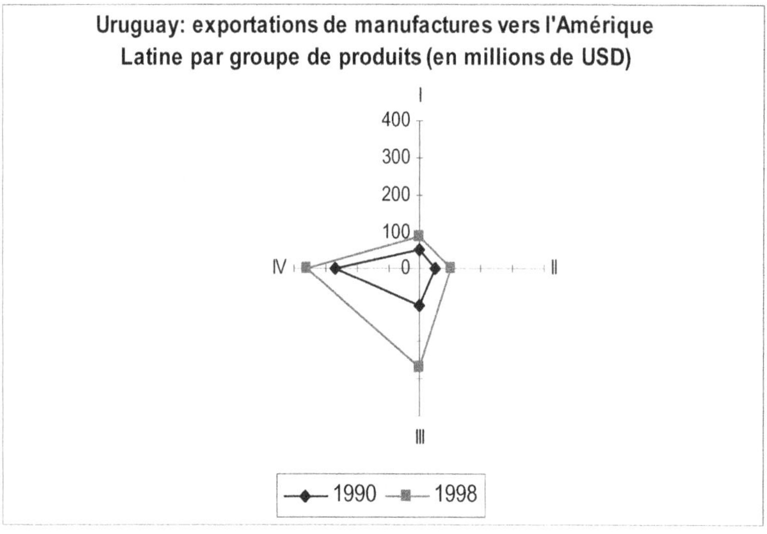

Source: Benavente, 2002

Annexe B (Chapitre 2)

Graphique C-1 :

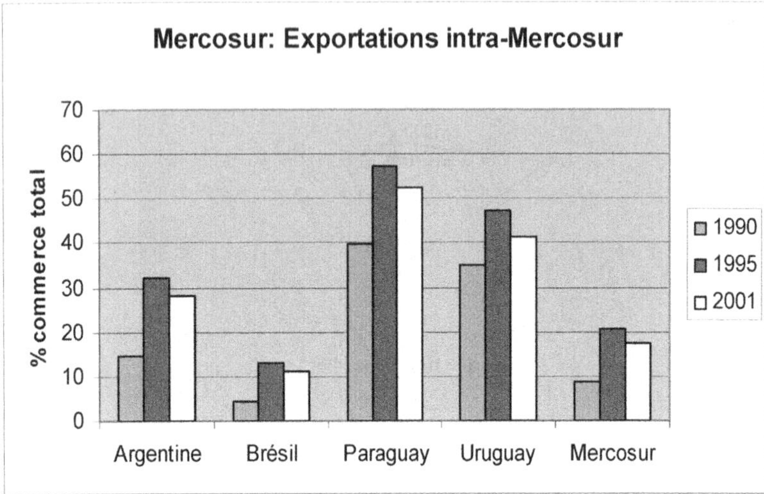

Source: Elaboration de l'auteur à partir des données dans [CEPAL, 2003e].

Graphique C-2 :

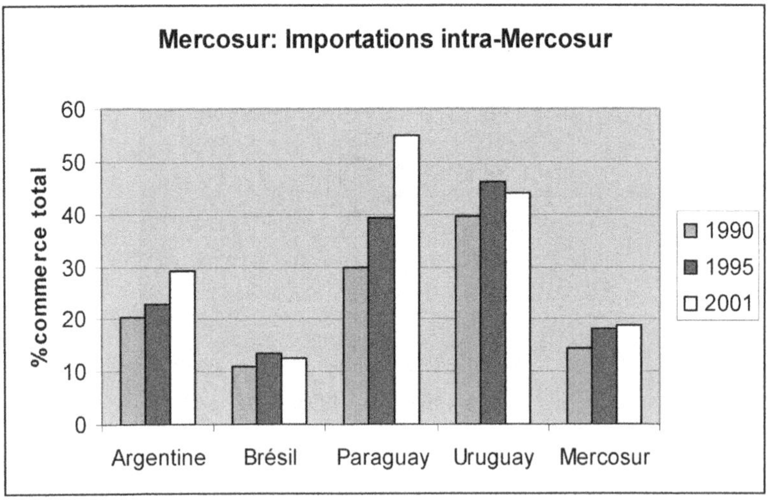

Source: Elaboration de l'auteur à partir des données dans [CEPAL, 2003e].

Graphique C-3 :

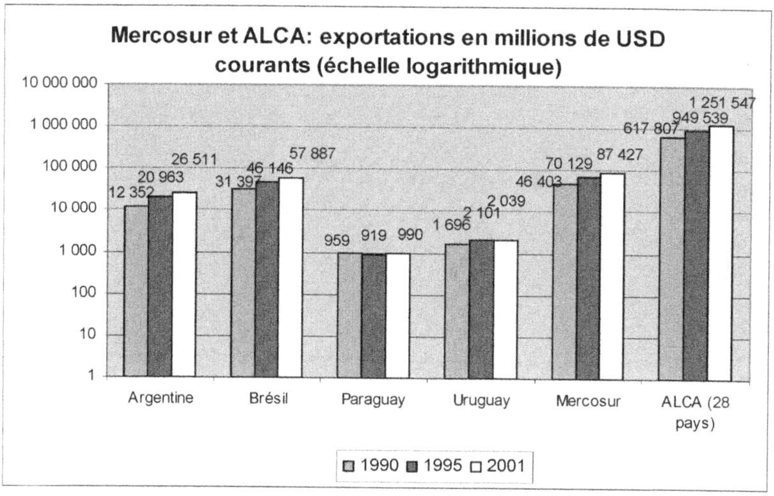

Source: Elaboration de l'auteur à partir des données dans [CEPAL, 2003e].

Graphique C-4 :

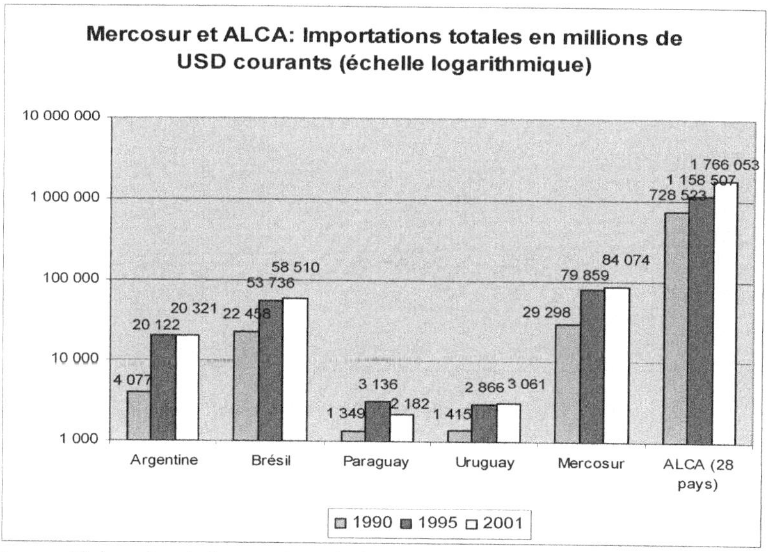

Source: Elaboration de l'auteur à partir des données dans [CEPAL, 2003e].

Graphique C-9 :

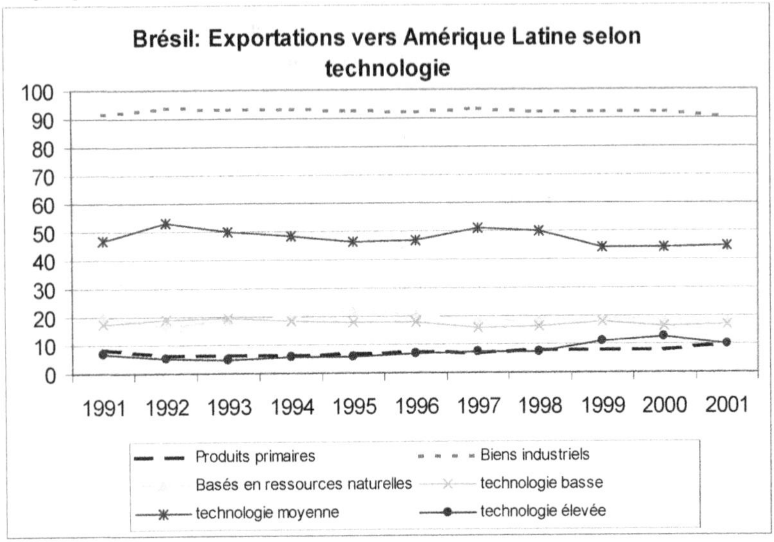

Source: Elaboration de l'auteur à partir des données dans [CEPAL, 2003e].

Graphique C-10 :

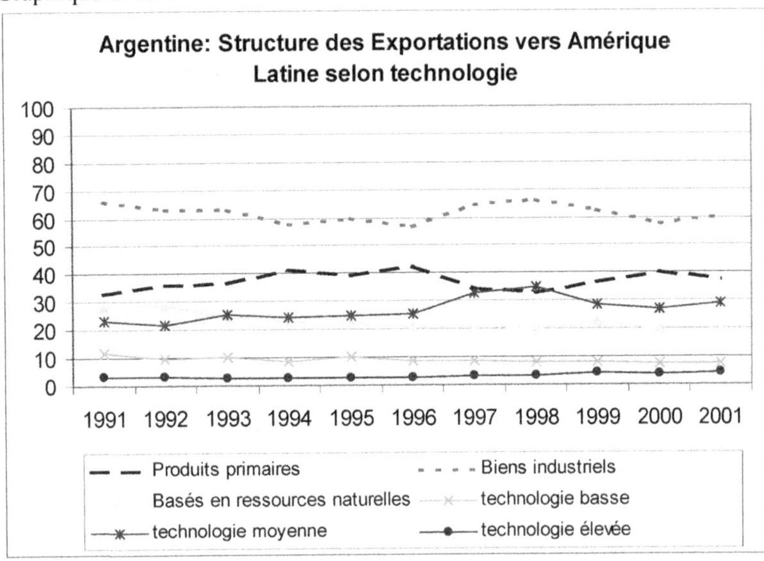

Source: Elaboration de l'auteur à partir des données dans [CEPAL, 2003e].

Graphique C-11 :

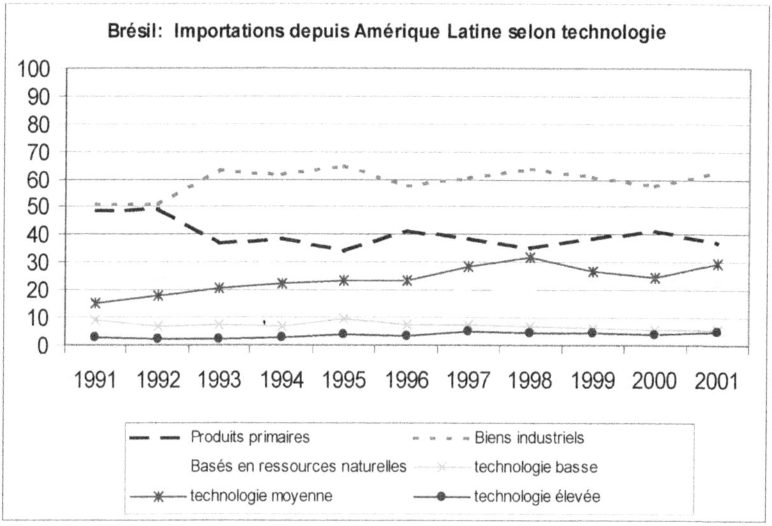

Source: Elaboration de l'auteur à partir des données dans [CEPAL, 2003e].

Graphique C-12 :

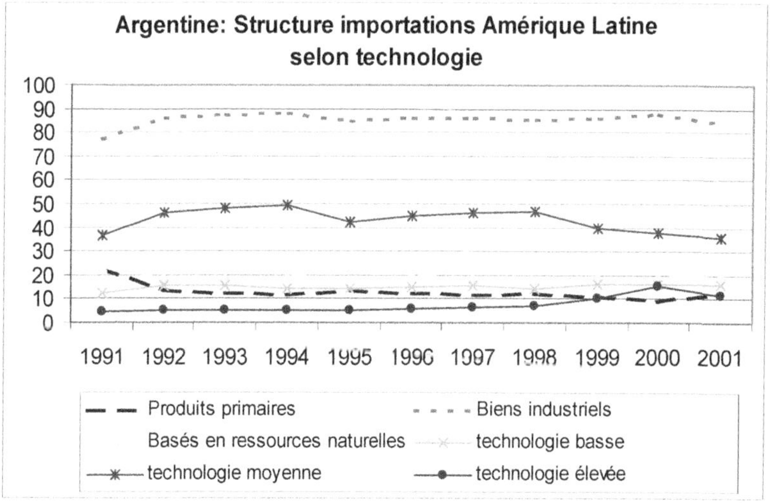

Source: Elaboration de l'auteur à partir des données dans [CEPAL, 2003e].

Graphique C-19 :

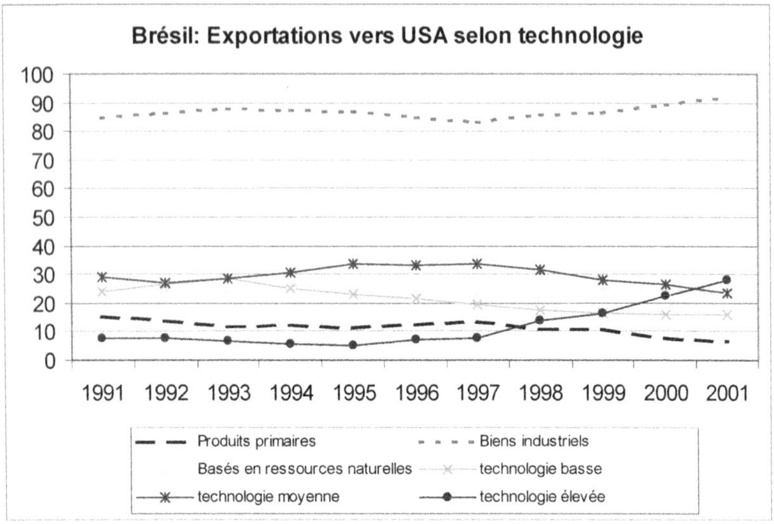

Source: Elaboration de l'auteur à partir des données dans [CEPAL, 2003e].

Graphique C-20 :

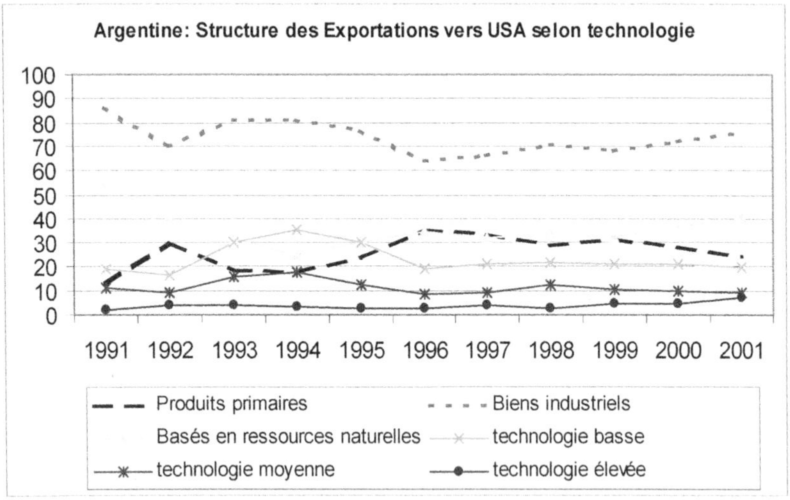

Source: Elaboration de l'auteur à partir des données dans [CEPAL, 2003e].

Graphique C-21 :

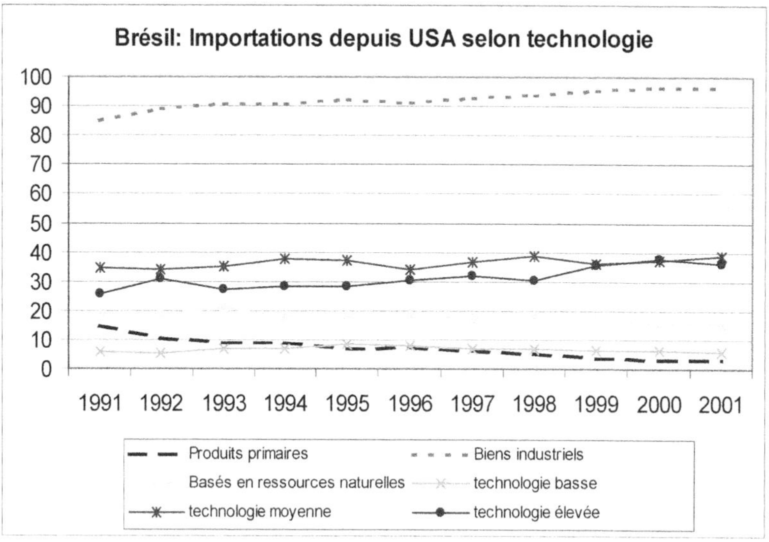

Source: Elaboration de l'auteur à partir des données dans [CEPAL, 2003e].

Graphique C-22 :

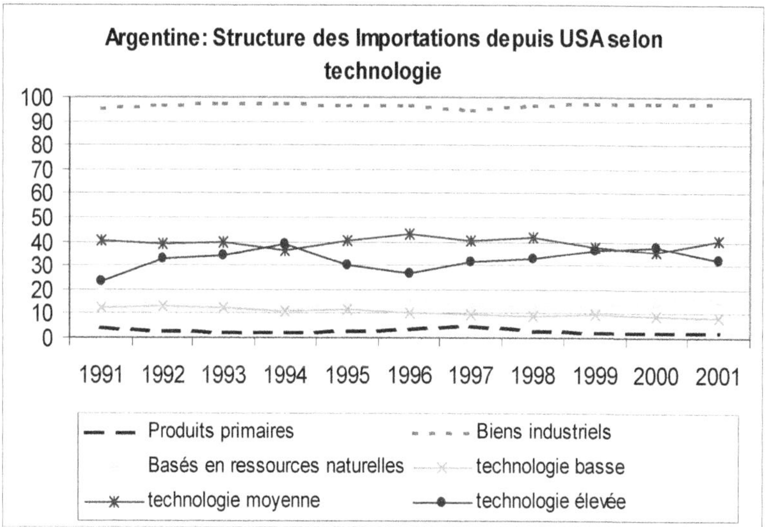

Source: Elaboration de l'auteur à partir des données dans [CEPAL, 2003e].

Graphique C-23

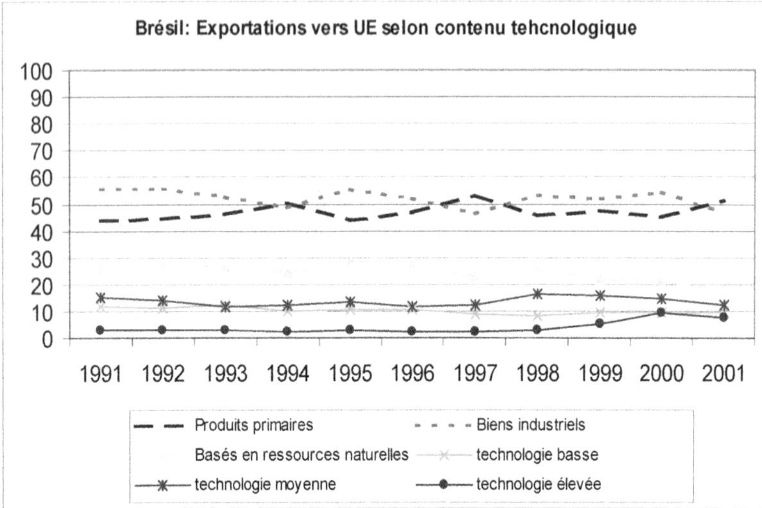

Source: Elaboration de l'auteur à partir des données dans [CEPAL, 2003e].

Graphique C-24 :

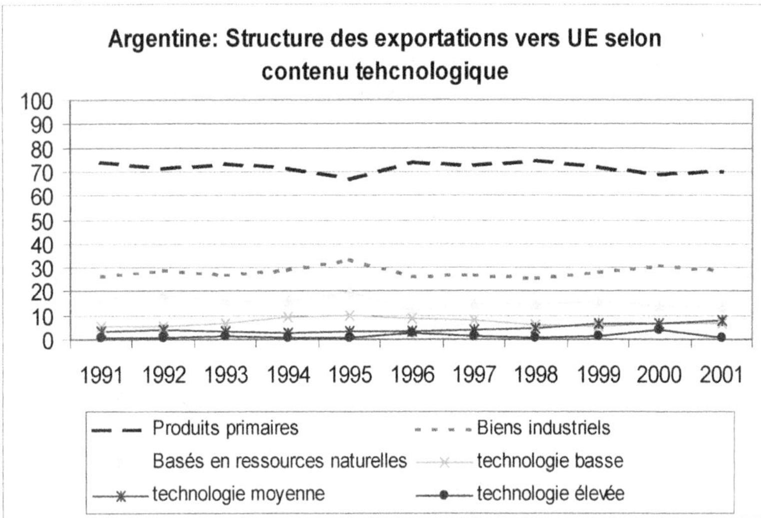

Source: Elaboration de l'auteur à partir des données dans [CEPAL, 2003e].

Graphique C-25 :

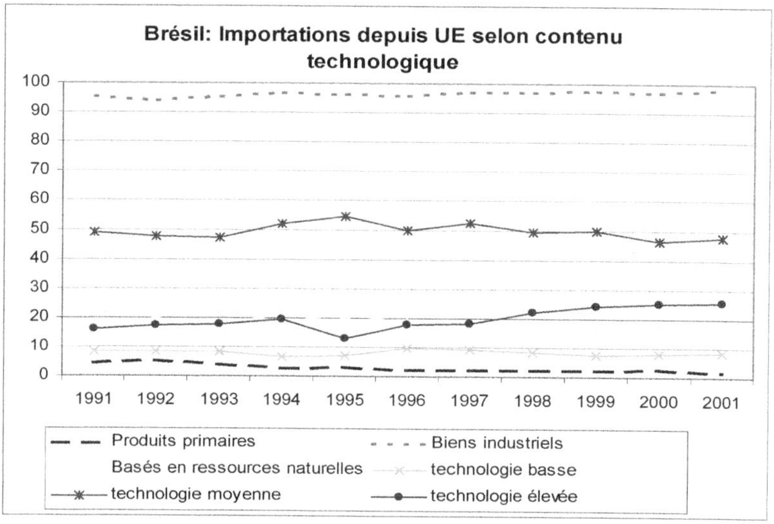

Source: Elaboration de l'auteur à partir des données dans [CEPAL, 2003e].

Graphique C-26

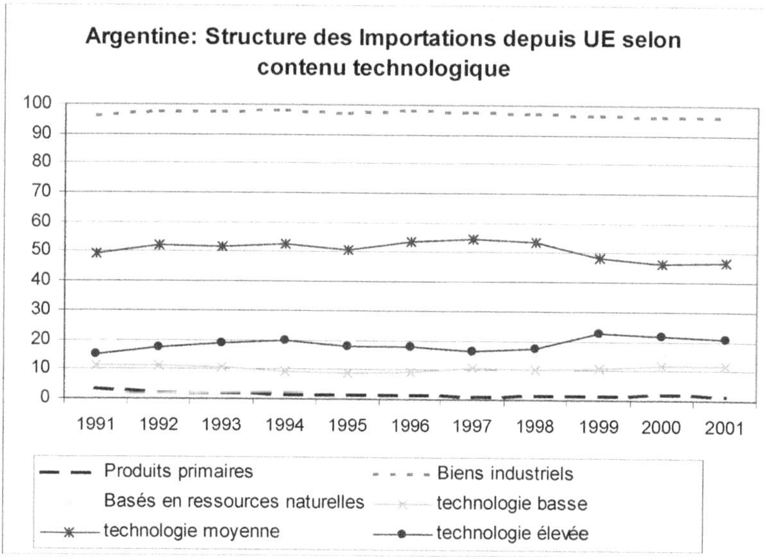

Source: Elaboration de l'auteur à partir des données dans [CEPAL, 2003e].

TABLE DES MATIERES

606404 - Mai 2015
Achevé d'imprimer par
1livre.com
du rêve à la réalité !

Made in the USA
Monee, IL
19 October 2026

66039177R00154